아동학대의 이해

'우리 아이들! 꽃으로도 때리지 말자!'

우리 아이들!
꽃으로도 때리지 말자!

아동학대의 이해

더나눔학술·문화재단 편
정수애 엄재춘 조혜영 정두배 홍지명 황태진 김성례
서동기 김숙경 김회엽 전상준 조남미 신봉호 조창영

dm 동문사

머리말

이 책을 집필하면서 문득 『꽃으로도 때리지 말라』라는 책 제목이 생각났다. 배우 김혜자 씨가 아프리카 봉사활동 중 겪고 느낀 점을 주제로 쓴 책이다. 분쟁과 에이즈 등으로 고통받는 아이들에 관한 이야기여서 다른 관점일 수 있지만 최근 사회적으로 큰 충격을 안겨주는 뉴스(입양아동 사망사건, 이모 부부의 학대로 욕조에서 숨진 아동사건, 3세 아이 사망사건 등)가 연달아 나오면서 아동학대 사건이 끊임없이 발생하고 있다. 어느 누구도 꺼져가는 아이의 생명을 구해주지 못한 죄책감으로 우리 집필진들은 무거운 주제이지만 결코 이 문제를 외면할 수 없어 이 세상의 모든 아이들을 부모 된 심정으로 보호해야 할 권리와 의무를 갖고 깊이 고민해 보았다.

최근 아동학대가 사회적으로 큰 이슈가 되면서 관련된 사건들이 발생할 때마다 많은 사람들에게 충격을 주었다. 아무것도 모르는 아이들이 아무런 이유도 없이 무차별하게 폭행을 당하고, 태어난 지 몇 개월 되지 않은 영아가 어른의 손에 숨을 거두는 등 많은 유형의 아동학대가 발생하고 있다. 현재 아동학대 문제가 수면 위로 떠오르면서 아동보호와 예방을 위한 법령을 마련하고 있지만 아직도 여러 유형의 학대로 아이들이 어디선가 고통을 받고 있을 걸 생각하면 마음이 착잡해진다. 보릿고개 시절을 겪으며 '사랑의 매'를 경험하며 성장했던 기성세대와 그 부모 밑에서 성장한 우리들은 이 같은 시대적 변화에 격세지감(隔世之感)을 느낄 수도 있다. 나도 두 아이를 키웠던 엄마로서 지난날 우리 사회가 아이들의 인권에 소홀했던 부분들의 일이 생각나 가슴이 먹먹하고 아팠다. 그래서인지 아이들을 향한 후회와 반성의 감정이 교차하면서 이 책의 제목을 『우리 아이들! 꽃으로도 때리지 말라』라고 정하였다.

아동학대에 관한 자료들을 찾다 보면 타인보다 가족에 의한, 특히 부모에 의한 아동학대가 많이 일어난다. 부모는 누군가에게는 피해자였을지도 모르겠다는 생각을 했다. 폭력도 물려줄 수 있다는 사실도 알았다. 사람들은 모두 아이에서 어른이 된다. 갑자기 어른이 되는 것이 아니다. 그렇기 때문에 국가의 건강은 곧 어린아이들의 건강이라는 걸 생각하며 우리 사회가 폭력을 유산으로 물려주거나 물려받지도 않았으면 한다.

이러한 인식을 바탕으로 이 책은 집필진들이 현장에서 보고 느낀 실태와 풍부한 경험 및 구체적인 사례를 중심으로 원인과 해결, 치료 등을 내용으로 집필했다. 기존의 책들은 예방 및 문제점 등을 다루었다면, 이 책은 예방은 기본이고 피해아동의 치료 프로그램과 치료방법 및 방안 등을 세부적으로 다뤄 독자들의 풍부한 이해

머리말

와 해결책을 찾을 수 있는 책이 되도록 노력했다.

이 책의 제1장 아동학대의 바른 이해는 아동학대의 개념, 유형, 아동학대의 발생원인, 아동학대의 문제점을 다뤘고 제2장 아동학대의 실태는 아동학대 신고접수 및 신고자 현황, 아동학대 발생 현황, 세계 각국의 아동학대 현황, 제3장은 아동학대 유형별 실제 사례, 제4장은 아동학대 예방과 치유 관련 기관, 제5장은 아동학대 관련법과 대응체계, 제6장은 아동학대의 해결 방안에서 학대 피해아동의 지원 체계, 치유 프로그램, 치료방법 및 방안, 제7장은 아동학대 예방 방안으로 대처방안과 예방 지원 체계 구축 사례, 예방 프로그램의 종류, 마지막 8장은 아동학대 예방을 위한 개선방안과 과제는 개인적 측면, 법과 제도적 측면, 행·재정적 측면, 추진체계 측면으로 나뉘어 세부적으로 살펴보았으며 아동학대 사후 조치에 대한 개선방안 및 앞으로의 과제에 대해서 세밀하게 집필했다. 아이를 키우는 부모와 교사들은 항상 궁금할 것 같다. 과연 어떻게 키워야 잘 자랄 수 있을지, 쉬운 일이 아니라는 것을 잘 알고 있지만 이 책이 무지로 인해 『아동학대』를 간과해버리거나 아동을 돌보고 가르치는 교사, 부모 등 다양한 영역에서 폭넓게 이해하고 아이들과 함께하는 현장에서 『아동학대』에 대한 문제점과 치료, 개선방안과 방향을 설정하는 데 많은 도움이 되길 바란다.

집필진들이 현장에서 실제 경험했던 다양한 사례를 바탕으로 피해아동에 대한 치유 프로그램, 치료방법 및 방안 등을 깊게 고민하며 집필한 결과물이어서 독자들에게 매우 유익한 책이 될 것이며 한 사람이라도 더 읽기를 바라는 마음, 다시금 주변을 돌아보고 어린아이들이 내는 신음과 비명에 귀를 기울일 수 있었으면 하는 바람이다. 아동학대 영원히 안녕으로 정말 세상이 안전하고 평화로워져서 『아동학대』에 대한 책을 집필할 필요가 없어지고 더 이상 새로운 사건이 생기지 않아서 추가 및 보완 집필을 하지 않기를 간절히 바라는 마음으로 이 책을 권해본다. 열 손가락 깨물어 아프지 않은 손가락 없는 애틋한 마음으로 미래 세대 자라나는 아동들이 털끝만큼도 아픔 없이 밝고 희망차게 성장해 갈 수 있도록 아낌없는 사랑을 주는 것이 지금 세대를 살아가는 우리의 책임이라는 것을 잊지 말자.

끝으로 이 세상의 아이들이 행복하게 살아갈 수 있도록 부모로서의 역할, 이 시대의 어른으로서의 역할과 책임을 다하고 싶다는 다짐을 하면서 그동안 이 책이 나오기까지 집필계획, 자료모음, 정리, 수정·보완을 거듭하여 또 하나의 귀한 책이 나오도록 수고한 모든 집필진들께 감사와 박수를 보내고 싶다. 지난 4월 1쇄 발행을 했는데 많은 분들의 관심과 성원으로 완판이 되어 7개월 후 긴급 2쇄 발행을 준비하고 있다.

책을 매번 집필할 때마다 느끼는 것은 집필진들의 헌신 없이는 발행이 불가능하다는 것을 느낀다. 너무 귀한 분들이다. 아울러 「더나눔 학술・문화재단」의 후원과 관심에 다시 한번 깊은 감사의 마음을 전한다. 또 원고를 무사히 완성할 수 있도록 묵묵히 뒷받침해 준 집필진 가족들에게도 고마운 마음을 표한다. 부족한 원고임에도 기꺼이 출판을 허락해주신 도서출판 동문사 이중수 대표님과 관계자분들에게도 진심으로 감사의 말씀을 드린다.

책 1쇄를 완판하고 2쇄를 준비하면서
가을에서 겨울로 넘어가는 계절
여수시청 사무실에서
2022년 11월 어느 날
저자 대표 정 수 애

차 례

차 례

제1장

아동학대의 바른 이해

아동학대의 개념은 연구자에 따라 역사적·사회적·문화적 배경에 따라 기준이나 범위가 다양하게 정의되고 있다. 제1장에서는 아동학대의 바른 이해로 아동학대의 정의, 유형, 발생원인, 문제점 등에 대해 살펴보고자 한다.

아동학대란 부모나 부모 대신 아동을 돌봐주는 보호자를 포함한 성인이 고의적으로 아동에게 신체적·정신적·성적폭력이나 피해를 입히는 행위를 하거나 아동의 보호자가 방임 및 유기의 결과로 아동에게 해로운 행위를 가하는 것을 말한다.

아동학대의 유형은 다양하지만 「아동복지법」에서는 신체적 학대, 정서적 학대, 성적 학대, 방임 및 유기 등 4가지로 구분한다.

첫째, 신체적 학대는 실수나 우발적 상황이 아닌 의도적으로 아동의 신체를 손상하는 모든 행위가 신체적 학대에 해당되며 정서적 학대는 아동에게 언어적·심리적 압박을 가하는 모든 행위를 의미한다.

둘째, 정서적 학대는 겉으로 드러나는 것이 없어 당장 큰 문제가 되지 않지만 아동의 자아정체성에 부정적 영향을 미쳐 반사회적 가치관을 심어줄 수 있다는 점에서 매우 위험하다고 할 수 있다.

셋째, 성적 학대는 아동에게 성적 수치심을 주는 성희롱, 성폭행 등의 학대행위'를 말한다.

넷째, 방임 및 유기는 아동의 주변인이 반복적·고의적으로 아동양육과 보호를 소홀히 함으로써 아동의 정상적 발달을 저해하는 모든 행위를 말한다.

아동학대의 발생원인은 4가지 관점으로 살펴볼 수 있는데 정신병리학적 관점, 발달론적 관점, 사회심리학적 관점, 생태학적 관점으로 나뉜다. 아동학대의 가해자 중 대부분은 바로 부모일 뿐만 아니라 대부분은 정상적인 사람들이며 단지 소수의 가해자들만이 성격장애나 정신장애를 가지고 있는 것으로 나타나고 있다. 결국 모든 부모들은 학대를 가할 가능성이 있기 때문에 주의를 기울여야 한다.

아동학대문제는 아동학대의 피해 정도가 학대의 유형, 빈도, 기간, 시간, 강도 등에 의해 영향을 받게 된다. 학대의 빈도가 잦고 기간의 장기화 및 강도가 클수록, 연령이 어릴수록 아동학대로 인한 아동의 사회적 · 정서적 · 행정적 · 인지적 발달에 미치는 부정적 영향이 더욱 크다.

아동학대 경험은 무능력, 무력감, 수동적, 심리적 위축, 주의집중 저하, 대인관계 장애, 인지사회발달 지연, 성인기 외상후증후군 발생빈도 증가 등과도 밀접한 관련이 있다. 구체적인 예로 학대피해아동은 자기 자신에 대한 가치나 인식의 저하, 또는 파괴를 경험함으로써 우울 및 불안, 슬픔, 분노 등 내면적 정서문제와 적개심과 분노 등에 기초한 공격적 행동, 비행 등 외형화된 행동문제를 안게 될 가능성이 크다.

이로 인한 아동학대의 피해 경험이 자신에게서 끝나는 것이 아니라 폭력의 순환 개념이나 세대 간 전이와 같이 또 다른 학대나 비행의 가해자로 바뀌는 2차 피해를 가져오기도 한다. 따라서 아동학대 문제해결 및 개선을 위한 아동학대의 실태와 다양한 원인에 대한 체계적인 규명이 절대적으로 필요하다.

제1장

아동학대의 바른 이해

아동학대는 세계적으로 증가추세에 있다. 아동학대의 문제점과 해결방안이 절실하다. 이 장에서는 아동학대의 개념, 유형, 원인에 대해 검토한 후 현행 아동학대의 문제점을 살펴보고 아동학대의 바른 이해를 토대로 아동학대 해결방안에 대한 이론적 바탕을 마련하고자 한다.

1. 아동학대란 무엇인가?

아동학대의 개념은 연구자에 따라 다양하게 정의된다. 역사적·사회문화적 배경에 따라 아동학대의 기준이나 범위는 다양하다.

아동학대 개념에 따라 아동학대의 기준이나 범위가 명확히 제시되어야 한다. 그와 더불어 사회문화적으로 용인 가능한 아동 양육에 대한 규범의 범위도 명확하게 규정할 필요가 있다.

아동학대의 개념을 정의하기 위해서는 다음 4가지 쟁점을 고려하여야 한다.

첫째, 아동학대를 개인 차원에서 가정 내의 학대에만 국한할 것인지 아니면 가정 밖으로 확대하여 사회나 제도상의 문제까지 포함할 것인지의 문제이다.

둘째, 아동학대의 동기에 초점을 둘 것인지 아니면 아동학대가 아동에게 미치는 결과를 중시할 것인지의 문제이다. 만약 동기를 중시한다면 어느 수준의 벌을 교육적 동기로 간주할 것인지의 기준을 명확히 정리할 필요가 있다.

셋째, 학대행위의 강도나 크기에 초점을 맞출 것인지 아니면 상습성 등 빈도가 더 중요한 기준인지의 문제이다.

마지막으로 명백한 폭력이 아닌 행위를 어떻게 아동학대로 파악할 것인지의 문제이다. 이러한 4가지 쟁점을 고려하여 학자들은 아동학대를 다음과 같이 정의하고 있다.

폰타나(Fontana)는 아동학대를 정서박탈, 태만, 영양부족과 같은 부당한 아동취급으로 정의하였으며, 신체적 폭력뿐만 아니라 부적절한 아동양육도 포함하고 있다.

길(Gil)은 아동을 파괴하고 다치게 하며 상처를 줄 목적으로 행하는 모든 의도적인 힘을 사용하여 아동의 권리와 자유를 박탈하거나 아동의 발달을 저해하는 행위, 방임과 태만을 아동학대라고 말한다. 이는 아동학대를 가정 내의 학대에 국한하지 않고 사회제도의 문제까지 범위를 넓힌 것이다. 이는 학대행위를 아동의 인권을 침해하고 발달을 저해하는 모든 사회 경제 조건을 포함함으로써 매우 포괄적으로 정의한 것이다.

신영화(1986)는 아동학대를 부모나 양육에 책임이 있는 성인이 아동의 적절한 발달을 저해하는 적극적 행위로 정의한다. 이소희(1989)는 아동을 둘러싸고 있는 부모, 주변 환경과의 관계로 말미암아 아동의 신체적·정서적 발달에 손상을 주는 것을 아동학대로 정의함으로써 학대의 주체를 개인뿐만 아니라 환경문제까지 확대하였다. 위와 같은 정의들은 아동 발달의 모든 영역을 아동학대의 범위로 규정함으로써 기존의 신체적 상해 등을 포함한 학대뿐만 아니라 방임으로 볼 수 있는 부적절한 양육행위까지도 포함한다.

이와 반대로 협의의 시각을 갖는 지오반노니(Giovannoni, 1976)는 학대와 방임을 구분하여 학대는 아동에게 해를 끼치는 행위이며 방임은 양육태만으로 아동에게 소홀히 하는 것으로 정의하였다.

헬퍼(Helfer)와 캠페(Kempe, 1974)는 부적절한 아동양육을 신체적 학대, 성적학대, 신체적 태만, 의료적 태만, 정서적 학대, 정서적 태만, 교육적 태만, 유기, 복합적 영역의 9가지로 세분하여 구체적이고도 포괄적으로 정의하였다. 그중에서도 아동학대는 우연한 사고에 의한 것이 아니라 부모나 다른 보호자의 태만 행위의 결과로 아동에게 신체적 상처를 입히는 행위라고 정의하였다. 이는 학대를 신체적 학대에 국한함으로써 의도성과 행위의 결과만을 강조한 것이었다. 이러한 연구자들은 아동학대를 부적절한 양육행위로 간주하고 방임은 포함하지 않는 협의의 아동학대 개념을 제시하였다.

이와 관련하여 여진주(2010)는 구타나 언어적 폭력 등의 적극적인 형태의 학대뿐만 아니라 보호자의 부적절한 태도로 인한 방임과 유기 등의 소극적인 형태도 포함하는 광의의 개념으로 확대되는 추세라고 보았다.

실정법인 「아동복지법」에서는 "아동학대란 보호자를 포함한 성인이 아동의 건강 또는 복지를 해치거나 정상적 발달을 저해할 수 있는 신체적·정신적·성적 폭력이나 가혹 행위를 하는 것과, 아동의 보호자가 아동을 유기하거나 방임하는 것을 말한다."라고 정의하였으며 적극적인 가해행위뿐 아니라 소극적 방임행위도 아동학대에 포함하고 있다.

복지적 차원에서 사용하는 아동학대에 대한 정의는 아동의 권리와 욕구를 포함하는 광의의 개념이다. 사회복지 차원에서는 아동의 잠재된 발달장애와 지적·정서적·신체적 고통으로 인하여 손상되거나 억압당하게 되는 경우와 양육태만, 영양부족 등 소극적인 처우를 아동학대에 포함한다. 즉 아동의 발달을 위협하는 행위나 욕구가 무시되는 상황 등 포괄적인 개념에서 아동의 복지와 권리가 보호받지 못하는 상황이 아동학대에 포함된다(김미숙 외, 2016).

2. 아동학대는 어떤 유형이 있는가?

아동학대의 유형은 다양하겠지만 「아동복지법」에서는 아동학대를 신체적 학대, 정서적 학대, 성학대, 방임 및 유기 등 4가지로 구분하고 있다.

1) 신체적 학대

신체적 학대란 부모나 양육자가 아동에게 손, 발, 주먹 등을 사용하거나 여러 가지 도구를 사용하여 신체적인 손상과 고통을 주는 경우로 아동의 연령에 적합하지 않은 일을 시키는 노동 착취나 정서적인 학대를 동시에 행하는 경우를 포함한다. 즉 우발적인 사고가 아닌 상황에서 신체적 손상을 입히거나 신체적 손상을 입도록 허용한 모든 행위를 말한다. 구체적인 신체적 학대의 예로는 직접 신체에 가해지는 행위로 손, 발 등으로 때리고 꼬집고 물어뜯는 행위, 조르고 비트는 행위, 할퀴는 행위 등이다. 도구를 사용하여 신체를 가해하는 행위로는 도구로 때리고 흉기 및 뾰쪽한 도구로 찌르는 행위 등이다. 완력을 사용하여 신체를 위협하는 행위로는 강하게 흔들고 신체 부위를 묶는 행위, 벽에 밀어붙이고, 떠밀고 잡고, 아동을 던지고, 거꾸로 매달고, 물에 빠뜨리는 행위 등이다. 신체에 유해한 물질로 신체에 가해지는 행위로는 화학물질 혹은 약물 등으로 신체에 상해를 입히고, 화상을 입히는 행위 등이 있다.

신체적 학대로 인한 후유증은 다양하게 나타난다. 외상으로 두개골 골절 및 복부·흉부·고막파열, 열창, 화상, 시력상실, 치아·사지 골절, 담뱃불로 지진 상처, 할퀴거나 깨물린 상처 등이 있다.

심리적으로는 집에 들어가기를 싫어하고 살기가 싫다고 하면서, 화가 나서 물건을 부수거나 누군가를 때려주고 싶다고 한다. 등교거부, 학습부진 등의 행동장애를 보이기도 하며 두통, 식욕부진, 호흡곤란, 말 더듬, 복통을 호소한다. 우울증, 자살행동, 공포증상을 보이기도 한다.

2) 정서적 학대

정서적 학대란 아동의 인성 발달에 손상을 입히는 행위로 언어적·정서적 위협, 억제, 감금, 기타 가학적 행위를 포함한다. 부모가 자녀에게 욕설하고 협박하거나 모욕을 주며 소리를 지르고 비난하는 것도 학대에 포함된다.

정서적 학대는 외관상 드러나지 않기에 심각성을 느끼지 못하는 경우가 많다. 하지만 성장하여 대인관계가 원만하지 못한 경우가 많으며 정서적 발달과 사회성 발달에 문제를 가져와 치명적인 손상을 가져올 수 있다.

구체적인 정서학대는 적대적이거나 경멸적인 언어폭력, 잠을 재우지 않는 행위, 발가벗겨 내쫓는 행위, 형제나 친구 등과 비교·차별·편애하는 행위, 가족 내에서 왕따 행위, 아동청소년이 가정폭력을 직접 목격하도록 하는 행위, 아동청소년을 시설 등에 버리겠다고 위협하거나 짐을 싸서 쫓아내는 행위, 미성년자 출입금지 업소에 아동청소년을 데리고 다니는 행위, 아동청소년의 정서 발달 및 연령상 감당하기 어려운 것을 강요하거나 감금, 약취 및 유인하는 행위, 아동 및 청소년 노동 착취행위, 다른 아동청소년을 학대하도록 강요하는 행위 등이 있다. 정서적 학대는 언어적 폭력, 부모의 성격, 집안 분위기 등에 따라 기준이 모호하다는 특징이 있다.

정서적 학대의 후유증도 다양하게 나타난다. 낮은 자존감, 발달장애, 자해 및 자살행동 등을 보이기도 한다. 도덕 발달의 결함을 보이거나 수동적이면서도 공격적·도전적인 행동을 보이는 경우도 있다. 거의 웃지 않거나 친구들과 놀지 못하며 깊이 잠들지 못하는 사례도 있다. 다른 성인과의 관계에서 관심을 끌려고 하며 항상 뭔가 더 필요하고 부족하다는 듯한 느낌을 보인다.

3) 성 학대

「아동복지법」에서 정의하는 성 학대란 "보호자를 포함한 성인이 아동의 건강 또는 복지를 해치거나 정상적 발달을 저해할 수 있는 성적 폭력이나 가혹 행위를 하는 것"이다. 성인이 아동에게 동의 없이 행하는 모든 성적 행위 혹은 성적 행위에 수반하는 노출 상황을 포함한다.

구체적인 성 학대 사례로는 아동과의 성교나 유사성행위, 성적 추행, 성인의 성적 만족을 위한 아동 관찰 및 아동을 상대로 한 성적 노출, 아동을 성매매시키거나 아동에게 성매매를 알선하는 것, 매춘, 포르노, 인터넷 및 기타 성적 착취에 아동을 이용하는 것 등도 포함된다. 2019년 기준으로 신고 접수된 아동학대 사례의 883건(2.9%)이 성 학대에 해당한다(보건복지부, 중앙아동보호전문기관, 2020).

하지만 성 학대 유형의 경우 아동학대로 아동보호전문기관에는 신고되지 않고 경찰에 직접 신고되거나 성폭력 상담소, 여성 상담소 등으로 신고 접수된 경우가 많다. 그 결과 다른 학대 유형과는 달리 아동보호전문기관의 통계에서 과소 집계되는 경향이 있다. 2014년 전국 각급 수사 기관에서 형사입건한 사건을 토대로 작성한 대검찰청 범죄 분석에 따르면 아동 성 학대 범죄 피해자는 13세 미만이 1,208건, 13~20세는 8,322건으로 총 9,530건으로 나타났다. 이는 중앙아동보호전문기관 전국아동학대 현황 보고서의 2019년 통계와 큰 차이를 보였다.

4) 방임

「아동복지법」에서 정의하는 방임이란 "아동의 보호자가 아동을 유기하거나 방임하는 것"으로 성인이 아동에게 필요한 의식주나 교육, 의료 등을 제공하지 않거나 아동을 위험한 환경에 방치하는 것, 아동을 버리는 유기 행위 등을 말한다. 방임은 가장 흔한 형태의 아동학대이면서도 가장 명확하게 정의되는 형태이다(Pecora, 2020).

미국의 국립 아동학대 및 방임 연차 보고서에서는 방임을 정의할 때 이러한 현상이 오로지 빈곤 때문에 발생된다면 방임으로 간주되지 않는다(U.S. Department of Health and Social Affairs; Pecor et al., 2009에서 재인용).

페코라(Pecora, 2020)는 방임을 '주 양육자가 재정적으로 가능함에도 불구하고 아동의 연령 발달에 필요한 보호를 하지 않는 것'으로 정의하고 있다. 아동방임을 어떻게 규정하냐에 따라서 개입 방법이 결정된다. 방임을 명확하게 이해하기 위해서 학자들은 방임을 이해하기 위한 도구로서 부모 및 아동의 자기 평가 척도를 사용하기도 한다. 구체적인 방임 사례로는 우선 물리적 방임으로서 의식주를 제공하지 않는 것, 위생적이지 않은 환경이나 위험한 곳에 아동을 방치하는 것, 아동을 두고 가출하는 경우 등이 있다. 교육적 방임으로는 특별한 사유 없이 의무 교육 과정의 학교에 보내지 않거나 아동의 무단결석을 방치하는 것을 말한다.

페코라(Pecora, 2009)는 방임의 유형을 물리적 방임, 보호·감독적 방임, 인지·교육적 방임 등 셋으로 나눈 뒤 구체적 유형을 제시하였다.

첫째, 물리적 방임이란 신생아의 약물 노출, 부적절한 의복, 부적절한 의료 보호, 부실한 영양, 불충분한 가재도구, 가정 내 비위생, 안전하지 않은 주거 상태 등을 말한다. 둘째, 보호·감독적 방임은 유기, 추방, 부적절한 감독, 부적절한 보육, 연속적이지 못한 아동보호를 의미한다. 셋째, 인지·교육적 방임은 무단결석, 학교에의 미입학, 부적절한 부모의 자녀 교육 및 자극, 특수 교육적 필요 충족 거부 등을 말한다.

3. 아동학대는 왜 발생하는가?

아동학대를 보는 관점은 역사적으로 정신병리학적 관점, 발달론적 관점, 사회심리학적 관점, 생태학적 관점 순으로 살펴볼 수 있다.

첫째, 정신병리학적 관점은 아동학대의 주원인을 부모의 특성에 초점을 둔다. 학대 부모는 다른 부모들과 구별되는 정서적·심리적·성격적 특성이 있다는 것이다.

장영미(2004)는 정신병리학적 관점에서의 학대 부모는 완고하고 충동적이고, 애정이 결핍되고, 합리성이 부족하고, 사고와 신념에서 융통성이 부족하고, 자녀들에 대한 거부적 태도를 뚜렷하게 취한다고 하였다. 따라서 이런 부모의 특징은 자녀를 사랑하고 보호할 능력이 부족하고, 자녀를 자신에게 고통을 주는 대상으로 생각하며, 대화로 감정을 표현하지 못하고, 감정과 친절을 베푸는 일에 대해 어려움을 느낀다.

학대 부모가 정서적·심리적·성격적 결함을 갖게 되는 중요 원인은 어린 시절의 성장 경험에서 비롯되는 경우가 많다. 정신병리학적 관점은 학대 부모가 성장할 때 그들의 부모로부터 적대, 비난, 처벌, 거부, 무시, 복종, 과잉 기대, 실수의 불용납, 부모 입장 이해와 위로 등을 지나치게 받은 경험으로 인해 정상적이지 못한 정서적·심리적·성격적 특성을 가지게 되는 것이라고 설명한다.

둘째, 발달론적 관점에서는 아동학대의 주요한 원인을 아동 자신의 특성에 초점을 두고 있다. 아동은 학대 원인이 되는 유전적으로 형성된 신체적 또는 행동적 특성을 통하여 자신의 학대를 유발할 수 있다는 것이다. 이와 관련하여 송성자(1993), 이소희(1989)는 부모의 애정과 정성이 있는 보살핌과 보호와 양육을 받지 못할 뿐만 아니라 학대의 대상의 되기도 하는 아동을 분류하여 다음과 같이 제시하였다. 학령기 이전에는 미숙아, 지적발달장애아, 정신질환아, 기형아, 미혼모 아동, 입양아, 다자녀가 있는 가정의 아동, 원하지 않는 자녀, 부부관계 또는 가정 여건이 좋지 않은 상태에서 태어난 자녀, 출산 전후 가족 여건이 나빠진 상태의 자녀, 아들을 기대한 상황에서 태어나 여아, 심히 고집스럽게 울거나 밤에 잠을 지지 않고 보채는 아이 등이다.

다음으로 학령기에는 아동의 자신감 결여, 적대적인 행위, 지나친 경계심, 충동성, 의기소침, 고집, 무반응, 거절, 소심, 둔감, 언어장애 등의 특성이 부모로부터의 학대의 원인이 되며, 청소년기에는 과도한 자기주장과 부모 및 성인에 대한 극단적인 반항적 태도, 도벽, 무단결석 등이 아동학대의 발생과 밀접한 관련성이 있다고 발달론적 관점에서는 설명하고 있다. 결과적으로 대부분의 피학대 아동은 부모로부터 받은 학대의 결과로 보호자와의 성공적인 애착 형성을 실패하게 되고 이러한 결과가 다시 아동학대와 연결되는 악순환의 과정을 겪기도 한다.

셋째, 사회심리학적 관점에서는 아동학대의 원인과 관련된 특성을 가정 환경적 특성, 경제 환경적 특성, 사회문화적 특성의 세 가지로 나뉜다. 우선 가정 환경적 특성으로 곽영숙 외(1986)는 부모의 자녀 양육에 관한 지식 부족, 부모의 자녀 양육 거부 및 포기, 부모의 정서적·심리적 불안, 자녀 양육의 능력 부족, 부모 관계의 갈등, 별거, 이혼 등의 결손가정의 아동이 그렇지 않은 가정의 아동보다 더 많은 학대를 받았다고 제시하였다. 특히 가족의 역동성, 즉 가족 내 상호작용이 아동학대를 유발하는 데 중요한 역할을 하며 이러한 가족의 역동성을 측정하는 가족 요인으로는 학대에 있어 부모의 공모, 속죄, 양부모와 재구성원 가족, 결손가족, 확대가족, 미성년 부모, 아동의 자체 요인 등을 포함한다고 하였다.

다음으로 경제 환경적 특성 측면에서 볼 때, 김광일 외(1987)는 부모의 스트레스와 좌절이 학대 행동을 유발하며 개인의 사회경제적 지위는 스트레스와 관련이 있다. 특히 낮은 계층의 사회경제적 집단이 더 큰 환경적 스트레스를 경험한다고 하였다. 이러한 연구결과에서 빈곤을 느끼는 저소득 계층의 부모가 자녀에게 학대 행동을 가할 위험성이 높다고 하였다. 우리나라의 경우 영세지역 취업모의 자녀 양육 방법과 태도에서 자녀 방임의 원인이 될 수 있는 요인들이 발견되는 경우가 많다고 제시하였다. 부모가 긴박한 가정 문제를 해결하기 위하여 불가피하게 자녀를 방임하거나 방치하는 상황이 발생하게 된다. 그러므로 부유층 가정이 많은 지역보다 빈곤층 가정이 많은 지역의 아동이 심하게 매 맞는 비율이 높은 것으로 나타나고 있다. 이러한 경제적인 압박감은 자기통제가 필요한 부모의 심리적 기제를 약화함으로써 좌절감을 해소하기 위해 아동에게 폭력을 사용하는 계기가 된다.

마지막으로 사회문화적 특성 측면에서 볼 때 김혜영(1990)은 부(父)의 실직 상태, 사회적 소외, 체벌의 용납, 아동을 소유물로 인식하는 등이 아동학대와 방임의 발생과 높은 관련이 있는 것으로 나타난다고 제시하였다. 아버지의 실직으로 인한 경제적 결핍, 좌절과 무력감 등의 정신적 스트레스는 자녀에게 투사되어 폭력을 자극하고 방임과 학대를 초래한다는 것이다. 사회적 소외는 학대 가정이 공식적 · 비공식적 지지체계로부터 소외된 것이다. 많은 수의 학대 가정은 스트레스가 높은 시기에 도피 방법도 없고 도움을 구할 친구나 친척도 없다. 그리고 사회적 분위기가 체벌 및 물리적 힘을 사용하는 것을 허용하는 일반적인 태도가 아동학대와 높은 관련이 있는 것으로 사회심리학적 관점은 보고 있다.

앞서 설명된 정신병리학적 관점, 발달론적 관점, 사회심리학적 관점의 접근은 아동학대라는 복잡한 현상을 적은 수의 변수만을 고려한다. 그러나 아동학대는 다양한 원인의 상호작용의 결과이다(Barnett, 1997; Sameroff & Chandler, 1975). 따라서 정신병리학적 관점, 발달론적 관점, 사회심리학적 관점은 아동학대의 원인 접근에 있어서 한계점을 가질 수 있다. 이와 관련하여 강란혜 외(2004)는 아동학대 원인에 대해 생태학적 관점으로 접근하여 아동학대를 예방하고 치료하는 데 다양한 영역이 개입할 필요가 있다고 하였다. 이러한 접근에는 부모의 아동 양육 능력 자체에만 한정하지 않고 부모의 능력을 제한하는 여건과 환경에도 초점을 두어 부모의 생활 기술뿐만 아니라 가족의 사회적 지원 체계를 강화하는 것도 포함이 된다. 따라서 아동학대에 대처하는 기관은 아동보호전문기관뿐만 아니라 학교, 보건의료기관, 지역사회 정신건강기관, 기타 지역사회기관들이 협력하는 체계론적 접근이 필요하다. 따라서 다차원의 영역을 고려하여 아동학대 현상을 설명하려는 생태학적 접근방법에 관심을 둘 필요가 있다. 이러한 생태학적 접근은 아동학대를 개인, 가족, 지역사회, 문화 영역에서 많은 요인에 의하여 결정된다고 보고 이러한 네 영역에서의 요인들은 생태학적으로 서로 연계되어 있다고 보는 것이다(Belsky, 1980).

첫째, 개인 영역은 아동을 학대하는 부모의 성격과 과거 경험을 의미하는 것으로 부모의 어릴 적 학대 경험, 부모의 사회화 과정, 어릴 적 폭력에의 노출과 경험, 부모의 거부 경험 등이 포함된다.

둘째, 가족 영역은 아동학대가 발생하는 가족을 의미하는 것으로 아동의 건강과 장애, 아동의 성격과 사회화 기술, 부모의 상호작용 유형, 아동과 부모와의 애착, 부모의 부부관계 등이 포함된다.

셋째, 지역사회 영역은 가족 영역에 영향을 미치는 공식적 · 비공식적 사회구조를 의미하는 것으로 부모의 고용과 직장, 가족의 이웃, 가족을 위한 사회지지체계 등이 포함된다.

넷째, 사회문화 영역은 아동과 부모가 거주하는 사회적 문화적 가치와 신념 체계를 의미하는 것으로 사회의 문화, 폭력에 대한 사회의 태도, 아동에 대한 신체적 체벌 등이 포함된다.

지금까지 아동학대 4가지 관점을 살펴본 것처럼 다차원의 영역을 고려할 때 학대피해아동에게 발생하는 불행한 사건에 대해 모든 자원과 구성원을 잘 활용하여 접근한다면 더욱 효과적인 대안을 마련할 수 있을 것이다.

4. 아동학대, 무엇이 문제인가?

아동학대는 그 자체로서 아동에게 신체적·정신적 고통을 주기도 하지만 아동의 위축, 불안, 우울 등과 같은 내재화 문제행동과 공격성, 과잉행동, 비행 등과 같은 외현화 문제행동을 포함하여 사회적응에 부정적인 영향을 미친다(김수정 외, 2013). 우선 아동학대와 아동의 적응 변인을 살펴본 이복희(2007)의 연구에서는 서울지역 초등학교 5·6학년 아동 852명을 대상으로 조사한 결과 신체적 학대, 정서적 학대, 방임요인이 높을수록 아동의 적응 변인이 낮아지며 행동문제와 스트레스는 상대적으로 높아지는 것으로 나타났다.

정익중(2008)의 연구에서도 전국 결연사업 대상 아동 중 초등학교 5학년부터 중학교 2학년까지의 아동 904명을 대상으로 살펴본 결과 아동학대는 또래 집단으로부터 소외에 직접 영향을 미칠 뿐만 아니라 공격성의 증가와 인지 학습능력의 저하를 매개로 하여 소외에 간접적으로 영향을 미치는 것으로 나타났다. 그중에서도 아동학대와 또래 집단으로부터의 소외와의 관계는 공격성의 증가 경로를 통해 매개되는 간접효과가 가장 큰 것으로 나타났으며 또한 신체적 학대, 정서적 학대, 방임 모두 각각 직·간접적으로 또래 집단으로부터의 소외와 연결되는 경향이 있다.

아동학대는 아동의 학업성취와도 관련이 있는 것으로 나타났는데 나은숙·정익중(2007)의 연구에서는 서울 아동패널 연구의 1·2차연도 자료를 활용하여 초등학교 아동(1차연도 시 4학년, 2차연도 시 5학년) 1,785명을 대상으로 분석하였다. 그 결과 방임은 아동의 학업성취에 직접적으로 부정적인 영향을 미치는 것으로 나타났고 정서학대는 아동의 우울성향, 자기효능감을 통해 학업성취에 간접적으로 영향을 미치는 것으로 나타났다. 즉 정서학대는 아동의 우울 성향을 증가시키고 이러한 우울 성향은 자기효능감을 떨어뜨려 아동의 학업성취에 부정적인 영향을 미치는 것으로 나타났다.

아동학대는 아동의 정서·행동문제와도 뚜렷한 관련이 있는 것으로 나타났다. 아동학대와 아동의 반사회적 행동을 살펴본 김준호와 김선애 외(1997)의 연구에서는 학대와 반사회적 행동 간에는 통계적으로 유의미한 관계가 있는 것으로 나타나 신체적 학대와 언어적 학대를 많이 경험하고 방임될수록 아동의 공격성과 과잉활동은 증가하는 것으로 나타났다. 부주의와 소심증의 경우에는 신체적 학대의 영향력이 유의미하지 않았으며 언어적 학대와 방임의 영향력만이 유의미하였다.

충북지역의 초등학교 5·6학년을 대상으로 조사 분석한 김평화와 윤혜미(2013)의 연구에서도 방임, 정서적 학대, 신체적 학대, 부부폭력의 목격 순으로 아동의 공격성에 유의미한 영향을 미치는 것으로 나타났고 정서 결핍이 정서적 학대, 신체적 학대, 방임의 공격성에 대한 영향을 부분 매개하는 것으로 나타났다. 즉 아동에게 필요한 돌봄과 관심의 박탈이 누적되면서 정서 결핍으로 진행되어 결과적으로 공격성으로 발현되었다.

한국 아동·청소년 패널조사의 초등학교 1학년 패널의 3차 연도 조사에 참여한 아동-보호자 1,945쌍의 자료를 활용한 유정아와 정익중(2014)의 분석 결과에서도 전체적으로 방임 정도가 높을수록 아동의 우울과 공격성의 문제는 증가하는 것으로 나타났다. 특히 방임의 영향은 아동의 성별에 따라 차이를 보였는데 방임 정도가 높을수록 여아의 우울과 공격성 문제는 증가하는 것으로 나타났다.

민대기(2014)의 연구에서는 2005년 한국복지패널 1차연도 자료 중 아동용 부가 자료로 2005년 12월 당시 초등학교 4~6학년 759명의 자료를 분석한 결과, 부모의 학대는 아동의 불안감, 우울감에 직접 영향을 미치고 공격성에는 직·간접적으로 영향을 미치는 것으로 나타났다. 부모 학대와 학교폭력 피해경험이 아동기의 정신적 건강에 가장 영향이 있는 것으로 나타났고, 부모의 아동학대는 아동의 불안감과 공격성을 증가시키고 우울감에 직접 영향을 미치며, 학업성취도에도 영향을 미치는 것으로 나타났다.

최근에는 아동학대가 아동의 정서·행동에 종단적으로 영향을 미치고 있음을 밝히고자 하는 연구가 이루어지고 있다. 한국복지패널 1차, 4차, 7차연도 자료를 사용하여 1차연도 기준 초등학교 4~6학년 475명을 분석한 김수정과 정익중(2013)의 연구 결과, 1차연도의 최신 학대를 경험한 아동과 4차, 7차연도의 지속 학대를 경험한 아동이 학대를 경험하지 않은 아동에 비해 우울·불안 수준이 높은 것으로 나타났다. 또한 1차, 4차연도의 최신 학대를 경험한 아동과 4차, 7차연도의 지속 학대를 경험한 아동이 학대를 경험하지 않은 아동에 비해 공격성 수준이 높은 것으로 확인되었다. 즉 우울·불안과 공격성에 아동학대의 지속 효과가 강력하고 초등학교 시기에는 아동학대의 일시적 효과도 존재함을 밝혀냈다. 아동학대는 초등학교 시기에 일시적 효과가 중요하게 영향을 미치고 중·고등학교로 갈수록 지속적 효과가 큰 영향을 미치는 것으로 나타났다.

아동학대는 아동의 탄력성과 자아통제력에도 영향을 미친다. 시설에서 가족과 분리되어 1개월 이상 보호되고 있는 9~12세 아동 357명을 대상으로 조사한 주소영・이양희(2008)의 연구 결과, 아동학대 경험은 아동의 탄력성과 인지기능, 사회적 지지와 부적 상관을 보였고 학대 경험이 심각한 아동일수록 낮은 탄력성을 보여 아동학대가 탄력성에 부정적인 영향을 미치는 것으로 나타났다. 아동학대 경험이 적을수록 인지기능이 좋았고, 인지기능이 높을수록 자신에 대한 사회적 지지를 긍정적으로 지각하여 높은 탄력성을 보였다.

최근 사회적 관심이 높아지고 있는 방임 사례에서는 아동들의 후유증이 상당히 커서 회복하기 힘든 손상에 이르는 문제가 있었다. 이러한 손상은 '신체적 손상', '지적장애, 발달 지연', '정서장애와 사회성 부족'의 세 범주로 분류되었다. 방임피해아동에게 흔히 발견되는 신체적 손상은 1차적으로 '영양불균형'이다. 또한 '치아 전방이 다 썩어들어가는 증상'도 쉽게 발견된다. 방임피해아동은 지적장애 부모로부터 '지적장애가 대물림'되기도 한다. 방임피해아동들은 '정서장애와 사회성 부족'의 문제를 겪기도 하였다. 돌봐주는 사람이 전혀 없는 상태로 방치되어 무엇도 하지 못하는 '무기력' 상태에 놓인다. 다른 사람과의 '공감 능력 없이' '묻지 마 범죄' 방식으로 이유 없이 난폭한 폭행을 저질러 다른 아동과 함께 양육하기 힘든 상태가 되기도 한다. '시설의 집단생활에 적응하지 못하는 모습'도 흔히 볼 수 있다.

정연주 외(2020)는 부모나 보호자의 학대가 학업 중단 청소년의 흡연에 미치는 영향과 성별에 따른 차이를 알아보고자 청소년정책

연구원에서 실시한 제1차 학업 중단 청소년 패널조사의 결과를 분석하였다. 685명의 고등학교급 학업 중단 청소년의 흡연율은 같은 시기에 재학 중인 청소년에 비해 남녀 모두 현저히 높은 것으로 나타났다. 남성의 경우 학대 피해 경험은 흡연 행동에 유의미한 수준의 영향을 주지 않는 것으로 나타난 반면, 여성의 경우 부모나 보호자로부터 언어적 학대를 당했을 경우 흡연 위험이 약 3.8배가량 높아지는 것으로 나타났다. 이러한 결과는 청소년 대상 금연 프로그램을 성별에 따라 학교 재학 여부에 따라 개발할 필요성과 함께 여성 청소년의 경우 가정 내 학대, 자살 충동 등의 문제와 아동학대 문제를 병행해서 접근해야 한다는 것을 시사한다.

미국에서는 슈가야(Sugaya)와 동료들(2012)이 역학조사 자료의 대규모 표본을 가지고 아동기에 신체적 학대를 경험한 성인을 대상으로 학대 유형과 빈도에 따른 정신 건강 상태에 대해 분석한 자료가 있다. 이 자료는 알코올 문제 역학조사에서 43,093명을 추출해 분석하였다. 분석 결과 아동기에 신체적 학대 경험이 있는 경우 특히 주의력 결핍 과잉 행동 장애(ADHD)와 외상 후 스트레스 증후군(PTSD), 조울증과 같은 DSM-Ⅳ 상의 다양한 정신질환 영역에서 위험 비율이 높은 것으로 나타났다. 또한 학대의 빈도가 높을수록 성인이 된 후의 정신질환 문제도 높아지는 상관관계도 확인되었다.

호주에서는 밀과 동료들(Mills, et al., 2004)이 브리즈번 코호트 스터디에 등록된 7,223쌍의 부모·자녀를 대상으로 아동학대가 청소년기에 부정적인 심리적 결과와 관련이 있는지, 학대의 유형과 부정적인 심리적 결과의 유형이 관계가 있는지 등을 밝혔다. 연구

결과 인지된 아동학대는 내재화된 문제행동과 외현화된 문제행동 모두와 상관이 있는 것으로 나타났다. 중복 경험을 포함해 학대, 신체학대, 방임, 정서학대는 모두 내재화된 문제행동과 외현화된 문제행동과 관련이 있는 것으로 나타났다. 결론적으로 방임과 정서학대, 중복학대가 청소년기 정신 건강에 가장 심각한 영향을 미치는 것으로 나타났다.

스웨덴에서는 안네르백(Annerback)과 동료들(2012)이 쇠데르만란드(Sodermanland)주에서 15세 그룹과 17세 그룹을 대상으로 신체적·정신적 건강 상태 등을 파악한 설문조사 자료를 바탕으로 부모 등의 양육자로부터 신체적 학대를 당한 경험과 주관적 건강 상태, 위험 행동의 관계를 조사하였다. 연구 결과 아동학대는 건강 상태, 위험 행동과 관계가 있는 것으로 나타났다. 특히 학대를 반복적으로 당했을 경우 그 상관관계가 높아졌고 부모 간의 폭력이나 성학대가 있었던 경우에도 건강 상태가 악화되고 위험 행동이 증가하는 것으로 나타났다. 신체적 학대와 다른 유형의 학대를 중복적으로 경험한 경우 이러한 효과는 누적되어 나타났다.

이렇듯 "아동학대는 아동의 적응문제, 행동문제와 정서 문제에 영향을 미친다."라고 일관적으로 보고되고 있다. 아동학대가 아동에게 미치는 영향은 일시적인 영향을 넘어서 아동기 이후의 아동 발달에 지속적으로 영향을 미친다고 할 수 있다.

아동보호전문기관의 통계에 따르면 아동학대 피해자들은 다양한 환경적·정신적·심리적 문제를 가지고 있다. 피해아동들에게 가장 흔하게 나타나는 특성은 적응 행동상의 문제(38%)와 정서적·정신 건강상의 문제(32%)이다. 그 외에 발달 및 신체 건강상의 문제(11%)

나 장애(2%)도 일부 있다. 정신적 · 심리적 · 신체적 문제를 가지고 있지 않은 아동은 12%이다.

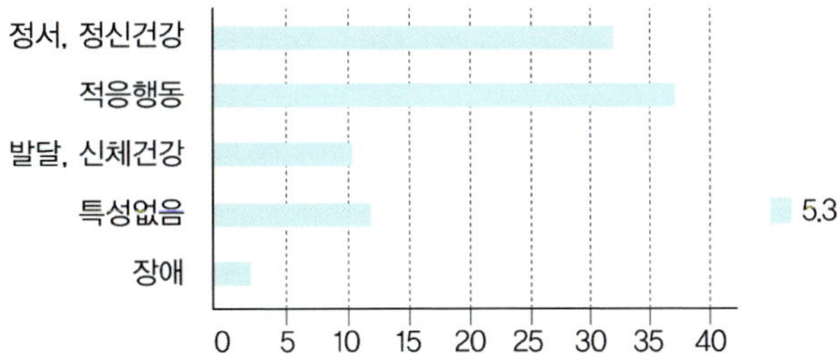

[그림 1-1] 아동학대 피해자의 정신 · 심리적 특성(아동보호전문기관, 2004~2013)

학대 피해아동은 학대 유형별로 상이한 후유증을 경험하게 된다. 아동이 학대를 경험한 연령에 따라서도 후유증에 차이가 있는데 학대가 시작되는 연령이 어릴수록 성인기에 더 심각했으며 애착 형성 방해, 도덕 발달, 불안감, 행동 발달에 영향을 미치는 것으로 나타났다.

아동의 발달과정에 따라서도 학대의 영향이 다르게 나타난다. 정덕영(2006)의 연구에 따르면 우선 영아기는 애착과 관련하여 피해 후유증을 구분하는데 거부적 · 적대적 어머니와 관련된 '회피형 유형(밀접한 접촉으로 인한 해로운 결과를 피하고자 하는 경향)', 방치하는 어머니와 관련된 '저항적 유형(접촉의 갈망과 갈망이 좌절되어 분노의 감정이 혼합을 보이는 경향)', 거부적이면서 방치하는 어머니와 관련된 '비조직화/비정형화 유형(혼합결과)'의 세 가지로 나눌 수 있다.

걸음마기와 학령전기 아동학대는 대인관계에 영향을 미친다. 엄마에 대한 애착 불안정성은 또래의 사회적 세계 확장을 왜곡시킨다. 특히 신체적 학대 경험은 친숙한 사람들과의 접촉 회피뿐 아니라 또래와의 친사회적 만남에 공격적 반응을 보이게 만든다. 놀이에서도 또래보다 병행 놀이와 집단 놀이 참여가 저조하고 공격적이며 말수가 적다. 신체적 학대를 받고 방치된 아동들은 또래와는 상호작용을 잘 하지 않지만 교사들과는 친사회적으로 상호작용을 한다.

중기 아동기에는 적응문제가 증가하는 특징을 보이는데 가족과 또래 관계에 대한 반항, 불만, 공격성이 표면화되면서 탈중심화와 타인의 관점을 이해하는 데 어려움을 겪고 공감 능력이 둔감해지며 저조한 의사소통 기술과 사회적 기술, 위축과 우울을 경험하기도 한다.

신체학대를 당한 아동은 부모에 대한 의심이 많고 가정과 부모에 대해 과장하거나 부모의 요구를 두려워하고 다른 성인에 대해서도 의심이 많고 신체적 접촉을 회피하고 규율을 위반하는 특성을 보인다. 신체적 학대 피해아동은 또래들과 긍정적 상호작용을 적게 하고 또래와의 관계가 원만하지 않으며 교사에게 행동장애로 보이기도 한다.

피해아동은 우울 증상이 있으며 부모 갈등을 더 많이 지각하고, 아버지의 양육 태도에 대해 부정적이며, 부모와의 애착 형성도 부정적으로 인식하는 경향이 있다.

성 학대 피해아동은 공포, 외상 후 스트레스 장애, 행동 문제, 성적 행동, 낮은 자아존중감으로 표준화된 패턴을 보이지 않는다. 아동은 우울, 학교 문제, 학습 문제, 위축, 자살 혹은 자해 행동, 신체 불편, 불법적 행동, 가출 등을 청소년기에 겪기도 한다. 성적 행동은 학령전기에는 빈번하지만, 아동기 중기에는 급격히 감소한다. 사춘기에는 난잡하게 재출현하는 경향이 있으며 아동의 20~52%는 다양한 정신병과 신경증을 갖고 있다.

유아기 성 학대의 단기적 영향은 갑작스러운 체중감소나 증가, 복부통증, 구토, 요도관 감염, 수면 장애, 악몽, 강박적인 자위행위, 조숙한 성적놀이, 배변 훈련의 상실, 잦은 목욕, 원인 없는 울음, 칩거, 손 빨기, 매달리기, 퇴행 행동 등으로 표출된다.

유아기 성 학대 경험은 학대 후 2년 이내 두려움, 불안, 우울, 분노, 공격적 행동, 생애 전반에 심각하고 부정적 영향을 끼친다. 피해자의 81%가 다시 가해자가 될 가능성이 있으며 장기화될 경우에는 우울증, 자기파괴, 성 학대, 약물중독을 보일 수 있다. 장기적으로는 만성적 외상적 신경증(Chronic Traumatic Neurosis)에 영향을 미치기도 한다.

성 학대는 손상된 물건 신드롬(자신의 신체가 오염되어 여성으로서 매력을 상실했다 느끼게 되는 것), 죄의식, 두려움, 우울증, 낮은 자아존중감, 사회적 기술 부족, 억압된 분노, 적대감, 손상된 신뢰 능력, 역할 경계의 모호성 및 역할 혼동, 발달과업의 성취실패가 수반된 가식적 성숙 지배와 통제, 죄의식(성적행위, 폭로, 가족해체에 대한 책임감), 어두움과 낯선 사람에 대한 두려움, 악몽 등의 후유증을 보인다. 외형적으로는 슬픔, 위축, 가라앉은 분위기, 피곤, 신체적 질병, 절망으로 인한 자해 혹은 자살 시도를 나타내기도 한다. 학대 피해아동은 가해자와 자신의 부모 혹은 가족 구성원에 분노를 표출하기도 한다. 이때 억압된 분노는 우울증, 위축 때로는 신체적 증상과 정신적 증상으로 표출된다. 근친 성 학대 피해아동은 역할 혼동, 사회적 기술 박탈 등의 특징을 보인다. 성적 학대가 지속된 경우 피학대 아동은 정상적인 아동기 및 청소년기 발달에 실패할 가능성이 높다.

방임 아동의 경우 낮은 자아존중감, 부정적 자아상, 자신감 결여, 열등감, 비판적 태도, 실망 및 좌절, 신뢰 형성 실패, 자기 파괴적, 집중력 장애, 공격적 행동, 파괴적 행동, 좌절, 분노 조절 실패, 스트레스에 민감한 미숙한 특징 등을 보인다. 방임 피해아동은 또래 관계에 미숙하고 부모에게 도움을 요청하지 않으며 이른 등교, 늦은 하교, 위축 혹은 과잉 행동 등의 양상을 띤다.

정서적 학대는 대부분 신체적 학대를 수반하는 형태로 나타난다. 정서적 학대 피해아동은 적대적인 언어 행동을 보이고 반항적이며, 자기 통제력이 낮고 과제에 대한 지속성과 열의가 결핍되어 있으며, 부모에 대해서는 높은 수준의 분노와 회피를 보인다. 피해아동은 정신적 불안, 비활동적, 비사회적, 낮은 책임감, 불안과 우울, 몸을 흔들거나 손가락을 빨아 스스로 위로하려는 태도, 분노, 적대적, 수동적, 습관 장애, 품행장애, 반사회적 행동, 신경증적 반응, 지적, 정서적 발달지체, 낮은 학업성취의 특성 등을 보인다.

제2장

아동학대의 실태

아동학대가 다양한 형태로 날로 증가하고 있다. 우리나라뿐만 아니라 외국의 사례에서도 계속 증가추세다. 더욱 안타까운 것은 점점 흉포화되고 있다는 점이다. 「아동복지법」 제3조 제7호에서는 “아동학대란 보호자를 포함한 성인이 18세 미만인 아동의 건강 또는 복지를 해치거나 정상적 발달을 저해하는 신체적・정신적・성적 폭력을 저지르거나 가혹 행위를 하는 것과 아동을 유기 및 방임하는 것을 말한다.”라고 정의하였다. 적극적인 가해행위뿐 아니라 소극적 방임행위까지 아동학대로 명시하고 있다. 복지적 차원에서 아동학대에 대한 광의의 개념으로 법적 정의의 개념보다 폭넓은 권리와 욕구 차원의 의미를 포함한다. 사회 복지적 차원에서는 “아동의 잠재되어있는 발달이 지적・정서적・신체적 고통으로 인해 지체되거나 억압당하게 되는 모든 처우를 포함하며 소극적인 처우인 정서적 박탈, 양육 태만, 영양부족 등을 포함하는 광의 개념이다. 즉 아동의 발달을 위협하는 행위나 욕구가 무시되는 상황 등 포괄적인 개념에서 아동의 복지와 권리가 보호받지 못하는 상황을 의미한다.

2020년 집계된 전체 신고접수 건수는 응급 아동학대 의심사례 1,858건(4.4%), 아동학대 의심사례는 37,071건(87.7%)으로 총 아동학대 의심사례 38,929건으로 전체 신고접수의 92.1%로 나타났다. 아동학대 사례 건수는 총 30,905건으로 2019년 대비 2.9%나 증가하였다.

코로나19 사태가 발생한 후 전 세계적으로 비대면 원격 수업으로 집에 머무는 시간이 늘어났다. 이에 따른 부작용으로 아동학대 및 방임 등 힘없는 아동에 대한 사고가 곳곳에서 발생하고 있다. 그러나 코로나19의 확산은 세계 각국의 아동 특히 빈곤층과 아동・여성 등 취약계층의 아동에 가중된 어려움을 주고 있다. 따라서 아동학대에 대한 국가와 지역사회의 아동보호서비스 강화와 관련 입법 강화 추세를 살펴볼 필요가 있다.

우리나라는 가정 내 아동학대 문제 대응을 위하여 「아동복지법」, 「아동학대범죄의 처벌 등에 관한 특례법」, 「가정폭력범죄의 처벌 등에 관한 특례법」 등을 마련하여 시행하고 있다.

세계 각국의 아동학대와 관련하여 다음과 같은 법제를 두고 시행하고 있다.

영국「1933 아동 및 청소년법」, 스페인「형법」, 미국은 각 주의「형법」, 프랑스「형법」, 러시아「형법」은 아동학대 혐의사실이 인정될 경우나 학대로 아동에게 상해를 가한 경우에는 추가 처벌이 적용될 수 있다.

동양 각국의 아동학대 처벌 규정 강화의 현황으로 중국「미성년자 보호법」, 일본「아동학대 방지 등에 관한 법률」, 대만「아동 및 소년 복지·권익 보장법」, 태국「2003년 아동보호법」과「2007년 가정폭력 피해자 보호법」, 인도네시아「아동보호에 관한 법률 2002년 제23호」, 베트남「형사법전」, 요르단「형법」,「가정폭력방지법」 법원은 가정폭력피해자와 그 가족구성원을 보호할 필요가 있으면 별도 시설에 보호조치하고 가해자의 접근금지를 명하기도 한다.

위험 상태에 놓여 있는 아동과 문제가 있는 학대행위자를 알고 있으면 피해아동을 보호하고 궁극적으로는 아동이 건강하고 안전하게 성장하는 것을 목표로 하는 우리 법제의 취지에 반하는 것이다. 따라서 부적절 처우 단계부터 사법기관과 아동보호기관이 힘을 합쳐 더 큰 비극의 발생을 막을 수 있는 제도와 장치를 고안해야 할 필요가 있다.

제2장

아동학대의 실태

아동학대가 다양한 형태로 날로 증가하는 추세다. 우리나라뿐만 아니라 외국의 사례에서도 증가추세다. 더욱 안타까운 것은 점점 흉포화되고 있다는 점이다. 「아동복지법」 제3조 제7호에서는 "아동학대란 보호자를 포함한 성인이 18세 미만인 아동의 건강 또는 복지를 해치거나 정상적 발달을 저해하는 신체적·정신적·성적 폭력을 저지르거나 가혹 행위를 하는 것과 아동을 유기 및 방임하는 것을 말한다."라고 정의하였다. 적극적인 가해행위뿐 아니라 소극적 방임행위까지 아동학대로 명시하고 있다. 복지적 차원에서 아동학대에 대한 광의의 개념으로, 법적 정의의 개념보다 폭넓은 권리와 욕구 차원의 의미를 포함한다. 사회 복지적 차원에서는 "아동의 잠재되어있는 발달이 지적·정서적·신체적 고통으로 인해 지체되거나 억압당하게 되는 모든 처우를 포함하며, 소극적인 처우인 정서적 박탈, 양육 태만, 영양부족 등"을 포함하는 광의 개념이다. 즉 아동의 발달을 위협하는 행위나 욕구가 무시되는 상황 등 포괄적인 개념에서 아동의 복지와 권리가 보호받지 못하는 상황을 의미한다.

1. 아동학대 신고접수 및 신고자 현황에 대해 살펴볼까?

1) 아동학대 신고접수 현황

2020년 집계된 전체 신고접수 건수는 2020년도 아동학대 주요 통계자료(보건복지부, 2021)를 인용하여 <표 2－1>에서 살펴보듯이, 응급 아동학대 의심사례 1,858건(4.4%), 아동학대 의심사례는 37,071건(87.7%)으로 총 아동학대 의심사례는 38,929건으로 전체 신고접수의 92.1%로 나타났다. 이외 동일신고는 557건(1.3%), 일반상담은 2,761건(6.5%)이나 되었다.

〈표 2－1〉 신고접수 건수 (단위: 건, %)

아동학대 의심사례			동일신고	일반상담	해외발생사례	계
응급아동학대	아동학대	소계				
1,858	37,071	38,929	557	2,761	4	2,761
(4.4)	(87.7)	(92.1)	(1.3)	(6.5)	(0.0)	(100.0)

출처: 보건복지부(2021).

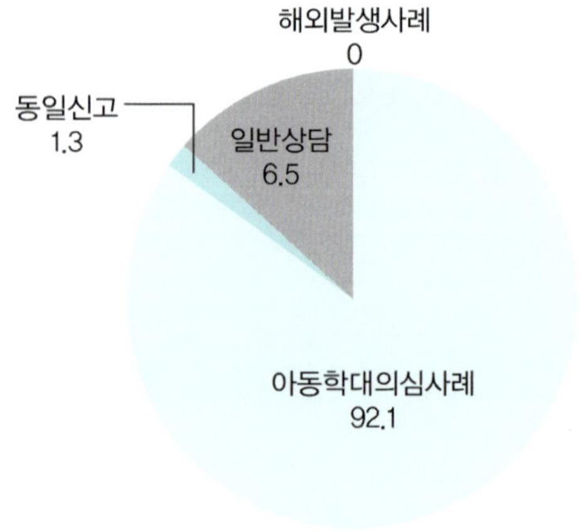

1) 연도별 신고접수 현황

연도별 신고접수 현황을 2020년도 아동학대 주요 통계자료(보건복지부, 2021)를 인용하여 <표 2-2>에서 살펴보듯이, 2020년 아동학대 신고접수 건수는 총 42,251건으로 2019년 41,389건 대비 2.1% 증가했으나, 증가 폭은 예년에 비해 다소 낮아졌음을 알 수 있다.

〈표 2-2〉 최근 5년간 아동학대 신고 및 학대 판단 건수 (단위: 건)

구분	2015년	2016년	2017년	2018년	2019년	2020년
전체 신고건수	19,214	29,674	34,169	36,417	41,389	42,251
국내 신고건수	19,203	29,671	34,166	36,416	41,389	42,247
해외사례	11	3	3	1	0	4
아동학대의심사례	16,651	25,878	30,923	33,532	38,380	38,929
학대판단 건수	11,715	18,700	22,367	24,604	30,045	30,905

출처: 보건복지부(2021).

2) 시도별 신고접수 현황

시도별 신고접수 현황을 2020년도 아동학대 주요 통계자료(보건복지부, 2021)를 인용하여 <표 2-3>에서 살펴보듯이, 시도별 신고접수 건수의 경우, 경기 9,192건(23.6%), 서울 4,167건(10.7%) 순으로 높았으며, 낮은 순으로는 세종 371건(1.0%), 제주 859건(2.2%)으로 나타났다.

〈표 2-3〉 아동학대 시도별 접수건수 (단위: 건, %)

시도	응급아동학대의심사례		아동학대의심사례		계	
서울	159	(8.6)	4,008	(10.8)	4,167	(10.7)
부산	34	(1.8)	2,078	(5.6)	2,112	(5.4)
대구	66	(3.6)	1,653	(4.5)	1,719	(4.4)
인천	311	(16.7)	2,788	(7.5)	3,099	(8.0)
광주	11	(0.6)	847	(2.3)	858	(2.2)
대전	94	(5.1)	1,551	(4.2)	1,645	(4.2)
울산	22	(1.2)	1,380	(3.7)	1,402	(3.6)
경기	564	(30.4)	8,628	(23.3)	9,192	(23.6)
강원	51	(2.7)	1,353	(3.6)	1,404	(3.6)
충북	201	(10.8)	1,087	(2.9)	1,288	(3.3)
충남	64	(3.4)	2,310	(6.2)	2,374	(6.1)
전북	56	(3.0)	2,397	(6.5)	2,453	(6.3)
전남	82	(4.4)	2,286	(6.2)	2,368	(6.1)
경북	96	(5.2)	1,779	(4.8)	1,875	(4.8)
경남	40	(2.2)	1,703	(4.6)	1,743	(4.5)
제주	3	(0.2)	856	(2.3)	859	(2.2)
세종	4	(0.2)	367	(1.0)	371	(1.0)
총계	1,858	(100.0)	37,071	(100.0)	38,929	(100.0)

출처: 보건복지부(2021).

3) 신고자 유형별 현황

아동학대 의심 신고자는 신고의무자와 비신고의무자로 구분된다. 신고유형별 현황을 2020년도 아동학대 주요통계자료(보건복지부, 2021)를 인용하여 <표 2-4>에서 살펴보았다. 총 38,929건 중에 아동학대 신고의무자에 의한 신고는 10,973건(28.2%)으로 나타났다. 세부적으로는 초・중・고교 직원이 3,805건(9.8%)이 가장 높았다. 비 신고 의무자에 의한 신고접수 건수는 총 27,956건(71.8%)이었다. 아동보호전문기관장과 종사자 10,254건(26.3%), 부모 6,284건(16.1%), 아동 본인 5,533건(14.2%), 이웃・친구 1,945건(5.0%) 순으로 나타났다.

〈표 2-4〉 신고자 유형 (단위: 건, %)

신고의무자			비신고의무자		
초・중・고 직원	3,805	(9.8)	아동 본인	5,533	(14.2)
의료인・의료기사	363	(0.9)	부모	6,284	(16.1)
아동복지시설종사자	711	(1.8)	형제, 자매	443	(1.1)
장애인복지시설종사자	46	(0.1)	친인척	653	(1.7)
보육교직원	182	(0.5)	이웃, 친구	1,945	(5.0)
유치원교직원, 강사	140	(0.4)	경찰	261	(0.6)
학원강사	42	(0.1)	종교인	28	(0.1)
소방구급대원	25	(0.1)	사회복지 관련 종사자	367	(0.9)
성매매피해시설상담종사자	3	(0.0)	아동보호전문기관종사자	10,254	(26.3)
한부모가족복지시설종사자	30	(01)	의료사회복지사	39	(0.1)
가정폭력상담소보호시설 종사자	210	(0.5)	낯선 사람	611	(1.6)
사회복지시설종사자	347	(0.9)	익명	401	(1.0)
아동권리보장원・가정위탁지원센터종사자	51	(0.1)	법원	55	(0.1)

사회복지전담공무원	632	(1.6)	기타	1,127	(2.9)
아동복지전담공무원	984	(2.5)			
아동보호전문기관장과 종사자	2,394	(6.1)			
건강가정지원센터종사자	91	(0.2)			
다문화가족지원센터종사자	61	(0.2)			
정신건강복지센터종사자	65	(0.2)			
성폭력피해자보호시설종사자・성폭력피해자통합지원센터종사자	83	(0.2)			
응급구급차	1	(0.0)			
청소년시설, 단체종사자	280	(0.7)			
청소년보호센터, 청소년재활센터종사자	87	(0.2)			
아이돌보미	21	(0.1)			
취약계층아동 통합서비스 지원인력	308	(0.8)			
육아종합지원센터종사자	10	(0.0)			
입양기관종사자	1	(0.0)			
소계	10,973	(28.2)	소계	27,956	(71.8)
계			38,929(100.0)		

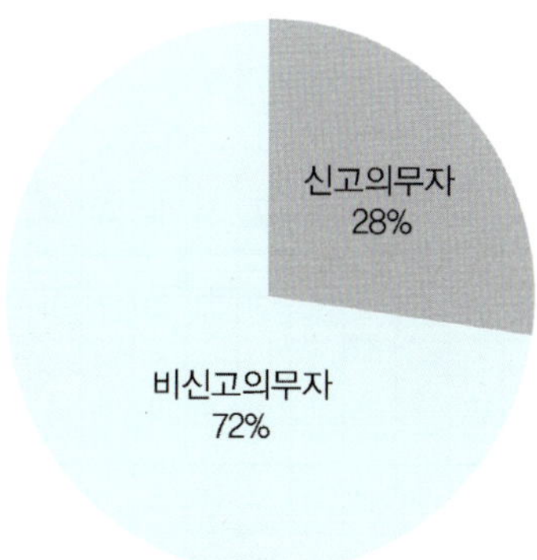

출처: 보건복지부(2021).

(1) 시도별 신고의무자 신고유형

시도별 신고의무자 신고유형 현황을 2020년도 아동학대 주요통계자료(보건복지부, 2021)를 인용하여 <표 2-5>에서 살펴보았다. 시도별 신고의무자에 의한 신고는 총 10,973건으로 나타났다. 세부적으로는 경기 2,282건, 서울 954건으로 높았다. 낮은 순으로는 세종 91건, 제주 165건으로 나타났다.

〈표 2-5〉 시도별 신고의무자 신고유형 (단위: 건)

시도 / 신고자 유형	서울	부산	대구	인천	광주	대전	울산	경기	강원	충북	충남	전북	전남	경북	경남	제주	세종	총계
초·중·고 직원	304	356	163	188	84	133	146	752	201	134	271	258	231	242	258	54	30	3,805
의료인·의료기사	71	12	13	20	8	14	7	101	13	16	14	15	21	15	15	7	1	363
아동복지시설종사자	80	34	26	16	8	21	14	231	22	38	30	43	36	85	21	4	2	711
장애인복지시설종사자	1	6	0	0	0	5	1	6	2	17	0	0	2	4	0	2	0	46
보육교직원	25	11	7	13	1	3	10	29	10	12	9	17	5	21	5	1	3	182
유치원교직원, 강사	23	8	3	5	2	14	6	36	8	1	7	4	9	2	1	3	8	140
학원 및 교습소 종사자	2	5	0	0	2	2	1	7	2	0	1	9	1	4	3	3	0	42
소방구급대원	1	1	4	1	0	0	3	11	0	0	1	0	1	0	2	0	0	25
성매매피해시설상담소종사자	1	0	1	0	0	1	0	0	0	0	0	0	0	0	0	0	0	3
한부모가족복지시설종사자	6	1	2	5	0	3	1	1	0	5	0	1	3	0	2	0	0	30
가정폭력상담소보호시설종사자	9	0	6	7	4	5	7	36	10	20	29	15	6	34	20	2	0	210
사회복지시설종사자	41	30	27	10	2	10	3	77	20	7	31	30	21	27	7	3	1	347
아동권리보장원·가정위탁지원센터종사자	4	2	6	9	2	1	1	2	0	4	1	3	3	3	10	0	0	51
사회복지전담공무원	63	18	67	6	12	11	54	147	8	9	87	19	27	18	55	0	31	632
아동복지전담공무원	99	111	59	38	18	9	139	128	43	53	114	23	57	21	66	0	6	984

아동보호전문기관장과 종사자	134	34	177	342	23	194	59	528	95	69	79	259	137	133	48	80	3	2,394
건강가정지원센터종사자	3	2	12	4	1	1	1	14	4	16	16	2	0	5	9	1	0	91
다문화가족지원센터종사자	3	1	1	0	4	0	0	10	2	5	7	7	8	4	9	0	0	61
정신건강복지센터종사자	9	1	0	2	3	3	4	17	10	4	2	3	1	5	1	0	0	65
성폭력피해자보호시설 종사자·성폭력피해자 통합지원센터 종사자	3	0	6	1	1	1	5	13	7	7	4	7	2	23	3	0	0	83
응급구급차	1	0	0	0	0	0	0	0	0	0	0	0	0	0	0	0	0	1
청소년시설, 단체종사자	23	34	3	20	7	6	7	67	19	14	8	24	32	7	6	1	2	280
청소년보호센터, 청소년재활센터종사자	22	11	0	2	5	1	4	9	1	1	4	7	4	7	6	2	1	87
아이돌보미	2	2	1	0	0	2	6	3	0	0	0	0	2	0	1	2	0	21
취약계층아동 통합서비스 지원인력	14	0	3	37	0	0	7	56	24	28	28	35	29	40	5	0	2	308
육아종합지원센터종사자	0	0	0	0	3	0	0	1	0	0	1	0	4	0	0	0	1	10
입양기관종사자	1	0	0	0	0	0	0	0	0	0	0	0	0	0	0	0	0	1
소계	954	680	587	726	190	440	486	2,282	501	460	744	781	642	700	553	165	91	10,973

출처: 보건복지부(2021).

(2) 시도별 비신고의무자 신고유형

시도별 비신고의무자 신고유형 현황을 2020년도 아동학대 주요 통계자료(보건복지부, 2021)를 인용하여 <표 2-6>에서 살펴보았다. 비신고의무자에 의한 신고접수 건수는 27,956건으로 나타났다. 세부적으로는 경기 6,910건, 서울 3,222건으로 높았다. 낮은 순으로는 세종 280건, 제주 694건으로 나타났다.

〈표 2-6〉 시도별 비신고의무자 신고 유형 (단위: 건)

신고자 유형 \ 시도	서울	부산	대구	인천	광주	대전	울산	경기	강원	충북	충남	전북	전남	경북	경남	제주	세종	총계
아동 본인	807	247	299	474	118	229	120	1,513	130	149	355	158	288	217	223	141	65	5,533
부모	859	306	238	434	139	254	216	1,756	184	191	337	261	354	285	303	131	36	6,284
형제, 자매	49	12	20	29	14	18	9	127	17	11	25	12	29	23	27	15	6	443
친인척	69	47	25	34	16	31	18	154	24	34	39	45	37	22	36	16	6	653
이웃, 친구	355	64	70	214	25	92	47	506	35	75	86	68	113	72	83	30	10	1,945
경찰	24	5	6	6	4	3	0	52	7	8	30	23	14	27	6	0	1	216
종교인	3	1	0	2	0	0	0	6	0	0	6	0	4	0	6	0	0	28
사회복지 관련 종사자	20	16	9	38	6	11	7	77	7	23	43	38	17	24	16	15	0	367
아동보호전문 기관종사자	717	583	388	986	169	508	443	2,217	420	254	598	990	790	386	405	262	138	10,254
의료사회 복지사	2	0	0	9	1	3	2	12	4	0	2	2	1	1	0	0	0	39
낯선 사람	119	19	28	53	8	16	17	141	11	38	22	19	34	30	18	35	3	611
익명	47	78	12	12	88	2	8	43	17	8	10	14	11	11	34	3	3	401
법원	5	6	3	4	4	4	3	9	0	3	1	5	2	0	4	0	2	55
기타	146	48	34	78	76	34	26	297	47	34	76	37	32	77	29	46	10	1,127
소계	3,222	1,432	1,132	2,373	668	1,205	916	6,910	903	828	1,630	1,672	1,726	1,175	1,190	694	280	27,956

출처: 보건복지부(2021).

2. 아동학대 발생 현황에 대해 살펴볼까?

1) 연도별 아동학대 현황

(1) 최근 5년간 연도별 아동학대 사례 건수

연도별 아동학대 사례 건수는 <표 2-7>에서 살펴보듯이, 계속 증가하였다. 2020년도를 살펴보았을 때, 아동학대 사례 건수는 총 30,905건으로 2019년 대비 2.9%나 증가하였다.

〈표 2-7〉 연도별 아동학대사례 건수 (단위: 건, %)

연도	2016년	2017년	2018년	2019년	2020년
건수	18,700	22,367	24,604	30,045	30,905
증가율	–	19.6	10.0	22.1	2.9

출처: 보건복지부(2021).

(2) 최근 5년간 연도별 피해아동 발견율

최근 5년간 연도별 피해아동 발견율을 2020년도 아동학대 주요 통계자료(보건복지부, 2021)를 인용하여 살펴보면 <표 2-8>과 같다.

〈표 2-8〉 연도별 아동학대사례 건수 (단위: 명, 건, %)

연도	2016년	2017년	2018년	2019년	2020년
추계아동인구(만0~17세)	8,694,953	8,467,386	8,255,490	7,888,218	7,678,893
아동학대 사례	18,700	22,367	24,604	30,045	30,905
피해아동 발견율	2.15	2.64	2.98	3.81	4.02

출처: 보건복지부(2021).

추계 아동 인구(만 0~17세)를 기준으로 인구 1,000명 당 피해아동 발견율을 산출하여 비교해 보았다. 2016년부터 2020년까지 연도별 추계 아동 인구는 꾸준히 감소하였다. 반면에 아동학대 사례는 증가하면서 피해아동 발견율도 지속적으로 증가추세를 보였다.

2) 피해아동 인구사회학적 현황

(1) 피해아동의 성별 발생 현황

학대로 피해받은 아동의 성별 현황을 2020년도 아동학대 주요통계자료(보건복지부, 2021)를 인용하여 살펴보면 <표 2-9>와 같다.

〈표 2-9〉 피해아동의 성별 (단위: 건, 명, %)

구분	남아	여아	계
건수(비율)	15,815(51.2)	15,090(48.8)	30,905(100)
명수(비율)	11,610(51.8)	10,821(48.2)	22,431(100)

출처: 보건복지부(2021).

아동학대로 판단된 30,905건 중 남아가 15,815건(51.2%), 여아가 15,090건(48.8%)으로 피해아동은 남아가 더 많은 것으로 나타났다.

(2) 피해아동의 연령별 현황

학대로 피해받은 아동의 연령 현황을 2020년도 아동학대 주요통계자료(보건복지부, 2021)를 인용하여 살펴보면 <표 2-10>과 같다.

〈표 2-10〉 피해아동의 연령 (단위: 건, 명, %)

연령	건수(비율)	명수(비율)
1세 미만	614(2.0)	398(1.8)
1세	749(2.4)	503(2.2)
2세	907(2.9)	608(2.7)
3세	1,117(3.6)	754(3.4)
4세	1,168(3.8)	808(3.6)
5세	1,305(4.2)	867(3.9)
6세	1,427(4.6)	992(4.4)

7세	1,844(6.0)	1,261(5.6)
8세	2,026(6.6)	1,405(6.3)
9세	2,146(6.9)	1,518(6.8)
10세	2,180(7.1)	1,605(7.2)
11세	2,281(7.4)	1,684(7.5)
12세	2,496(8.1)	1,847(8.2)
13세	2,443(7.9)	1,835(8.2)
14세	2,493(8.1)	1,876(8.4)
15세	2,141(6.9)	1,657(7.4)
16세	2,003(6.5)	1,551(6.9)
17세	1,565(5.1)	1,262(5.6)
계	30,905(100)	22,431(100)

출처: 보건복지부(2021).

피해아동의 연령의 경우, 중학생에 해당하는 만 13~15세가 7,077건(22.9%)으로 가장 큰 비중을 차지하였다. 그다음으로는 만 10~12세가 6,957건(22.5%), 만 7~9세가 6,016건(19.5%)으로 나타났다.

(3) 피해아동의 가족 유형별 발생 현황

학대로 피해받은 아동의 가족 유형을 2020년도 아동학대 주요통계자료(보건복지부, 2021)를 인용하여 살펴보면 <표 2-11>과 같다.

〈표 2-11〉 피해아동의 가족 유형 (단위: 건, %)

친부모 가정	부자 가정	모자 가정	미혼 부모 가정	재혼 가정	친인척 보호	동거 (사실혼 포함)	가정 위탁	입양 가정	시설 보호	기타	계
18,059	3,521	3,977	487	1,686	582	668	69	66	340	1,450	30,905
58.4	11.4	12.9	1.6	5.5	1.9	2.2	0.2	0.2	1.1	4.7	100

출처: 보건복지부(2021).

아동학대 사례로 판단된 피해아동의 가족유형의 경우, 친부모가정 18,059건(58.4%), 모자가정 3,977건(12.9%), 부자가정 3,521건(11.4%), 재혼가정 1,686건(5.5%) 순으로 나타났다.

3) 학대행위자의 인구사회학적 현황

(1) 학대행위자의 성별 발생 현황

학대행위자 인구사회학적 현황 중 성별을 2020년도 아동학대 주요통계자료(보건복지부, 2021)를 인용하여 살펴보면 <표 2-12>와 같다.

〈표 2-12〉 학대행위자 성별 (단위: 건, 명, %)

구분	남성	여성	계
건수(비율)	17,145(55.5)	13,760(44.5)	30,905(100)
명수(비율)	10,601(55.5)	8,512(44.5)	19,113(100)

출처: 보건복지부(2021).

2020년 아동학대 30,905건 중 학대행위자 성별은 남성 17,145건(55.5%), 여성 13,760건(44.5%)으로 남성이 여성에 비해 더 높게 나타났다.

(2) 학대행위자의 연령별 발생현황

학대행위자 인구사회학적 현황 중 연령을 2020년도 아동학대 주요통계자료(보건복지부, 2021)를 인용하여 살펴보면 <표 2-13>과 같다.

〈표 2-13〉 학대행위자 연령 (단위: 건, 명, %)

연령(만)	건수(비율)	명수(비율)
19세 이하	133(0.4)	116(0.6)
20대(20~29)	2,517(8.1)	1,514(7.9)
30대(30~39)	8,133(26.3)	4,633(24.2)
40대(40~49)	14,286(46.2)	8,946(46.8)
50대(50~59)	4,446(14.4)	2,966(15.5)
60대(60~69)	911(2.9)	599(3.1)
70세 이상	369(1.2)	260(1.4)
파악 불가	110(0.4)	79(0.4)
계	30,905(100)	19,113(100)

출처: 보건복지부(2021).

학대행위자 연령을 살펴보면, 40대가 14,286건(46.2%)으로 가장 많았다. 다음으로는 30대 8,133건(26.3%), 50대 4,446건(14.4%), 20대 2,517(8.1%), 60대 911(2.9%), 70세 이상 369건(1.2%), 19세 이하 133건(0.4%) 순으로 나타났다.

(3) 학대행위자와 피해아동의 관계와 발생현황

학대행위자 인구사회학적 현황 중 학대행위자와 피해아동의 관계와 발생현황은 2020년도 아동학대 주요 통계자료(보건복지부, 2021)를 인용하여 살펴보면 <표 2-14>와 같다.

학대행위자와 피해아동과의 관계를 살펴보면, 부모 25,380건(82.1%), 대리양육자 2,930건(9.5%), 친인척 1,661건(5.4%), 타인 565건(1.8%) 순으로 나타났다. 그중 부모에 의해 발생한 사례 중 친부에 의해 발생한 사례가 13,471건(43.6%), 친모는 10,945건(35.4%), 계부 578건(1.9%), 계모 312건(1%) 순으로 나타났다. 특히, 대리양육자 중에서는 초·중·고교 직원이 882건(2.9%)으로 높게 나타났다.

〈표 2-14〉 학대행위자와 피해아동과의 관계 (단위: 건, %)

관계		건수(비율)
부모	친부	13,471(43.6)
	친모	10,945(35.4)
	계부	578(1.9)
	계모	312(1.0)
	양부	40(0.1)
	양모	34(0.1)
	소계	25,380(82.1)
친인척	친조부	231(0.7)
	친조모	374(1.2)
	외조부	131(0.4)
	외조모	230(0.7)
	친인척	429(1.4)
	형제, 자매	266(0.9)
	소계	1,661(5.4)
대리양육자	부모의 동거인	444(1.4)
	유치원교직원	118(0.4)
	초·중·고교 직원	882(2.9)
	학원 및 교습소 종사자	208(0.7)
	보육교직원	634(2.1)
	아동복지시설 종사자	556(1.8)
	기타 시설 종사자	12(0.0)
	청소년시설 종사자	14(0.0)
	위탁부	4(0.0)
	위탁모	16(0.1)
	아이돌보미	42(0.1)
	소계	2,930(9.5)
타인	이웃	211(0.7)
	낯선 사람	354(1.1)
	소계	565(1.8)
기타		369(1.2)
총계		30,905(100)

출처: 보건복지부(2021).

4) 아동학대 발생 장소 현황

아동학대 발생 장소 현황을 2020년도 아동학대 주요통계자료(보건복지부, 2021)를 인용하여 <표 2−15>에서 살펴보았다. 전체 아동학대 사례 중 가정 내에서 발생한 사례가 26,996건(87.4%)으로 가장 높게 나타났다. 이 중 아동의 가정 내에서 발생한 사례가 26,249건, 어린이집, 유치원, 학교와 같이 아동을 돌보고 교육하는 기관에서 발생한 아동학대는 총 1,680건(5.4%)으로 나타났다.

〈표 2−15〉 아동학대 발생 장소 (단위: 건, %)

발생장소		건수(비율)
가정 내	아동 가정 내	26,249(84.9)
	학대행위자 가정 내	747(2.4)
	소계	26,996(87.4)
집 근처 또는 길가		586(1.9)
친척집		193(0.6)
이웃집		42(0.1)
어린이집		658(2.1)
유치원		129(0.4)
학교		893(2.9)
학원		174(0.6)
병원		55(0.2)
복지시설	아동복지시설	605(2.0)
	기타 복지시설	34(0.1)
	소계	639(2.1)
숙박업소		126(0.4)
종교시설		37(0.1)
기타		377(1.2)
총계		30,905(100)

출처: 보건복지부(2021).

5) 피해아동의 보호 및 지원

「아동복지법」에 의하면 시·도지사 또는 시장·군수·구청장은 그 관할 구역에서 보호대상아동을 발견하거나 보호자의 의뢰를 받은 경우 아동의 최상의 이익을 위해 해당하는 보호조치를 해야 한다.

(1) 사법처리 사례에 대한 아동안전·학대재발방지 계획 및 제공

① 피해아동에 대한 서비스 제공

- 진술녹화 지원, 신뢰관계인 동석, 국선보조인 선정 등 지원
- 응급조치에 대한 절차 이행 및 처리내용 모니터링
- 경찰 및 검찰 수사단계, 재판단계에 대해 사건 모니터링

② 학대행위자에 대한 서비스 제공

- 응급 및 임시조치 절차 이행 및 처리내용 모니터링
- 임시조치 결정으로 인해 아동보호전문기관에 상담 및 교육위탁, 보호처분 결정으로 인한 아동보호전문기관에 상담위탁 진행 및 이행보고서 발송

(2) 원가정 보호사례에 대한 서비스 계획 및 제공

① 피해아동에 대한 서비스 제공

- 피해아동의 위험요인 감소 상담 및 지원서비스(개별, 집단, 기관, 주변인 상담)
- 학습지원, 물품지원, 공공서비스연계지원, 의료지원 등 서비스 제공
- 재학대 발생 예방을 위한 보호체계 구축 및 모니터링(학교,

주민센터, 친인척 등)

- 학대 후유증 극복을 위한 심리검사 및 심리치료 제공

② 가족구성원에 대한 서비스 제공

- 가족구성원들과의 관계 개선을 위한 긍정적 지지관계 구축 지원
- 아동방임 및 무기력의 원인을 파악하여 해결방안을 모색하고 건강한 가정을 위한 환경 조성 지원서비스 제공

(3) 보호조치된 아동의 서비스 계획 및 제공

① 피해아동에 대한 서비스 제공

- 보호시설(학대피해아동쉼터, 양육시설, 가정위탁, 친인척 등) 적응에 대한 상담 및 모니터링
  - 피해아동의 심리치료 방향 및 협력 방법에 대한 논의
  - 보호기관 및 보호인과 협력체계 구축
- 보호조치 실행 및 변경에 따른 지원
  - 피해아동보호명령 청구 및 변경, 취소 등 절차 지원
  - 아동복지법에 따른 입·퇴소 절차 지원
- 가정복귀 시 안전점검 실시 및 절차 지원
  - 피해아동의 거주지 변경으로 비밀전학 필요시 절차 지원
  - 아동 분리보호 이후 원가정복귀 전 피해아동의 안전여부에 대한 평가

(4) 사회복지 기관의 연계 활용

- 지역사회복지기관들과 '네트워크 구축' 및 '통합사례회의' 실시

- 사회복지기관 연계 시 대상자 정보에 대해서는 '구두' 및 '서류' 동의 필요
- 가정폭력피해자지원쉼터 담당자에게 피해아동 사례관리 내용을 전달하고 관련 내용을 '국가아동학대 정보시스템'에 입력 후 종결처리

3. 세계 각국의 아동학대 현황에 대해 살펴볼까?

1) 세계 각국의 아동보호서비스 강화 추세

코로나19 사태가 발생한 후 전 세계적으로 비대면 원격 수업으로 집에 머무는 시간이 늘어났다. 이에 따른 부작용으로 아동학대 및 방임 등 힘없는 아동에 대한 사고가 곳곳에서 발생하고 있다. 최근 '라면 형제'라는 별칭을 얻은 이들은 국민기초생활 보장 수급대상의 한부모 가정 아동으로 2년 전부터 이웃들이 여러 차례 신고했다. 하지만 제대로 된 도움은 받지 못했다. 최근 발생한 '창녕 쇠사슬 감금 아동학대 사건', '천안 가방 감금 아동학대 사건' 등 아동학대와 방임이 최근 들어 사회적 이슈로 떠오르고 있다. 그러나 코로나 19의 확산으로 인해 세계 각국의 빈곤층 아동과 취약계층 아동의 어려움이 가중되고 있다. 따라서 아동학대에 대한 국가와 지역사회의 아동보호서비스 강화와 관련 입법 강화 추세를 살펴볼 필요가 있다.

먼저 우리 문화의 모델이 된 영국과 미국의 사례를 본다. 다음

으로, 우리나라 주변 국가인 일본, 대만, 호주의 아동학대 현황과 사례를 살펴본다. 끝으로 우리나라가 지향해야 할 북유럽 선진복지국인 스웨덴의 아동학대에 문제 해결사례를 살펴본다. 이로써 우리나라가 배워나가야 할 길, '아동학대 줄이기' 또는 '아동학대 제로화' 해법을 찾는 데 큰 도움을 얻을 수 있을 것이다.

(1) 영미 국가의 아동보호서비스 강화의 현황

첫째, 영국은 1948년 처음으로 아동법을 수립하였다. 1960년대에는 서유럽의 사회복지 제도의 활성화의 경향으로 아동보호서비스가 도입되었다. 1948년의 아동법에 근거한 1960년대의 아동보호서비스는 아동학대의 문제를 기본적으로 의료적, 사회적 문제로 보아 아동학대를 하나의 질병으로 취급했다. 아동학대라는 질병을 '진단－치료－예방'하는 것이 주 내용이었다.

영국에서 1969년 제정된 「아동청소년법(Children and Young Persons Act)」이 비행청소년과 환경이 박탈된 청소년을 함께 묶어 제정되었다. 그러나 1960년대의 아동학대는 '질병' 또는 '공중보건 모델'로 인식되었다. 따라서 의료인, 특히 소아과의사, 아동심리학자, 방사선과의사와 사회복지사가 이러한 문제를 예방하고 치료하는 전문인력으로 파악되었다. 영국에서의 아동학대는 질병의 하나로 취급되었고, 특별한 예방대책의 연구가 없이 '하나의 질병'이라는 인식에서 질병의 특성 연구에 초점을 두었다.

그러던 것이 1970년대와 80년대에 들어 시설보호 중이던 '마리아 콜웰(Maria Colwell)의 죽음'[1)]을 계기로 '보건복지의 시각'에서

1) Maria Colwell 사건이란 의붓아버지와 함께 사는 친어머니에게 돌아가기를 원치 않는 소녀의 의견을 무시하고 법원이 지방정부 시설에서 보호 중인 이 소녀를 친

보던 아동학대의 문제가 '법과 질서의 문제'로 대두되기 시작하였다. 이 시기부터 아동학대가 '보건복지의 차원'을 넘어 '사회적·법적 문제'로 인식되기 시작했다. 아동학대가 사회적·법적 문제의 차원으로 옮겨가면서 국가의 개입이 강화되기 시작했다. 의료전문가는 물론 법률전문가들이 중요한 활동가가 되어 초점도 '증거'에 기반을 둔 '조사－사정'으로 바뀌었다.

1989년의 아동법은 1969년 제정된 「아동청소년법(Children and Young Persons Act)」이 비행 청소년과 환경이 박탈된 청소년을 함께 묶어 제정되었다. 아동과 관련된 형사적인 일과 민사적인 일을 구별했다는 점에서 진일보한 것이다. 아동법에 학대 아동에 대한 관련 규정은 많지 않았다. 그러나 학대 아동에 대한 접근에 있어서 부모와 가족이 개입계획에 참여하는 것을 매우 중시하여 가족과의 협의를 통한 아동보호라는 원칙을 내세우고 있다는 점이다. 즉 '지역 아동보호위원회(ACPC: Area Child Protection Committees)'는 부모와 아동이 파트너십을 수립하여 일하도록 하고 가족과 아동에 대한 지원, 예방사업의 중요성을 적시하였다.

가족의 사생활권, 부모책임을 중시하여 아동을 격리하는 응급보호 등을 최소화할 것을 요구받게 되었다. 아동법은 법의 적용이 아동학대와 관련된 모든 사람에게 공정하다는 인상을 주기 위해 애쓰고 있으며 아동보호서비스에서 차차 행형기관의 역할의 중요성 대두되고 있음을 보여준다. 어떤 면에서는 1989년의 아동법에 의해 아동보호서비스는 보편적이라기보다는 고위험 가족을 선별하여 집중적으로 서비스를 제공하는 쪽으로 선회했다고 볼 수 있다

이머니에게 돌려보냈다가 의붓아비지에 의해 살해당한 사건이다.

(Aldgate and Hill, 1995).

오늘날 영국의 아동보호서비스는 가족해체의 예방과 함께 가능한 한 아동이 자기 집에서 보호되는 것이 최선이라는 원칙을 지키려는 특성이 있다. 아동복지서비스 관점도 '아동권리와 자유 우선주의'에 두고 있어 국가의 역할은 아동의 자유를 부모나 다른 성인으로부터 보장받게 해 주는 것이다. 학대 아동의 보호에도 똑같은 원칙이 적용된다. 전문 분야 간의 협력을 매우 중요하게 생각한다. 1980년대 이후 아동보호는 아동가족 분야에서 가장 많이 회자된 용어가 되고 있다. 아동보호전략회의, 아동보호사례회의, 지역아동보호위원회, 아동보호등록제 등 대응책과 인식이 높아졌고, 대부분의 사회서비스기관들이 아동보호담당자와 한팀을 구성하고 있으며, 보건 및 경찰 부문에서도 아동보호에 전문성을 갖춘 인력풀을 두고 있다.

영국에서 아동학대를 담당하는 중앙정부 부서는 보건부(DH: Department of Health)이며 하위조직인 보건부 아동 안전성(Head of the Children's Safeguard Unit)에서 내무부, 교육기술부 내에 있는 아동학대 전담기관과 연계하여 사업을 수행한다. 1971년부터는 지방정부에서는 사회서비스국(Social Service Department)이 설치되어 아동학대 신고접수와 현장조사, 아동격리, 긴급보호명령 등을 내릴 수 있으며 지역아동보호위원회(Area Child Protection Committees)와 함께 담당공무원, 경찰, 교육계, 의료계, NGO, 가정폭력 관련기관 등 관련 기관의 협조를 받아 아동보호 업무를 수행한다.

둘째, 미국은 영국과 유사한 배경에서 아동학대에 관한 관심과 아동보호서비스가 시작되었다. 지금은 가정 내의 아동학대와 방임에 대해 국가가 적극적으로 제재를 가할 수 있도록 강력한 법과 광범위한 행정체계를 갖추고 보호 활동이 가장 활발한 국가이다.

미국의 아동보호서비스는 1874년 '메리엘렌(Mary Ellen) 사건'[2]을 필두로 민간 활동으로 활발히 진행되어오면서 사회적 승인과 전문가 인력을 바탕으로 20세기 중반부터 공적인 서비스체계가 마련되었다. 1962년 주별로 시행되었던 「아동학대신고법」이 1974년의 연방차원의 「아동학대예방 및 치료에 관한 법(CAPTA)」으로 발전되었고 피해를 받은 아동에 대한 구체적인 보호 방안과 관련해서는 1980년 「입양부조와 아동복지법이 마련되었다. 1997년에는 영구배치계획의 부작용을 인정하고 아동의 안전보장에 초점을 둔 「입양 및 가족안전법(ASFA)」이 통과되었다.

이 법은 학대아동 원가족의 보존을 위한 가족보존서비스가 가해가족의 변화를 위해 많은 예산과 인력을 투입하는 동안 피해아동은 위탁가정에 더 오래 머물면서 문제를 경험하고, 가족보존이라는 명분 아래 아동이 안전치 못한 가정에서 보호되는 경향이 있는 사례를 바로잡자는 시도에서 도입된 것이다.

영국처럼 미국의 아동보호서비스도 의료・사회적 모델에서 사회적・법적 모델로 진화한 것으로 보인다. 지금은 법원이 아동보호서비스에 깊숙이 개입해 있다. 피학대아동에 대한 개입은 가족・아동복지국(주에 따라 명칭이 다양함) 내의 아동복지사(CPS worker)

---

2) Mary Ellen 사건이란 당시 8세이던 메리가 신생아 시절부터 함께 살았던 위탁부모에 의해 지속적으로 학대받아 왔음이 밝혀졌으나 구제할 법이 없어 미국 동물학대방지협회 (American Social for the Prevention of Cruelty to Animals)에 의해 보호받게 된 사건으로 이를 계기로 같은 해 아동학대예방협회(Society for the Prevention of Cruelty to Children)가 설립되었다.

들에 의해 시작된다. 이들의 역할은 신고접수, 현장조사, 사례판정과 서비스계획수립 및 의뢰 등 우리나라 아동학대예방센터 상담원의 역할과 얼핏 유사해 보이지만 사례판정에 따른 구체적 서비스 내용 결정에는 법원의 역할이 매우 크다는 차이점이 있다. 학대로 판정된 아동이 격리 보호를 필요로 할 때, 소년법원은 가해 부모의 친권을 일시 정지시키면서 후견인을 선임하여 아동의 배치가 신속하게 이루어지도록 한다.

다음으로 보호기간 동안 보호의 형태나 기간, 부모의 방문 면접권 등에 변화가 있을 때도 소년법원의 인가가 필요하다. 귀가조치를 위해서도 법원이 가해부모의 치료과정과 결과, 아동의 치료 상황에 대한 자료를 종합하여 결정한다. 소년법원은 학대행위자에 대한 형사적 절차가 아니라 학대방임 피해아동에 대한 아동보호서비스의 제공여부, 서비스 유형의 결정, 양육권자의 양육권 박탈 여부에 대한 처분 재판 절차이며 아동학대가 형사범죄에 해당하는 경우에는 검사의 기소에 따라 별도의 형사재판이 이루어진다.

미국의 아동복지사(CPS Caseworker)는 소년법원의 바른 판단을 위해 전문가적 입장에서 자료와 의견을 제출하고 그 절차에 당사자로 참여한다는 점에서 차이가 있다. 미국에서는 아동보호서비스의 구체적인 서비스 내용, 즉 아동의 일시보호, 다양한 상담과 치료서비스의 제공, 가족지원서비스 등이 CPS 워커의 몫이 아니라 지역사회의 다양한 공·사적 사회복지서비스 기관과의 연계를 통해 작용한다. 직접적인 치료서비스 제공은 CPS의 역할을 벗어나는 것이다.

영국의 아동보호제도가 '법과 질서'라는 시각에 더욱 무게를 두고 일반가족의 사생활권 존중과 고위험가족에 대한 집중적 서비스에 초점을 두고 있다. 미국의 아동보호제도는'사회적 · 법적 시각'에 입각하여 절차를 존중하되 이런 절차에서 사회복지서비스 성격을 강조하고 있다. 연방 아동학대 예방센터에서는 5년마다 아동학대 상황을 국가적 차원에서 조사하여 통계를 생산하고 있는 것도 특징의 하나다.

(2) 북유럽 복지선진국, 스웨덴의 아동보호서비스 강화의 입법 우수사례

스웨덴의 경우는 1979년 3월 15일 스웨덴 의회가 아동체벌금지를 명문화한 '어린이와 부모법(Children and Parents Code)' 개정안을 세계 최초로 통과시켰다. 이로써 스웨덴은 전 세계 아동 인권보호를 선도하는 나라가 되었다 해도 과언이 아니다. 사실 중학교 이상에서의 체벌금지는 1928년부터 시작되었으니, 이는 또 다른 선진국인 캐나다보다 50년이나 앞선 것이었다.

이 법령의 시행으로 가정, 학교, 공공장소 등 어디에서든 아동을 때리거나, 벌주거나 혹은 감금하는 등의 육체적 체벌이 금지됨과 동시에 그런 행위를 한 자에 대해서는 「처벌법(Penal Code)」에 따라 최대 10년의 징역형 등 무거운 처벌이 따른다. 위협, 폭언 등의 비육체적 학대도 금지대상에 포함된다.

이러한 강력한 아동체벌금지의 궁극적인 목적은 아동을 독립된 인격체로 보는 인식의 전환을 통해 그들의 인권을 보호하기 위한 것이다. 법률적 규제와 동시에 스웨덴 정부는 대대적인 홍보와 교육도 병행하고 있다. 각급 학교는 물론 성인교육 프로그램을 통해서도 이 법령이 왜 시작되었는지, 어떻게 아동을 대해야 하는지에 대해 배우고 있다. 특히, 우유 등의 제품에 아동체벌과 관련된 그림을 삽화하여 부모와 아이가 자연스럽게 아동학대에 관하여 얘기할 수 있도록 한 것은 인상적인 부분이다.

이러한 노력을 통해 스웨덴에서 매 맞는 아동의 비율은 1980년대에 3명 중 1명이던 것이 1990년대에는 5명 중 1명, 2015년에는 20명 중 1명꼴로 줄었다. 체벌금지의 부작용으로 지적되었던 청소년 범죄는 1990년 이래로 줄어들고 있다. 국제적으로도 효과성이 인정되면서 이웃인 핀란드와 노르웨이가 각각 1983년과 1987년에 아동 체벌금지를 도입하였고, 2014년 기준으로 전 세계 43개 나라가 아동 체벌금지를 채택하고 있다.

사실 1960년대까지만 하더라도 아동 체벌은 스웨덴 부모가 손쉽게 선택한 훈육방법이었고, 이에 대한 부정적 인식은 미미한 실정이었다. 그러나 시민의식의 성숙, 평등의식의 확산으로 1960년대 중반 이후부터 아이 양육에 대한 부모들의 태도가 변하기 시작했다. 스웨덴 정부에 의해 시행된 여론조사에서 체벌이 더 이상 필요하지 않다고 응답한 부모는 1965년 35%에서 1971년에는 60%로, 2000년대에는 90% 이상으로 증가한 것으로 나타났다.

이러한 변화는 스웨덴의 경제성장 및 복지증대와 맥을 같이한다. 소아과 의사이자 대학교수인 Staffan Janson에 따르면 유급 육아휴직 확대 등의 복지정책은 부모들의 스트레스를 줄여 주었고, 결과적으로 자녀 교육에도 좋은 영향을 끼쳤다. 여유가 생긴 부모들은 자녀와 대화를 많이 하게 되었고, 체벌 외에 여러 대안적인 방법들을 생각하게 된 것이다.

스웨덴에서 아동학대 방지의 책임은 부모에게만 국한되지 않는다. 정부, 지자체, 학교, 유치원, 이웃공동체 등 여러 주체가 참여하여 교육, 모니터링, 지원이 이루어진다. 최대 480일 유급육아휴직과 함께 직장이 있는 부모는 근무시간을 줄일 수 있다. 게다가 18세 미만의 청소년에게는 어린이 수당을, 아동 양육 가정에는 주택보조금 등이 지원된다. 학교와 유치원은 어린이 또는 청소년들이 가정에서 학대를 당하는지 모니터링하여야 할 의무가 있으며, 학부모와의 주기적인 상담을 통해 올바른 양육법에 대하여 논의한다.

최근 국내에서 발생한 경악스러운 아동학대 사건들을 계기로 아동학대를 예방하고 인권을 보호하는 사회적인 시스템 구축이 절실하다는 것이 명백해졌다. 여러 사회 주체가 협업하는 아동학대 방지 시스템 구축에 있어 스웨덴의 사례는 우리에게 많은 것을 시사해준다고 하겠다(정우석, 2016).

2) 세계 각국의 아동학대 처벌규정

UNICEF(Division of Data, Analytics, Planning and Monitoring)에 의하면 104개국의 18억 명 아동에 대한 폭력 예방 및 대응 서비스가 중단되었다. 국가별 아동폭력 관련 서비스 중단 건수는 남아시아에서 616백만 건으로 가장 심각한 것으로 나타났다. 다음으로 동아시아 및 태평양 국가들이 491백만 건으로 높게 나타났다. 끝으로 서부 및 중앙아프리카에서 234백만 건, 라틴아메리카 및 카리브해 국가들에서 172백만 건으로 나타났다. 인구수가 많은 여러 아시아 국가와 소득 기준 하위권인 저소득·중간소득 국가의 서비스 중단 건수가 높은 것으로 나타났다. 이는 가난한 국가 아동이거나 취약계층 아동일수록 지역사회 안전망이 작동하지 않게 됨에 따라 생계위험과 더불어 아동학대 상황까지도 노출될 가능성이 높다는 사실을 보여주고 있다.

(1) 서양 각국의 아동학대 처벌규정 강화의 현황

우리나라는 가정 내 아동학대 문제 대응을 위하여 「아동복지법」, 「아동학대범죄의 처벌 등에 관한 특례법」, 「가정폭력범죄의 처벌 등에 관한 특례법」 등을 마련하여 시행하고 있다. 세계 각국의 아동학대와 관련하여 다음과 같은 법제를 두고 시행하고 있다.

첫째, 영국에서는 「1933 아동 및 청소년법」 제1조 제1항에서는 16세 미만의 아동 또는 청소년을 보호할 책임이 있는 16세 이상의 사람이 그 아동에게 의도적으로 폭력, 학대, 방임, 유기 및 정신적 학대를 한 경우 최대 10년형에 처할 수 있다고 규정하고 있다. 장기간에 걸친 심각한 학대 및 방임 등의 경우 6년, 연속적 폭행 및 장기간 방임·냉대의 경우 3년, 실질적인 상해를 야기하는 폭행의 경우 36주의 구금에 처할 수 있다. 또한 「1989 아동법」에서는 피해아동보호를 위하여 긴급조치(제46조)와 법원명령에 따른 보호조치(제44조)를 규정하고 있다.

둘째, 미국은 각 주의 형법에 따라 학대와 방치 모두 처벌 대상이다. 버지니아주는 부모가 아동에게 심각한 상해를 가하는 경우 2년 이상 10년 이하의 징역 및 10만 달러(한화 약 1억 원) 이하의 벌금을 부과하고 있으며, 부모의 양육권도 제한할 수 있다. 버지니아의 사법·경찰 당국은 아동학대사건 신고 시 부모의 사전 동의 없이 72시간까지 해당 아동을 보호할 수 있으며, 법원 명령을 통해 아동에 대한 보호조치나 격리조치 등을 취할 수 있다. 법원은 상황이 개선될 여지가 없다고 판단하는 경우에는 학대부모의 친권을 박탈할 수 있다.

셋째, 프랑스에서는 「형법」 제221-1조와 제221-4조 등에 따라 아동의 직계존속이나 친권자가 폭력을 이용하여 15세 미만 아동을 의도와 상관없이 사망에 이르게 하는 경우 30년의 징역(의도적 살인의 경우 무기징역), 아동에게 장애를 야기한 경우 20년의 징역에 처한다. 위험에 처한 아동은 판사의 결정에 따라 최대 2년 동안 보호조치(친권자와의 격리조치)의 대상이 될 수 있고 이 기간은 1회 갱신될 수 있다. 아동을 계속하여 방임하는 경우 판사는 친권의 일부 또는 전체를 박탈할 수 있으며, 친권자는 친권 박탈 1년 후부터 친권 회복을 청구할 수 있다.

넷째, 스페인에서는 「형법」 제153조에 의거하여 폭행 또는 학대의 정도에 따라 최저 6개월 최대 1년의 징역 또는 31~80시간의 사회봉사를 부과하고, 1년간의 무기의 소지 및 보관에 대한 권리를 박탈한다. 재판부가 미성년자의 이익에 부합한다고 판단하는 경우, 최대 3년까지 친권 행사가 정지되고 최대 5년까지 피해자를 후견, 보호, 위탁할 수 없다. 미성년자에 대한 범죄는 형량의 절반을 가중 처벌할 수 있다.

다섯째, 러시아에서는 아동학대 혐의사실이 인정될 경우, 「형법」 제156조에 의거, 그 죄질에 따라 최대 10만 루블(한화 약 170만 원)의 벌금, 1년간의 급여압류, 최대 440시간의 강제노역, 2년간의 사회봉사, 최대 5년간의 자격정지 또는 3년 이하의 징역에 처할 수 있으며, 학대로 아동에게 상해를 가한 경우에는 추가 처벌이 적용될 수 있다.

(2) 동양 각국의 아동학대 처벌규정 강화의 현황

첫째, 중국에서는 부모 또는 후견인이 미성년자를 학대하는 경우 「미성년자 보호법」에 따라 주민위원회에서 훈계 또는 제지하고, 치안 질서를 어지럽히는 경우 공안 기관이 행정처벌을 한다. 미성년자가 신변보호를 요청하는 경우 「미성년자 범죄예방법」에 따라 구제조치를 취하고, 가해자를 「형법」에 따라 보호관찰 처분하거나 2년 이하의 유기징역에 처할 수 있다. 피해자가 학대로 심각한 상해를 입거나 사망에 이르는 경우 가해자를 2년 이상 7년 이하의 유기징역에 처할 수 있다.

둘째, 일본은 「아동학대 방지 등에 관한 법률」 제14조(친권의 행사에 관한 배려 등)를 위반한 경우에는 1년 이하의 징역 또는 100만 엔(한화 약 1,000만 원) 이하의 벌금을 부과할 수 있다. 그 밖에도 「형법」상 폭행죄, 상해죄, 강요죄를 적용할 수 있다. 가정법원은 자녀, 친척, 미성년후견인, 미성년후견감독인 또는 검찰관의 청구로 친권상실·친권정지 심판을 할 수 있다. 아동학대와 관련하여 「아동복지법」, 「아동학대 방지 등에 관한 법률」에 아동의 일시보호, 학대한 보호자에 대한 지도, 면회 등의 제한 등에 관한 규정을 두고 있다.

셋째, 대만은 아동 및 소년을 학대하는 경우 「아동 및 소년 복지·권익 보장법」에 따라 가해자를 신 타이완 달러 6만 위안(한화 약 220만 원) 이상 30만 위안(한화 약 1,000만 원) 이하의 벌금을 부과하고 가해자의 실명을 공개 발표한다. 가정폭력 피해자인 미성년자

보호를 위하여 법원은 「가정폭력 예방·퇴치법」에 따라 가해자의 친권행사를 제한할 수 있다. 「형법」은 16세 미만인 미성년자를 학대하여 심신 건강 및 발육에 해를 끼치는 가해자를 5년 이하의 유기징역에 처한다고 규정하고 있다. 다만, 가해자가 영리를 목적으로 그러한 학대를 한 경우 5년 이상의 유기징역에 처하고 신 타이완 달러 300만 위안(한화 약 1억 원) 이하의 벌금을 병과하는 등 처벌 수위가 높아진다.

넷째, 태국의 경우, 가정에서 발생하는 아동학대에 대한 처벌 관련 법률로는 「2003년 아동보호법」과 「2007년 가정폭력 피해자 보호법」 등이 있다. 「2007년 가정폭력 피해자 보호법」에서는 아동학대 등에 대해 3개월 이하의 금고형이나 3만 바트(한화 약 106만 원) 이하의 벌금형 등에 처하도록 하고 있으며, 가정폭력 가해자에 대해서는 6개월 이하의 금고형이나 6천 바트(한화 약 21만 원) 이하의 벌금형 등을 받는다.

다섯째, 인도네시아에서는 「아동보호에 관한 법률 2002년 제23호」에 따라 아동을 학대한 경우 3년 6개월 이하의 징역 그리고/또는 7,200만 루피아(한화 약 570만 원) 이하의 벌금에 처한다. 만약 학대로 인하여 아동이 중상을 입은 경우에는 5년 이하의 징역 그리고/또는 1억 루피아(한화 약 796만 원) 이하의 벌금을, 사망한 경우에는 15년 이하의 징역 그리고/또는 30억 루피아(한화 약 2억 8천만 원) 이하의 벌금을 받는다. 만약 부모가 아동학대죄를 범한 때에는 형의 1/3까지 가중하여 벌금을 받는다.

여섯째, 베트남은 가정 내 아동학대에 대한 처벌은 「형사법전」 제185조에서 규정하고 있다. 이에 따르면 만 16세 미만인 자녀 또는 손자녀를 학대하거나 폭력을 가하는 부모 또는 조부모는 2년 이상 5년 이하의 징역에 처할 수 있다. 그 밖에 아동이 부모나 보육인의 폭력, 착취, 방임의 위험에 노출된 경우 해당 아동이 거주하는 지역의 인민위원회 위원장은 「아동법의 일부 조항을 세부 규정하는 시행령」 제32조에 의거 15일 이내의 임시격리조치를 결정할 수 있다.

일곱째, 요르단은 「형법」 제290조에 따라 15세 미만의 미성년자에게 부모나 후견인 등 보호의무가 있는 자가 합당한 이유 없이 필요한 주거, 음식을 제공하지 아니하는 등 방치·학대한 경우 3개월 이상 1년 이하의 금고에 처하고 12세 미만의 미성년자인 경우는 최대 2년의 금고에 처할 수 있다. 또한 「가정폭력방지법」 제13조에 따라 법원은 가정폭력피해자와 그 가족구성원을 보호할 필요가 있으면 별도 시설에 보호조치하고 가해자의 접근금지를 명하며 보호기간은 1개월 이내지만, 필요시에는 최대 6개월까지 연장할 수도 있다.

제3장

아동학대 유형별 사례

아동학대의 유형에 대한 구분은 학자마다 견해의 차이가 있다. 그러나 1장에서 살펴본 바와 같이 「아동복지법」에 따라 그 유형을 신체적 학대, 정서적 학대, 성적 학대, 방임으로 구분하였다. 본 장에서는 아동학대 유형별 판결 사례와 사례개념화를 통한 사례 몇 가지를 알아보고자 한다. 아동학대의 유형별 사례 탐색을 통해 아동학대의 심각성을 이해하고 아동학대 예방 및 대책의 필요성에 대해서 생각하는 시간이 되길 바란다.

신체적 학대는 보호자를 포함한 성인이 아동에게 우발적 사고가 아닌 상황에서 의도적으로 신체 손상을 입히거나 신체 손상을 입도록 한 모든 행위를 말한다. 이와 같이 신체적 학대 사례는 신체에 해를 가하는 것으로 가정·학교·시설 등에서의 성인들로부터 가해지는 경우가 많다.

또한 부모·친족에 의한 아동학대 사례는 매우 심각하다. 우리나라 문화에서는 부모의 신체적 아동학대와 관련해서 온정적 관점을 보이는 것이 사실이다. 자녀를 부모의 소유물로 여기거나 아동학대에 대한 감수성이 떨어지는 경우, 부모로서 양육하는 과정에서 발생한 '교육적 차원'으로 신체적 학대를 가볍게 여기는 경우가 많다.

정서적 학대는 보호자나 양육자가 아동에게 행하는 언어적 모욕, 정서적 위협, 감금이나 억제, 기타 가학적인 행위를 의미한다. 이러한 정서적 학대는 신체적 학대를 동반하는 경우도 많으며 다양한 형태로 발생하고 있다.

'아동의 정신건강 및 발달에 해를 끼치는 정서적 학대행위'라는 의미는 현실적으로 아동의 정신건강과 그 정상적인 발달을 저해한 경우뿐만 아니라 그러한 결과를 초래할 위험 또는 가능성이 발생한 경우도 포함된다.

성적 학대는 아동과의 성교, 아동을 성적으로 자극 또는 이용하거나 성적 흥분 매체로 이용하는 일체의 행위와 신체적 접촉 또는 성적 자극을 포함하는 성인이 자신의 성적 충족을 목적으로 18세 미만의 아동에게 행하는 모든 성적 행위를 의미한다. 성적 학대는 지속적으로 은밀하게 발생하는 경우가 많기 때문에 이를 예방하기 위해서는 세심한 관심과 엄정한 장치가 필요하다.

아동과의 성교, 아동을 성적으로 자극 또는 이용하거나 성적 흥분 매체로 이용하는 일체의 행위와 신체적 접촉 또는 성적 자극을 포함하는 모든 성적 행동을 의미한다.

방임에 관한 학대는 신체적 학대, 정서적 학대, 성적 학대와 함께 아동학대의 한 유형에 속한다. 아동에 대한 방임이란 넓은 의미로 아동의 신체적 · 도덕적 · 감정적 욕구가 무시되는 것을 말한다. 구체적으로 말하면, 음식, 위생, 난방, 의복, 감독, 안전 유지, 의료보호 등 아동의 건강과 안전, 그리고 행복을 위해 필요한 것들을 제공하지 않는 것이라 할 수 있다.

아동학대는 다양한 곳에서 다양하게 발생하고 있으나 우리 주변에서 흔하게 일어나는 일이기 때문에 간과하기 쉽다. 심각한 사회문제로 대두되고 있는 아동학대 사건에 적극적으로 대처하기 위해서는 사회적 관심과 제도적 장치가 마련되어야 한다. 본 장에서는 아동학대 유형별 사례에 대해 살펴보고 진정한 아동의 인권이 보장받는 사회가 되기 위해서는 어떠한 개입과 조치가 필요한지 알아보고자 한다.

제3장

아동학대 유형별 사례

아동학대의 유형에 대한 구분은 학자마다 견해의 차이가 있다. 그러나 1장에서 살펴본 바와 같이, 「아동복지법」에 따라 그 유형을 신체적 학대, 정서적 학대, 성적 학대, 방임으로 구분하였다. 본 장에서는 아동학대 유형별 판결 사례와 사례개념화를 살펴보고자 한다. 아동학대의 유형별 사례 탐색을 통해 아동학대의 심각성을 이해하고, 아동학대 예방 및 대책의 필요성에 대해서 생각하는 시간이 되길 바란다.

1. 신체적 학대 사례에는 어떤 것들이 있을까?

신체적 학대는 보호자를 포함한 성인이 아동에게 우발적 사고가 아닌 상황에서 의도적으로 신체 손상을 입히거나 신체 손상을 입도록 한 모든 행위를 말한다. 이와 같이 신체적 학대 사례는 신체에 해를 가하는 것으로 가정·학교·시설 등에서의 성인들로부터 가해지는 경우가 많다.

1) 부모·친족 등에 의한 아동학대 사례

(1) 사례 개요

아버지는 피해아동이 만 9세 때 한자시험을 칠 때 많이 틀렸다는 이유로 큰 소리로 화를 내며 피해아동의 뺨을 2회 때려 코피가 나도록 했다. 또 아버지는 피해아동이 만 9세 때 친구들과 놀다 늦게 귀가했다는 이유로 들고 있던 부엌칼을 피해아동에게 던지고 손으로 피해아동의 얼굴을 수차례 때렸다. 그리고 발로 피해아동의 몸을 밟고 빈 소주병으로 피해아동의 머리를 때려 피해아동으로 하여금 코피가 나게 하고 머리에 혹이 나게 했다. 아버지는 피해아동이 만 13세 때 말대꾸를 하고 심부름을 하지 않는다는 이유로 갈색 가죽 혁대(길이 92cm * 넓이 4cm * 두께 5mm)를 손에 쥐고 피해아동의 엉덩이를 수십 회 때려 피해아동의 엉덩이에 피멍이 들도록 했다.

(2) 법원 판단

법원은 아버지가 피해아동인 피해자의 신체의 건강 및 발달을 해치는 신체적 학대행위를 했다고 1심 판단하였다. 「아동복지법」은 아동의 신체에 손상을 주는 학대행위를 금지행위의 하나로 규정하고 있다. 여기에서 신체에 손상을 준다는 것은 아동의 신체에 대한 유형력의 행사로 신체의 완전성을 훼손하거나 생리적 기능에 장애를 초래하는 상해의 정도에까지는 이르지 않더라도 그에 준하는 정도로 신체에 부정적인 변화를 가져오는 것을 말한다.

아버지가 피해아동의 뺨을 2회 때렸는데 코피가 코안에서 잠깐 있었다가 흘러내리지는 않아 아버지의 유형력 행사로 피해아동의 신체의 완전성을 훼손하거나 생리적 기능에 장애를 초래하는 상해의 정도에 이르렀다거나 상해에 준하는 정도로 신체의 부정적인 변화에 이르렀다고 보기에는 부족하다고 법원은 2심에서 판단하였다.

(3) 사례 의의

부모·친족에 의한 아동학대 사례는 매우 심각하다. 그럼에도 불구하고 우리나라 문화에서는 부모의 신체적 아동학대와 관련해서 온정적 관점을 보이는 것이 사실이다. 마치 부모로서 양육하는 과정에서 발생한 '교육적 차원'으로 가볍게 여기는 경우가 많다. 자녀를 부모의 소유물로 여기거나, 아동학대에 대한 감수성이 떨어지는 경우가 많다. '내 자식이기 때문에 폭력은 괜찮다'라는 잘못된 생각은 부모교육을 통해서 개선되어야 할 것이다(아동권리보장원, 2020).

2) 보육 · 교육 시설 등에서의 아동학대 사례

(1) 사례 개요

담임교사가 피해아동이 반성문을 써오지 않았다는 이유로 형사미성년자인 같은 반 학생 23명에게 피해아동의 등을 3회씩 때리도록 지시하였다. 반 학생들은 피해아동의 등을 순차적으로 때렸다.

(2) 법원 판단

담임교사는 초등학교 교사로 신고의무자이다. 어린 학생들을 지도하는 교육자로서 자신이 관리하는 어린 학생의 품행에 대한 교육을 한다고 하면서 23명의 학급 친구들로 하여금 피해아동을 때리게 하였다. 아직 인격 형성이 되지 않은 피해아동에게는 신체적 학대행위임과 동시에 정서적 학대행위가 된다. 또한 담임교사는 지시를 받아 폭력행위를 하게 된 어린 학생들에게는 폭력행위가 정당화될 수 있다는 그릇된 가치관을 주기에 충분하여 가해행위를 한 학생들 또한 사실상 피해자이다.

담임교사는 여러 문제를 일으키는 피해아동을 학교폭력대책자치위원회에 보내지 않고 자신이 자청하여 잘 돌봐 오다가 순간 훈육 방법을 잘못 선택한 것이라 주장하였다. 그러나 피해아동이 학급에서 상당히 문제를 일으키는 상황에서 벌어진 일임을 전제로 하더라도 초등학교 3학년에 불과한 같은 반 급우들에게 어린 피해아동을 무방비 상태에서 때리게 하는 것은 사실상 폭행 교사 행위일 뿐, 이를 교육의 한 방법이라고 말할 수 없다.

결국 아동학대 신고의무자인 담임교사가 택한 방법은 어린 제자에 대한 교육이 아니라 비인격적인 학대행위로서 어린 피해아동에게 수치심과 고통만을 주었다.

(3) 사례 의의

담임교사는 아동이 신체적·정신적으로 건강하게 성장할 수 있도록 교육하고 보호해야 하는 지위에 있음에도 불구하고 교사의 잘못된 행위로 인하여 피해 아동뿐만 아니라 그를 때린 동급생들도 상당한 정신적 고통을 겪은 것으로 보인다. 이 사례와 같이 자신이 직접 유형력을 행사하지 않고 제3자를 통해 피해 아동의 신체에 대한 유형력을 행사하게 한 경우에도 신체적 학대가 성립된다(아동권리보장원, 2020).

3) 회초리로 종아리를 때린 아동학대 사례

(1) 사례 개요

가해자는 피해아동(5세)의 모와 사실혼 관계에 있는 부이다. 가해자는 피해아동이 바지에 대변을 보고 음식을 흘리면서 먹는다는 이유로 "고아원에 보내겠다"라고 말하면서 회초리로 아동의 종아리를 3대 때렸다. 또한 마트에 다녀온 후 마트에서 피해아동의 태도가 못마땅하다는 이유로 효자손으로 피해아동의 종아리를 약 10회 때리고, 좌우를 살피지 않고 걷다가 앞에서 오던 차량에 부딪힐 뻔한 일로 화가 나 아동의 종아리를 약 10회 때렸다.

(2) 법원 판단

가해자는 피해아동의 신체에 손상을 주거나 신체의 건강 및 발달을 해치는 신체적 학대행위를 하였다. 법원은 벌금 300만 원을 선고하였다.

(3) 사례 의의

미성년자에게 물리적 힘을 가해 신체적인 고통을 가하는 행위는 결코 정당화될 수 없다. 학대에 사용하는 도구가 가령 간단하고 작은 것이라 할지라도 아동에게는 큰 무기가 될 수 있다는 점을 명심해야 할 것이다.

4) 신체적 아동학대의 사례개념화

(1) 인적사항 및 가족관계

피해아동은 A(남, 12세), B(여, 8세)이며, 가해자는 그의 친아버지 C(43세)이다. 가족관계는 아버지 C(43, 동거, 무직, 친부, 완벽주의적 성향), 어머니 D(43, 가출, 식당, 친모, 가정폭력 피해), 아들 A(남, 동거, 12, 정신지체 1급), 딸 B(여, 동거, 8, 불안)로 구성되어 있다.

(2) 신고 경위 및 접수내용

2007년 6월, 피해아동 A의 초등학교 담임교사인 K씨가 아동의 몸에 멍이 많아 어떻게 해야 할지 모르겠다며 센터로 직접 전화로 신고를 했다. 아동이 지속적으로 팔, 얼굴 등에 꼬집힌 흔적처럼 멍이 한 번씩 들어오긴 했으나 이렇게 심한 적은 처음 봤고, 아동이 아침부터 팔이 아프다고 해서 보니 멍이 많이 들어 있다고 했다. 이전에도 가끔 얼굴과 몸에 멍 자국이 있어 아동학대가 의심되어 아동의 아버지와 상담한 적이 있으나, 전혀 그런 사실이 없다고 이야기했다고 했다. 그러나 평소 교사와 라포가 잘 형성되어 있는 아동은 아동의 아버지가 없는 곳에서는 아버지가 빗자루와 손으로 때렸다고 말했다. 그리고 귀가 시간에 맞추어 아버지가 나타나면 갑자기 위축되는 모습을 보였다고 했다.

(3) 조사

신고 접수 후 학교에서 신고자 및 피해아동을 만나 신체학대 사실을 확인하였다. 신고자에게서 그동안 아동학대가 의심되어왔던 상황에 대해 진술을 듣고, 신고자와 함께 피해아동을 만났다. 신고자는 평소 아동학대 의심상황에 대해 본 센터와 전화상담을 실시한 적이 있으며, 추후 아동학대 발견 시 신고하기로 했던 교사는 아동학대에 대한 명백한 물증이 확인되어 신고하게 되었다고 했다.

피해아동을 만나 라포를 형성한 뒤, 멍이 많다는 오른팔을 확인하자 반복적인 학대로 인해 이미 팔이 부어있었고, 속옷만 남기고 몸 전체를 확인하자 여러 차례에 걸쳐 학대가 진행되었음을 증명하는 멍이 여기저기 많이 있었다. 현장조사 이후 오후에 피해아동의 상황이 명백한 학대 상황임을 확인하였다. 그리고 이런 상황이 반복적으로 일어났다는 교사의 증언에 따라, 피해아동과 그의 아버지와의 격리 및 신속한 사례개입을 위해 경찰서 여성청소년계를 방문하여 함께 사례회의를 실시하였다.

피해아동의 사진과 아동학대 신고 사실을 설명하고, 이후 아동의 안전한 분리보호를 위해 피해아동 상담과 함께 증거자료 확보 후 다시 개입하기로 협의하였다.

1차 현장조사 이후, 학교를 중심으로 주변인 조사를 실시하였는데, 피해아동 여학생이 맞았다는 진술에 따라 여학생의 담임교사 상담 후 피해여학생을 만나 상담을 실시하였다. 학교상담을 마치고, 지역 내 종합병원에서 남학생은 2주, 여학생은 3주 상해 진단 결과와 함께 피해여학생의 심리적 불안정에 대한 정신과 치료가 필요하다는 진단을 받았다.

(4) 사정

현재의 상처는 1주일 전에 맞은 것으로 추정되며, 피해아동과 여동생 모두 반복적이고, 지속적인 신체학대를 장기간 받아 온 것으로 예상되었다. 지속적인 학대로 인한 여동생의 심리적 손상이 예상되며, 심리검사 및 진단을 통한 치료가 필요하였다.

피해아동과 여동생은 건강검진과 함께 인지기능을 포함한 종합 심리평가(BGT, HTP, K-WISC-Ⅲ, MMTIC, 학습방법진단검사, 행동관찰 등)를 진행하였다. 피해아동은 정신지체 1급으로, 심리평가가 불가능하므로 건강검진만 실시하였다. 전체적으로 여동생은 가족 및 성인에 대한 불신과 학대에 대한 억압으로 말투와 얼굴, 생각하는 모든 측면에서 높은 긴장도와 적대감, 분노 조절을 할 수 없어 장기적이고 지속적인 심리프로그램을 통한 치료가 필요한 상황이었다.

학대 이유는 아버지의 성격적, 인격적 문제로 인해 발생 된 것으로 보이며, 이후 어머니의 가출로 인해 보호자가 없어 점차 심해졌다. 조부모를 비롯한 외가 쪽에는 지원체계가 있다고 하나 평소 왕래가 없고 아버지에 대한 학대행위를 인정하지 못하는 분위기에서 아동들이 신뢰를 갖지 못하고 있어 어머니 외에는 다양한 지원체계를 갖고 있지 못하였다.

(5) 개입 및 조치결과

개입 및 조치결과는 다음과 같다. 경찰서 여성청소년계 수사 의뢰, 참고인 진술, 녹화진술, 격리 보호, 아버지의 구속 수사, 할아버지 상담, 어머님 상담, 아버지의 불구속 기소, 어머니에게 피해아동들 인계, 비밀 전학, 원가족 복귀, 재학대 발생, 사례 재판정, 긴급피난처로 모자보호, 장기보호를 위한 쉼터 입소, 가정법원 조사관 조사 명령, 서울가정법원 보호처분 결정 등이다.

피해아동 아버지가 법원 판결 이후, 6개월간의 모니터링을 통해 피해아동들에 대한 가족 행위 및 접근 행위가 없었고, 어머니에게 접근하여 협박하는 행위가 없었음을 확인하였다. 피해아동 모두 어머니에 의해 현재 안전하게 보호되고 있었으며, 새로운 거주지에서 안정된 생활환경 속에서 적응하고 있었다. 또한 피해여학생의 심리치료가 연계되어 6개월 이상 진행되고 있어 사례개입 목표를 달성하였다. 현재 위험 상황에 노출되어 있지 않으므로, 향후 아동학대 재발 시 연락할 것을 어머니에게 당부하고 종결하였다(「○○시 아동보호전문기관」 사례내용 재구성).

2. 정서적 학대 사례에는 어떤 것들이 있을까?

정서적 학대는 보호자나 양육자가 아동에게 행하는 언어적 모욕, 정서적 위협, 감금이나 억제, 기타 가학적인 행위를 의미한다. 이러한 정서적 학대는 신체적 학대를 동반하는 경우도 많으며, 다양한 형태로 발생하고 있다.

1) 장기간 아동에게 욕설과 비인격적 말을 한 아동학대 사례

(1) 사례 개요

가해자인 아버지는 주거지에서 술에 취해 아내와 다투다 의붓자녀들인 아동 A(여, 14)에게 "네 엄마가 걸레라는 것을 알아라"고 말하고, 그 후에도 일주일에 1~2회 정도 술에 취해 귀가하여 아내와 다투면서 피해아동들에게 "저런 것이 인간이냐, 인간도 아닌 것들아"라는 등의 욕설을 하였다. 이후에도 아내와 다투던 중 피해아동들이 음악을 틀어놓고 춤을 추고 있다는 이유로 피해아동들에게 "인간 같지도 않은 것들, 내 집에서 나가라, 쓰레기 같은 것들!"이라고 욕설을 하였다. 그리고 신고를 받아 출동한 경찰관에게 피해아동들이 듣는 상태에서 "내 자식들도 아니니까 잡아가라"라는 등의 말을 하였다.

(2) 법원 판단

어떤 행위가 정서적 학대행위에 해당하는지 여부는 동기와 경위, 아동의 연령 및 건강 상태, 가해자의 평소 성향이나 행위 당시의 태도, 행위의 반복성이나 기간, 행위자와 피해아동과의 관계 등을 종합하여 판단하여야 한다. 피해아동들이 사춘기에 있는 여자 청소년이다. 피고인이 피해아동뿐만 아니라 친모에 대해서도 지속적으로 성적인 내용의 험담과 욕설을 한 점, 배우자와 다투고 난 다음 감정을 자제하지 못하였다. 피해아동들에게까지 욕설을 한 점, 아동에 대한 보호 의무가 있음에도 불구하고 피고인이 사소한 이유로 경찰까지 불러 피해아동들이 친자식이 아니라면서 잡아가라고 말을 한 것은 아동들에게 모멸감과 수치심을 적지 않게 주었을 것이다. 이러한 것 등을 고려하여 피고인의 행위가 피해아동의 정신건강 및 발달에 해를 끼치는 정서적 학대행위에 해당한다고 인정하였다.

(3) 사례 의의

'아동의 정신건강 및 발달에 해를 끼치는 정서적 학대행위'라는 의미는 현실적으로 아동의 정신건강과 그 정상적인 발달을 저해한 경우뿐만 아니라 그러한 결과를 초래할 위험 또는 가능성이 발생한 경우도 포함된다. 그리고 반드시 아동에 대한 정서적 학대의 목적이나 의도가 있어야만 인정되는 것은 아니다. 자기의 행위로 인하여 아동의 정신건강 및 발달을 저해하는 결과가 발생할 위험 또는 가능성이 있음을 인식하면 충분하다(아동권리보장원, 2020).

2) 침대에 묶어둔 채 방에 가둬둔 아동학대 사례

(1) 사례 개요

가해자는 피해아동(10세)의 친모와 사실혼 관계에 있던 사람이다. 가해자는 피해아동의 목에 쇠사슬을 매어 침대에 묶어두고 방 바깥으로 나가지 못하게 하는 등 15시간을 방치하였다.

(2) 법원 판단

가해자는 피해아동의 아버지로서 피해아동을 건강하고 안전하게 보호하고 양육하여야 할 의무가 있다. 그럼에도 불구하고 피해아동의 목에 쇠사슬을 매어 침대에 묶어둔 채 무려 15시간을 방치하여 피해아동을 방안에 가둬두었다. 그렇기 때문에 그 죄책이 무거운 점, 피해아동이 이 사건으로 인해 상당한 공포감과 정신적 충격을 느꼈을 것으로 보이고, 이를 치유하는 데 상당한 시간이 필요할 것으로 보이는 점 등을 고려할 때, 엄벌에 처함이 마땅하다고 판단하였다.

(3) 사례 의의

아동의 목에 쇠사슬을 매어 침대에 묶어둔 채 방에 가두어 장시간 방치한 행위는 아동에 대한 정서적 학대에 해당된다. 피해아동이 다른 사람의 물건을 훔치는 등 잘못된 행동을 하자 이를 훈계하는 과정에서 일어난 것으로서 범행 경위에 참작할 만한 사정이 될 수는 있다. 하지만 인권을 유린할 수 있는 이러한 조치는 엄연한 아동학대행위이기 때문에 절대로 정당화될 수는 없다(아동권리보장원, 2020).

3) 아동에게 욕을 하고 소리를 지르며 겁을 주는 아동학대 사례

(1) 사례 개요

가해자는 피해아동 A(10세), B(9세), C(7세), D(3세) 4명의 부이다. 가해자는 집에서 피해아동 A, B, C에게 무서운 표정을 지으면서 "학교 교사나 아동보호기관 상담사에게 쓸데없는 이야기 하지 말라"고 말을 하며 겁을 주었다. 가해자는 주거지에서 아동보호전문기관 상담사와 면담을 하던 중 피해아동 A와 B를 보호하고 있던 학교 상담교사에게 욕설과 반말로 소리를 질렀으며, 피해아동들에게 휴대전화로 소리를 질렀다.

(2) 법원 판단

가해자의 행위는 정신건강 및 발달에 해를 끼치는 정서적 학대행위에 해당한다. 피해아동들에 대한 신체학대 외에 방임, 정서학대를 포함하여 징역 8개월, 아동학대 치료프로그램 80시간 이수를 명령하였다.

(3) 사례 의의

가해자는 피해아동들의 친부로서 아동을 행복하고 건강하게 보호해야 할 의무가 있음에도 아동들을 폭력적으로 대하였고, 이전에도 피해아동 A에 대한 보호조치가 있었던 점, 피해아동에 대한 학대행위의 심각성을 제대로 인식하지 못하여 재범 가능성이 보이는 점, 신체적 학대 외에 방임, 정서학대도 인정되는 점 등을 이유로 가중 병과 조치하였다(아동권리보장원, 2020).

4) 정서적 아동학대의 사례개념화

(1) 인적사항 및 가족관계

피해아동 A(여, 11세)와 가해자 B(여, 26세)는 시누이와 새언니 사이다. 가족관계는 A와 B 외에도 가해자 B의 남편인 C(남, 27세), 그리고 B와 C 사이에 출생한 자녀 D(8세), E(6세), F(4세), G(2세)가 있다. 조부모(C의 부모)는 몇 년 전 사망하였다.

(2) 신고 경위 및 접수 내용

2007년 6월, 피해아동 A는 ○○상담센터에서 상담을 끝내고 집으로 들어가지 않고 주위를 배회하다가 가까운 경찰서 지구대로 가서 경찰에게 ○○센터로 보내 줄 것을 요청하였다. 20시경에 아동이 경찰과 함께 ○○센터에 도착하였다. 부모 사망 후 오빠(C)가 피해아동 A를 돌보고 있는데, 이시주를 잘 챙겨주지도 않고 새언니(B)가 조카(D, E, F, G) 4명을 돌보라고 시키는 등 피해아동 A에게 가혹하게 일을 시켰다. 또한 새언니(B)가 피해아동 A를 때려서 피해아동 A는 집을 나와 시설에 입소하길 원하였다. 오빠(C)와 새언니(B)는 집안일에 무관심하며 피해아동 A에게 집안일을 맡기고 돌아다닌다고 하였다.

(3) 조사

경찰과 함께 센터를 방문한 피해아동 A를 만나 조사를 실시하였다. 피해아동 A는 새언니의 정서학대와 부당한 요구를 피하기 위해 자발적으로 경찰에 요청하여 ○○센터에 입소하기를 희망한다고 하였다. 오빠(C)와 새언니(B) 사이에는 네 자녀가 있다고 하였다. 오빠의 가출로 인해 새언니가 변하면서 자신의 자녀들을 방임하고, 피해아동 A에게 조카 네 명을 돌보게 시켰다고 했다. 시간이 점점 지나면서 의지하고 기댈 곳이 없어지고, 새언니의 부당한 요구와 가혹 행위로 인해 정서적인 불안이 가중되었다고 했다. 그리고 분노 조절 능력과 대인관계의 적응력이 떨어졌으며 건강도 나빠지게 되었다. 피해아동 A와의 상담 후 경찰과 함께 거주지를 찾아 현장 방문을 실시하였다. 새언니(B)를 만나 사실관계 등을 확인하였다. 억울함을 호소하기도 하였고, 남편(C)의 가출로 인한 생계의 곤란 등으로 어려움을 겪고 있음을 하소연하였다. 그리고 피해아동 A에 대한 자신의 행동이 아동학대에 해당되는지는 몰랐다며 반색을 표했다. 사회복지사가 피해아동의 새언니를 만나 시설에 보내는 것을 안내하자 남편에게 물어봐야 한다며 책임을 회피하였다. 그리고 가정 문제 때문에 새언니는 피해아동 A를 잘 대해주지 못했다고 말하였다. 임상심리사가 피해아동 A의 진술녹화상담을 실시하였다(피해아동 A가 4살 경 부모의 사망 후 친오빠와 새언니와 같이 살게 되었으며, 오빠는 27살로 지방에서 일하고 1년에 한 번 정도 집에 온다고 하고, 새언니는 26살로 4명의 자녀들을 두고 자주 외박을 한다고 하였다. 새언니는 음주와 흡연을 하며 자신을 자주 때리며 학교에도 못 가게 한다고 진술하였다.). 그리고 피해아동 A가 시설에 입소하고 싶다고 주장하였다.

(4) 사정

피해아동 A의 부모는 몇 년 전 사망하여 부재한 상태였으며, 실제적인 보호자라고 할 수 있는 오빠(C)는 가출을 한 상태였다. 새언니(B)는 보호자의 역할을 제대로 수행하지 못하고 있으며, 그러한 환경이 되지 못한 점도 고려해야 할 상황으로 보였다. 피해아동 A의 심리적 건강 상태 확인을 위한 심리검사 결과에서, 전체지능은 지적결손 수준(68)이며 언어성 지능도 지적결손 수준(68), 동작성 지능은 경계선급(75)으로 나타났다. 피해아동 A는 현재 불안정하고 불안한 심리 상태를 보였다. 새언니가 찾아올 것 같다며 주변을 살피기도 하고 겁이 난다고 표현하였다. 평소 학교를 다녀온 후 네 명의 조카들을 돌보며 지내왔다. 술과 담배를 자주 하는 새언니 친구로부터 아이들을 잘 못 돌본다거나 기타 여러 가지 이유로 신체적 학대를 당하거나 정서적 학대(욕)를 당하였다고 하였다. 새언니는 피해아동 A를 들어서 창밖으로 던지려고 하는 등 생명의 위협을 주는 행동을 했다고 보고했다. 이러한 점 등을 미루어 볼 때 피해아동 A는 현재의 거주 공간으로부터 분리해서 안전한 시설에서 치료와 돌봄을 통해 심리·정서적 회복을 찾는 것이 중요하다고 판단되었다.

(5) 개입 및 처리결과

피해아동 A는 부모의 보살핌을 받아야 할 초등학교 4학년 아동이지만 부모의 사망 후 오빠와 새언니와 함께 살게 되었다. 오빠와 새언니가 서로에게 책임을 돌리고 자신들이 힘들다고 하며 가정에 신경을 쓰지 않는 사이에 피해아동 A는 점점 소외되는 느낌을 가졌다. 그리고 보살핌을 받아야 할 처지에서 오히려 4명의 아이들 양육을 책임지게 되었고 점점 강도가 강해지는 새언니의 정서학대를 견디다 못해 우리 센터의 도움을 요청하였다. 이러한 피해아동 A의 상황과 욕구를 반영하여 지역행정기관의 주민복지과의 지원을 받아 피해아동 A를 안전한 시설로 입소시켰다. 쾌적하고 건강한 환경에서 생활을 하게 되었고 시설에서 아동을 성심껏 관리해 주시는 선생님들 덕분에 학교생활에도 적응을 잘 할 수 있게 되었다. 피해아동 A가 시설에 처음 왔을 때와는 다르게 부적절한 환경에서 분리되어 있으면서 조금씩 정서적 안정도 되찾고 건강 상태도 좋아졌다. 웃음이 많아지고 의사소통 기술도 늘어나게 되었을 뿐만 아니라 아버지와도 소통할 기회를 만들 수 있도록 노력을 하였다. 또한 센터와 학교는 피해 아동 A에게 적절한 심리치료기관과 연계하여 심리치료를 하였으며, 가해자인 C에게는 아동학대에 관한 교육을 이수하게 하였다(「서울시아동복지센터, 2007」 내용 재구성).

3. 성적 학대 사례에는 어떤 것들이 있을까?

성적 학대는 성인이 자신의 성적 충족을 목적으로 18세 미만의 아동에게 행하는 모든 성적 행위를 의미한다. 성적 학대는 지속적으로 은밀하게 발생하는 경우가 많기 때문에 이를 예방하기 위해서는 세심한 관심과 엄정한 장치가 필요하다. 현장에서 발생하고 있는 성적 학대 사례를 살펴보도록 하자.

1) 아동의 성기 학대 사례

(1) 사례 개요

가해자는 피해아동(여, 7)의 아버지이다. 가해자는 집 거실에서 피해아동이 잠을 자고 있을 때 "오줌 눠야 하는지 보자"라고 말하면서 피해아동의 팬티 안으로 손을 집어넣어 약 1~2분간 피해아동의 성기를 주무르는 방법으로 만졌다.

(2) 법원 판단

가해자는 아동에게 성적 수치심을 주는 성희롱 등의 성적 학대 행위를 했다. 가해자는 아동인 의붓딸을 강제로 추행한 사실로 집행유예 판결을 받고 그 유예기간 중에 다시 피해아동의 성기를 만지는 행위를 하였다. 그에 상응하는 처벌이 불가피하다.

(3) 사례 의의

본 사례는 아동의 성기를 만지는 행위가 아동에게 성적 수치심을 주는 행위로써, 아동의 건전한 성장과 발달에 지장을 초래할 위험이 있다(아동권리보장원, 2020).

2) 나체로 체벌을 받게 한 아동학대 사례

(1) 사례 개요

가해자는 피해아동(여)의 아버지로서, 피해아동이 유치원생일 무렵부터 잘못을 하면 피해아동을 바닥을 엎드리게 하고 매로 때리는 등의 체벌을 해오던 사람이다. 당시 12세이던 피해아동에게 옷을 다 벗고 주먹을 쥔 채로 바닥에 엎드리라고 명령을 했다. 피해아동이 속옷까지 전부 벗고 나체 상태로 일명 '주먹 쥐고 엎드려' 자세를 취하자, 막대기로 피해아동의 엉덩이를 여러 차례 때렸다.

(2) 법원 판단

가해자는 아동인 피해자에게 성적 수치심을 주는 성희롱 등 성적 학대행위를 하였다. 가해자는 피해아동을 보호하고 양육해야 할 부모로서의 책무를 저버리고 피해자에게 성적 수치심을 주는 범행을 저지른 점에서 비난 가능성이 매우 크다.

(3) 사례 의의

아동에 대한 성적 학대 중 가장 대표적인 유형은 근친상간이다. 따라서 이 사례를 통해서 근친상간에 의한 아동학대의 심각성을 이해하고 이에 대한 예방 대책을 마련할 필요성을 느낄 수 있다(아동권리보장원, 2020).

3) 아동에게 자신의 성기를 보여준 아동학대 사례

(1) 사례 개요

> 가해자는 피해아동의 친모와 내연관계에 있었으며, 피해아동(여, 14세)에게 집 거실에서 "성기가 아프다, 간지럽다, 막 커지는 것 같다"라고 말하면서 팬티 구멍 사이로 가해자의 성기를 꺼내어 보여주었다(그 외 다수 건).

(2) 법원 판단

가해자는 피해아동에게 성적 수치심을 주는 성적 학대행위를 하였다. 가해자에게 징역 3년, 40시간의 성폭력 치료 강의 수강, 4년간 집행유예를 부여하였다.

(3) 사례 의의

피해아동이 어린 시절 때부터 장시간 지속적으로 성적 학대를 저질렀다. 다른 유형의 학대와 달리 성적 학대는 은밀한 곳에서 장기간 지속적으로 발생하며, 그 후유증은 상당한 것으로 알려져 있다. 성적 학대행위에 대한 엄정한 처벌을 통해 재발 예방 및 경각심을 심어줄 필요가 있다는 점을 고려했을 때 이 사례의 의미는 크다(아동권리보장원, 2020).

4) 성적 아동학대의 사례개념화

(1) 인적사항

가해자 A는 고등학교 정보부실을 담당하는 교사(남, 34세)이며, 피해아동 B(여, 17세)는 고등학교 2학년에 재학 중인 학생이다.

(2) 신고 경위 및 접수 내용

2019년 10월, 가해자 A는 고등학교 교육정보부실 내에서 피해아동 B의 용모와 복장을 지적하는 과정에서 "여자로 보이고, 섹시하게 보인다. 내 ○○가 선다"라는 말을 하였다. 피해아동 B는 성적 수치심을 느끼고 난 뒤, 담임교사에게 일어났던 일에 대해서 말을 했고, 담임교사는 학생의 동의와 부모의 동의를 얻어 학생부에 신고를 하게 되었다. 그날 학교 측에서는 아동보호전문기관에 신고를 하게 되었다.

(3) 조사

아동보호전문기관 조사관과 경찰관이 학교를 방문하여 가해자

A와 피해아동 B를 각각 면담 조사하였다. 가해자 A는 평상시 피해아동 B의 복장이 너무 짧고 불량하여 단정하게 입을 것을 당부하면서 벌어진 일이라고 해명하였다. 그리고 "이 정도의 말은 충분히 농담으로 이해하고 넘어갈 것이라고 생각하고 있었다. 하지만 나쁜 의도로 하지는 않았지만 학생에게 상처가 되었다면 잘못한 것이라고 인정을 한다."라고 하였다. 피해아동 B를 만나 조사를 해보니, 피해아동 B가 복도를 지나가는데 선생님(가해자 A)이 불러서 정보부실에 갔다고 했다. 그런데 가해자 A가 의자에 앉으라고 하더니 피해아동 B에게 "복장을 단정하게 했으면 좋겠다. 그렇게 입으니까, ○○아, 여자로 보이고, 섹시하게 보인다. 내 ○○가 선다."라고 말했다. 그때 정말 성적 수치심을 느낄 정도로 불쾌했다고 했다. 피해아동 B는 가해자 A로 하여금 성적 수치심을 느꼈기 때문에 엄중히 처벌해 줄 것을 요구하였다. 함께 참여한 피해아동 B의 부모도 같은 의사를 표현하였다.

(4) 사정

조사결과, 가해자 A의 성적 행위가 학대 수준(성희롱)에 해당하는 것으로 판단되었기 때문에 신중한 개입과 처리가 필요하였다. 그리고 피해 측에서도 엄중한 처벌을 요구하였다. 가해자 A는 수사기관으로 이송되었으며 법적 절차와 조치를 밟게 되었다. 그리고 피해아동 B는 심리·정서적 안정 및 회복을 위한 상담 및 프로그램 등의 지원이 필요한 것으로 판단되었다.

(5) 개입 및 조치결과

가해자 A는 우선적으로 피해아동 B와 분리조치를 시켰다. 수사기관의 조사 과정 및 법원의 재판 과정을 통해 제1심 법원에서 벌금 300만 원을 선고받았다. 법원에서는 가해자 A가 아동의 권익과 안전을 존중하고, 아동이 건강하게 성장할 수 있도록 교육·지도할 의무가 있는 초·중등교사임에도 불구하고 자신이 근무하는 학교의 학생을 상대로 범행을 한 점 등에서 바람직하지 못하다고 하였다. 한편, 가해자 A가 잘못을 인정하고 반성하는 점, 아무런 범죄전력이 없는 초범인 점 등을 고려하였다고 하였다. 학교 측에서도 가해자 A에 대한 특별 교육을 이수할 것을 권고하였다. 피해아동 B에게는 본인의 희망대로 학교 측과 협조하여 학교 내 상담실에서 매일 1회 이상 상담을 실시하였으며, 학교적응 및 심리안정을 위한 프로그램을 실시하였다. 이후 피해아동 B는 정상적인 학교생활을 하였으며, 가해자 A와도 또 다른 문제가 발생하지 않았다(아동권리보장원, 2020 내용 재구성).

4. 방임 사례에는 어떤 것들이 있을까?

방임에 관한 학대는 신체적 학대, 정서적 학대, 성적 학대와 함께 아동학대의 한 유형에 속한다. '방임'이란 보호자가 아동을 유기하거나 의식주를 포함한 기본적인 보호, 양육, 치료를 하지 않고 방치하는 행위를 뜻한다. 보호자의 양육과 관심이 필요한 아동을 반복적으로 방치한다면 아동의 건강과 복지에 치명적인 결과를 초래하게 된다. 이러한 방임은 물리적 방임, 교육적 방임, 의료적 방임, 유기의 형태로 나타나는데, 이와 관련된 몇 가지 방임(유기) 사례를 살펴보도록 하자.

1) 영아를 배우자의 집 복도에 두고 간 방임 사례

(1) 사례 개요

가해자 A는 피해아동(B, C)들의 친어머니로서, 합의이혼을 위한 숙려기간 중에 그녀의 자녀인 아동 B(남, 1세)와 C(여, 8개월)를 배우자의 집 앞 복도에 두고 떠났다.

(2) 법원 판단

법원은 피해아동의 연령에 비추어 죄질이 결코 가볍지 않다고 판단하였다. 특히 돌봄이 필요한 영유아를 유기한 경우로, 아동에게 미칠 수 있는 위험성과 범죄의 중대성이 명확함을 확인했다. 다만, 엄마인 A는 배우자로부터 약속한 양육비를 받지 못하여 경제적으로 어려웠던 나머지 이런 일을 저지르게 되었다는 점, 사건 범행을 자백하면서 깊이 반성하고 있다는 점을 고려하여 징역 6개월 및 집행유예 2년, 아동학대 재범예방강의 수강 명령 40시간을 선고하였다.

(3) 사례 의의

이 사례의 경우, 범행의 원인이 된 부모의 이혼과 양육비 문제를 고려할 때, 양육비를 지급하지 않은 배우자의 행위 또한 아동학대로서 방임에 해당할 수 있다. 향후 아동학대 조사 및 사례관리, 사법판단에 있어 이혼 및 친권·양육권과 관계없이 부모 공동의 자녀 양육에 대한 책임이 적절히 이행되고 있는지에 대해 검토하게 된다면, 아동학대의 예방적 기능이 강화됨과 동시에 아동학대를 발굴하는 공공의 역할을 강화할 수 있을 것이다(아동권리보장원, 2020).

2) 보호 · 양육 · 치료 및 교육을 소홀히 한 방임 사례

(1) 사례 개요

가해자 A(아버지)는 그의 자녀인 피해아동 B(여, 14세)와 C(여, 9세)에게 의식주를 알아서 해결하라고 한 뒤, 약 한 달 동안 집을 나가 연락을 취하지 않았다. 월 1회 심야에 찾아와 자녀들에게 2만 원만 맡겨놓은 채 집을 나가 내연녀와 함께 생활하면서 자녀들로부터의 연락도 받지 않았다. 당시 자녀들로 하여금 스스로 밥을 먹고 빨래를 하고, 쌀이 떨어져 밥을 할 수 없는 지경에 이르게 하였으며, 피해아동 B가 장염에 걸려 아파 연락을 하여도 연락을 받지 않았다. 자녀들이 이러한 가사를 스스로 해결하는 까닭에 등교 시간에 늦게 가는 일 등이 발생하였다. 이처럼 기본적인 의식주를 포함한 기본적인 보호 · 양육 · 치료 및 교육을 소홀히 하는 방임 행위를 하였다.

(2) 법원 판단

법원은 아버지인 A가 저지른 행동이 법적 양육권자인 친부로서 아동들에 대한 기본적인 보호 · 양육 책무를 망각한 반인륜적 범행으로 사안 및 죄질이 매우 좋지 않다고 보았다. 아버지인 A에게 징역 4개월 및 80시간의 아동학대 치료프로그램을 이수할 것을 명령하였다.

(3) 사례 의의

아동에 대한 방임이란, 넓은 의미로 아동의 신체적, 도덕적, 감정적 욕구가 무시되는 것을 말한다. 구체적으로 말하면, 음식, 위생, 난방, 의복, 감독, 안전유지, 의료보호 등 아동의 건강과 안전, 그리고 행복을 위해 필요한 것들을 제공하지 않는 것이라 할 수 있다. 위험하고 불결한 주거환경에 그대로 방치된 신체적 방임과 정서적・신체적 접촉이 결핍된 정서적 방임, 아픔과 질병에도 적절한 조치를 받지 못하는 의료적 방임, 교육적・물질적 자원이 제공되지 않는 교육적 방임, 불건전한 성관계의 매체에 노출된 성적 방임이 여기에 해당된다. 이러한 방임의 경우에는 사회적 관심과 지원이 필요한 경우가 많다(아동권리보장원, 2020).

3) 불결한 위생 환경에 노출 시킨 방임 사례

(1) 사례 개요

가해자 A(아버지)는 그의 자녀인 피해아동 B(10세), C(9세), D(7세), E(3세)에게 주거지 청소를 전혀 하지 않은 채 쓰레기와 물건을 쌓아두는 등 불결한 위생 상태에서 아동을 양육하였다. 아동 E의 기저귀에서 소변이 배어 나와 바지가 젖자 아동 D로 하여금 기저귀를 갈아주게 하고, 아동 모두에게 계절에 맞지 않는 똑같은 옷을 며칠씩 입고 씻지 않은 채 지내도록 하였다.

(2) 법원 판단

법원은 아버지인 A가 아동들에 대한 양육 및 교육 등을 소홀히 하고, 이전에 아동 B에 대한 방임으로 시설 보호조치가 있었던 점, 아동에 대한 학대행위의 심각성을 제대로 인식하지 못하여 재범 가능성이 있다는 점을 고려하여 징역 8개월과 아동학대 치료프로그램 80시간 이수를 명령하였다.

(3) 사례 의의

보호자의 관심이 부족한 가정이나 한 부모 가정의 경우, 보호자가 생계를 책임지기 위해 일터에서 많은 시간을 보내는 경우에도 이러한 방임이 발생할 수 있다. 특히 보호자의 지적 능력 부족, 사회적 적응 능력 부족, 대처능력 부족, 잘못된 양육방식 등으로 인하여 아동학대가 발생하고 있다. 이런 경우 부모가 의도하지 않았지만 능력이 부족하고 환경이 마련되지 않아서 이러한 일이 발생하는 경우도 허다하다. 따라서 결과와 더불어 이러한 일이 발생한 맥락 등을 고려하여 사회적 관심과 지원도 필요하다(아동권리보장원, 2020).

4) 유치원 통학버스 안에 아동을 방치한 방임 사례

(1) 사례 개요

아동 A를 포함한 원생들을 유치원 통학버스에 태우고 박물관에 견학을 갔다가 일정이 늦어진 바람에 점심시간을 넘겨 유치원에 도착하였다(원장은 다른 통학버스에 타고 이동함). 아동 A는 버스 안에서 잠이 든 바람에 버스에서 하차하지 않았다. 유치원 원장 B는 차창을 통해 버스 안쪽을 둘러보았을 뿐 좌석을 일일이 살펴보고 원생들이 버스에서 모두 하차하였는지 확인하지 않았다. 운전기사 C는 백미러를 통해 버스 안의 상황을 지켜보았을 뿐, 좌석을 일일이 살펴보고 원생들이 버스에서 모두 하차하였는지 확인하지 않았다. 운전기사 C는 버스를 주차하고 점심식사를 하러 이동하였다.

유치원 원장 B는 점심식사를 챙겨주다가 피해아동 A의 자리가 빈 것을 확인하였고, 아동 A를 찾아 여기저기 살펴보다가 통학버스 안에 아동 A가 있는지 확인할 것을 지시하였다. 운전기사 C는 버스 안에 피해아동 A가 있는 것을 확인하고 다시 유치원에 돌아왔다. 운전기사 C가 버스에 돌아올 때까지 약 13분 동안 버스에 홀로 방치되어 있었다.

(2) 법원 판단

원장 B와 운전기사 C는 아동 A에 대하여 학대행위를 하고자 마음먹을 동기가 될 만한 특별한 사정이 있었다고 볼 자료가 없다. 바로 아동 A를 찾기 위한 조치를 취하였다. 피해아동이 버스에 혼자서 방치된 시간은 약 13분이다. 원장 B와 운전기사 C는 아동 A를 발견한 다음 바로 아동 A를 유치원에 데려왔고, 돌아오는 길에 울음을 터뜨리는 등 놀란 아동 A를 달래면서 음료와 점심식사를 챙겨주었다. 원장 B는 아동 A의 어머니에게 전화하여 그날 있었던 상황을 설명하였다.

법원에서는 피고인들(유치원 측)의 행위가 방임행위에 이르렀다거나 방임의 고의가 있었다는 점이 합리적인 의심의 여지가 없이 증명되었다고 보기에는 부족하다고 판단하였다.

(3) 사례 의의

통학버스 운전기사 C는 어린이 통학버스 운전자이므로 탑승한 아동이 모두 하차하였는지 확인해야 할 업무상 주의 의무가 있다. 이 사건의 경우, 아동이 방치된 시간이 13분으로 짧았고, 이후에 바로 긴급하게 조치를 취하고, 아동을 안심시켰으며, 바로 아동의 부모에게 알림으로써 방임까지 이르지 않았다고 보았다. 그렇지만,

그럼에도 도로교통법 위반에는 해당한다고 판단하였다. 그러나 차량 갇힘 사고를 아동에 대한 방임으로 인정해야 할 필요가 있다. 도로교통법 위반의 법정 최고형은 벌금 20만 원에 불과하다. 차량 갇힘 사고가 아동의 생명을 위협할 수 있는 심각한 방임이라는 점을 고려하면 처벌이 부족하다는 느낌이다. 더불어 차량 갇힘 사고를 안전띠 미착용 정도의 무게로 바라본다는 점에서 아동학대에 대한 감수성 부족이 아쉽게 느껴진다(아동권리보장원, 2020).

5) 방임 아동학대의 사례개념화

(1) 인적사항 및 가족관계

피해아동 A(남, 15세)와 가해자인 B(남, 39세)와는 아버지와 아들 관계이다. 가족관계는 아버지인 B(친부모, 대졸, 무직, 다혈질), 피해아동인 A(중학교 중퇴, 독자), 아버지와 이혼하여 별거 중인 어머니로 구성되어 있다.

(2) 신고 경위 및 접수 내용

피해아동 A의 담임교사는 아동이 학교에 자주 나오지 않고 자퇴하려고 하자 상담을 실시하였고, 아동이 친아버지에게 방치되어 있다는 사실을 알고 아동보호전문기관에 신고를 하였다. 아동은 집에서도 거의 식사를 하지 못하고 끼니를 거르고 있으며, 의식주를 제대로 해결하지 못하고 있다고 하였다. 아버지는 한 달에 몇 번 들어오지 않고 연락도 되지 않는다고 하였다. 전기세나 물세 등도 몇 달 치 미납되어 있는 상태라고 하였다. 아동의 경우에 보살펴주는 보호자가 없어서 일정한 생활을 하지 못해 등교하는 시간을 제대로 챙기지 못하는 경우가 많다고 하였다. 그래서 학업에 흥미도 없어서 자퇴를 결심하게 되었다고 하였다. 담임교사는 아동의 이러한 상황을 개선하고 보호하기 위해서 사회적 서비스를 요청하였다.

(3) 조사

상담원은 학교를 방문하여 신고자인 피해아동의 담임교사를 만나서 여러 가지 자세한 정보와 상황을 수집하고 파악하였다. 그리고 담임교사와 함께 해당 아동을 만나 면담을 통해 자세한 상황을 파악할 수 있었다. 아버지는 자동차 연구원으로 일을 했으나 고부 갈등으로 인하여 부인과 이혼하고 실직하게 되어 일일 노동자로 생활을 하였다. 그 후 집을 자주 비우고 노숙 생활을 시작하면서 자녀를 돌볼 수가 없었다고 하였다. 접수된 당시에 가해자인 아버지는 사기 및 절도 등의 문제로 경찰서에 수배 중이었다. 피해아동의 아버지는 자동차 연구원으로 근무하였으나 고부 갈등으로 이혼하게 되자, 직장도 그만두고 모친도 사망하게 되면서 생활이 곤궁해졌다. 아버지는 생계를 위해 일일 노동자로 일을 하게 되면서 아동 양육을 소홀히 하고, 돈을 번다는 이유로 아동을 장기적으로 방치하게 되었다. 이로 인하여 피해아동은 점점 보호받지 못하고 무너져가는 집에서 혼자 살게 되었다.

(4) 사정

피해아동 A는 보호자 없이 PC방에서 생활하면서도 시설입소에 대한 강한 거부 반응을 보였으며, 이미 자유로운 생활에 익숙해져 있어 자존심이나 자아에 대해 무감각해져 있었다. 삶의 의욕이 약화 되었고 사회성이 결여되었으며 영양결핍 상태에 놓여 있었다. 아버지의 불안정한 경제활동과 사회적 신분 등으로 인하여 사회적 자원을 활용한 많은 서비스를 지원받아야 할 것으로 판단되었다. 아동의 현재 심리·정서적 상태를 파악하기 위하여 심리검사를 실시하기로 하였다. 아동의 쾌적한 거주 환경을 제공하기 위하여 서비스 제공이 필요할 것이고, 학업에 흥미를 가지고 전념할 수 있는 학교적응 프로그램 및 상담 등도 제공해야 할 것으로 판단되었다. 무엇보다 보호자의 돌봄이 이뤄지지 않는 환경이라면 아동의 따뜻한 안식처가 될 수 있는 시설입소를 알선해주는 것이 필요할 것으로 판단되었다.

(5) 개입 및 조치결과

시설입소에 대한 피해아동 A의 강한 거부 반응을 긍정적으로 변화시켜 시설입소를 돕기로 하였다. 시설입소를 통해 안전하게 보호받을 수 있는 환경을 제공하고, 영향상태를 회복하는 데 주력하였다. 학교상담을 진행하여, 규칙적인 생활을 통해 자존심과 사회성 및 학업의욕을 향상시키는 프로그램도 함께 적용하였다. 이러한 목적을 달성하기 위하여 지속적인 개별상담, 심리검사, 주변인 조사를 통해 피해아동에 대한 정확한 정보를 수집하였다. 그리고 지역사회 연계망을 구축하여 피해아동에게 최상의 서비스를 제공하였다. 심리검사의 결과에 따라 학교상담이 잘 진행되었고, 피해아동은 학교생활에도 잘 적응하였다. 시설에서의 생활도 잘 적응하였으며, 아버지와의 관계도 개선되었다. 사회복지시설과 행정기관, 학교와의 협력적 지원 서비스가 피해아동의 회복에 많은 역할을 한 사례로 판단된다(아동권리보장원, 2020 내용 재구성).

지금까지 아동학대 유형별에 따른 사례 몇 가지를 각각 살펴보았다. 즉 아동학대 유형별 사안 발생에 따른 법적 조치결과의 예시와 더불어, 사안 발생 신고부터 개입 및 처리결과에 관한 사례도 함께 살펴보았다.

사례에서도 알 수 있듯이 아동학대는 다양한 곳에서 다양하게 발생하고 있다. 그리고 각각의 사례를 유형별로 구분하기도 하지만 대부분은 몇 가지의 유형들이 중복되어 나타나는 경우가 많다. 아동학대는 우리 주위에서 쉽게 흔하게 일어나는 일이기 때문에 간과하기 쉽다. 아동학대는 몰라서 발생할 수도 있고, 알지만 환경이 좋지 못해서 발생할 수도 있다. 뿐만 아니라 사회적 관심과 제도적 장치가 부족해서 발생할 수도 있다. 그러므로 사회적 관심과 감수성이 더욱 필요하고, 아동학대를 예방할 수 있는 사회적 장치가 필요하다고 본다. 아동학대 사례 탐색을 통해 아동학대의 실태와 심각성을 느껴보고 이를 통해 아동의 인권을 보장할 수 있는 성숙한 사회가 되길 기원한다.

제4장

아동학대 예방과 치유 관련 기관

아동을 학대와 방임으로부터 보호하기 위한 아동보호서비스의 중요성이 점점 확대되고 있는 시점에 사회가 보다 적극적으로 개입해야 할 사회문제로 인식해야 한다.

본 장에서는 예방기관과 피해아동 치유기관으로 나누어 살펴보고자 한다. 아동학대 예방기관은 아동학대예방센터와 아동복지전문기관, 아동학대 피해아동 치유기관은 전담의료기관과 지자체의 역할 및 건강가족지원센터로 나누어 살펴보았다.

우리나라에서는 2000년 1월「아동복지법」전면 개정에 따라 아동학대와 방임에 대한 개입의 법률적 기반이 마련되었고 2000년 7월부터 이 문제를 전담하는 기관으로서 시도별로 각 1개소씩 아동학대예방센터를 개소하여 운영하고 있다. 아동학대를 예방하고 보호하기 위한 중앙아동학대예방센터가 2001년 10월 18일 개소하여 전국 아동학대 상담 통계작성, 아동학대예방 프로그램 개발・보급, 신고의무자 등에 대한 교육, 대국민 홍보・캠페인을 실시하고 기타 연구조사 등 전국단위의 아동학대 업무를 수행하고 있다. 보건복지부는 아동학대 관련 법체계를 마련하고 전국 17개 지방아동학대예방센터와 소규모 아동학대예방센터 19개소, 24시간 Hot-line(국번 없이 1391)을 개설・운영하는 등 학대받는 아동들을 위한 보호 체계를 구축하였다.

아동복지를 실천하고 있는 전문기관은 아동양육시설, 아동일시보호시설, 아동보호치료시설, 공동생활가정, 자립지원시설, 아동상담소, 아동전용시설, 지역아동센터, 아동보호전문기관, 가정위탁지원센터 등이 있다. 이러한 아동복지시설은「아동복지법」에 따라 국가 또는 지방자치단체가 설치하거나 자체적으로 관할 시장・군수・구청장에게 신고하고 설치하면 된다. 이 외에도 아동복지를 실천하고 있는 굿네이버스, 월드비전, 세이브더칠드런과 같은 NGO 기관들이 있다.

2021년 1월 보건복지부는 아동학대 피해아동에 대한 의학적 진단 및 전문 치료를 담당하는 전담의료기관 활성화를 위해 전담의료기관의 역할을 명확히 하고 운영기준 및 유인책 마련 등 중앙 차원의 정책 지원도 강화하겠다는 방침을 발표했다. 이를 통해 의료기관 접근성 및 기능에 따라

시・도 광역전담의료기관, 시・군・구 지역전담의료기관으로 유형화해 운영 효과를 극대화하고 특히 광역전담의료기관의 지역의료기관 교육 및 고난도 아동학대 판단 자문 기능 강화지원 시범사업을 2022년부터 실시하였다. 한편 지난 2021년 6월 아동학대 예방 및 대응 관련 예산 재원을 복지부 일반회계로 일원화해 학대피해아동쉼터(복권기금, 87억 원), 아동보호전문기관(범죄피해자보호기금, 275억 원) 예산을 2022년 정부안부터 적용하고 있다.

전국의 건강가정지원센터는 가족문제의 예방과 해결을 위한 가족돌봄나눔사업, 생애주기별 가족교육사업, 가족상담사업, 가족친화문화조성사업, 정보제공 및 지역사회 네트워크 사업을 추진하고 있다. 일반가족은 물론 한부모가족, 조손가족, 다문화가족, 일탈청소년가족, 군인가족, 수용자가족, 맞벌이가족, 이혼 전・후 가족 등의 다양한 가족지원을 위한 상담, 교육 및 문화 프로그램이 결합된 맞춤형 통합서비스를 제공하며 아이돌보미 지원, 공동육아나눔터사업 등의 돌봄지원사업, 취약가족과 위기가족을 위한 취약・위기가족지원사업, 미혼모부자가족지원사업, 기타 타부서와 유관기관과의 협력사업 등을 통해 다양한 가족 사업을 수행하고 있다.

아동을 학대와 방임으로부터 보호하기 위한 아동보호서비스의 중요성이 점점 확대되고 있다. 아동학대를 더 이상 가정 내의 문제로만 볼 수 없으며 더구나 청소년에 비해 자기표현이나 저항이 어려운 아동이 스스로 도움을 요청하는 일은 거의 불가능하다. 그렇기 때문에 사회가 보다 적극적으로 개입해야 할 사회문제로 인식해야 한다.

제4장

아동학대 예방과 치유 관련 기관

1. 아동학대 예방을 위한 기관들은 어떤 것들이 있을까?

1) 아동학대예방센터

(1) 개소

아동학대를 예방하고 보호하기 위한 중앙아동학대예방센터가 2001년 10월 18일 개소하여 전국 아동학대 상담 통계작성, 아동학대예방 프로그램 개발·보급, 신고의무자 등에 대한 교육, 대국민 홍보·캠페인을 실시하고 기타 연구조사 등 전국단위의 아동학대 업무를 수행하고 있다. 보건복지부는 아동학대 관련 법체계를 마련하고 전국 17개 지방아동학대예방센터와 소규모 아동학대예방센터 19개소, 24시간 Hot-line(국번 없이 1391)을 개설·운영하는 등 학대받는 아동들을 위한 보호 체계를 구축하였다. 아동학대에 대한 국민적 인식을 제고하고 학대받은 아동의 적정한 보호뿐만 아니라 학대 가해자들을 위한 프로그램도 개발하여 보급하고 있다.

(2) 역할

중앙아동학대예방센터는 아동보호 전문기관으로 중앙, 지방, 소규모 아동학대예방센터에서 피해학대아동을 위해 직접적인 서비스를 제공하는 기관이다. 전국 차원의 아동학대 관련 기관과의 협력체계 확립과 아동학대 정책제언을 통해 학대받는 아동과 가족의 회복을 지원하고 일반 시민들의 아동학대 인식 증진을 위한 홍보 및 교육활동을 전개하고 있다. 보건복지부는 사회복지법인 굿네이버스에 위탁하여 운영하고 있다.

(3) 주요업무

우리나라 아동학대예방센터의 주요업무는 다음과 같다.

첫째, 아동학대 신고접수・현장조사 및 응급보호조치이다. 아동학대예방센터에 사례가 접수되면 우선 그 심각도에 따라 현장조사가 이루어지고 현장조사 시 수십된 사료를 기초로 사례를 판정하게 된다. 아동학대사례로 판정되는지는 가정을 방문한 상담원의 현장조사에 크게 의존하게 되는데 현장조사는 폭력행위의 성격이나 그 심각성을 확인하여 아동이 가정에 남아있을 경우의 위험 정도를 측정하고 법적 개입의 필요성을 결정하는 중요한 절차이다. 현장조사와 응급보호조치는 아동학대 발생지역과 심각성, 가족에 대한 접근 용이성 등 복합적인 요인이 작용하므로 아동학대예방센터뿐 아니라 경찰, 병원, 아동을 격리보호할 시설과 같이 다양한 전문 인력과 물적 자원을 필요로 하지만 실제로 인력과 자원의 부족이 심각한 수준이다. 아동학대예방센터에서는 중앙아동학대예방센터가 제시한 매뉴얼에 사례판정을 의존하고 있으나 담당상담원이나 지역별 기관에 따라 차이가 있어 우리나라 상황에 적절한 표준화된 학대판정 척도개발이 필요하다.

둘째, 학대 피해아동 및 학대행위자에 대한 서비스 제공을 한다. 아동학대 가정에 대한 개입은 가해자의 퇴거, 위험에 처한 아동의 격리보호, 쉼터 제공 등 다양하게 이루어지며 치료적 개입은 재활의 과정이라 볼 수 있다. 선진국에서의 치료적 접근은 학대받은 아동과 학대부모로 대상을 이분하여 이루어지고 있는데 대개 개인심리치료와 집단치료가 주를 이루고 있다. 그리고 가족치료가 개입의 말기에 도입되는 경향을 보이고 있으며 동시에 지역사회에 기반을 둔 다양한 가족지원 서비스가 관찰된다. 그러나 우리나라의 경우 다양한 문제행동을 보이는 피해아동에 대한 치료적 프로그램의 부족과 교육, 상담 및 치료가 필요한 가해자 서비스의 내용도 센터 내에서의 상담이 대부분을 차지하여 실질적으로 가해아동의 가정환경을 변화시키기 위한 노력이 부족하다는 지적을 받아왔다. 특히 가정해체, 알코올 남용, 빈곤, 양육지식 부족과 같은 열악한 생활조건과 스트레스가 관찰되고 있는 우리나라 학대가정의 조건을 고려하면 전문적이고 종합적인 서비스 자원의 부족으로 인한 서비스의 한계를 잘 짐작할 수 있다. 학대가 발생한 가족이나 잠재적인 위험이 큰 가족에 대한 지속적인 모니터링이 거의 이루어지지 않아 재발의 위험성이 크다는 점도 간과할 수 없다.

셋째, 지역사회주민과 신고의무자 등을 대상으로 한 예방교육이 운영되고 있다. 예방적 접근은 문제가 발생하기 이전에 원친적으로 위험요인을 줄이고 보호요인을 강화함으로써 아동학대의 발생을 낮추려는 것이다. 현재 아동학대에 대한 세계적인 접근 경향도 '예방이 최선의 치료'라는 입장이다.

WHO의 예방 프로그램 분류기준은 예방의 목적, 주요 대상 및 서비스 전달의 시기에 따라 1차, 2차, 3차 예방 프로그램으로 나눠진다. 1차 예방은 아직 문제가 발생하지 않은 일반 가정과 아동을 대상으로 아동의 안전과 건강 및 복지를 지원하고 일반인들의 아동학대 심각성에 대한 인식을 제고하려는 것이며 2차 예방은 아동학대와 방임의 위험요인이 많은 고위험집단을 선별, 위험요인의 최소화 및 아동학대로의 발전을 차단하려는 것으로서 아동학대예방센터의 우선순위 프로그램으로 운영되고 있다. 3차 예방은 이미 아동학대 문제를 가진 것으로 밝혀진 가족에 대한 치료와 재활 및 재발방지로 구성된다. 현재 아동학대예방센터 사업의 주된 개입활동이라고 할 수 있다.

우리나라의 경우 예방활동도 대개 일반인에 대한 인식개선과 홍보활동에 그치고 고위험집단에 대한 집중적인 지원시비스로 아동학대발생을 방지하는 2차 예방활동은 거의 이루어지지 않는 실정이다. 실제로 일반인에 대한 인식개선과 홍보활동은 정부나 지방자치단체, 그리고 중앙아동학대예방센터를 통해 보다 효율적으로 진행될 수 있는 것으로 지역에 위치한 개별 아동학대예방센터들은 자기 지역 내의 고위험집단에 대한 사정과 이들을 위한 다양한 프로그램 마련, 그리고 아웃리치를 통한 서비스 제공과 같이 2차적인 예방활동에 초점을 맞추어야 한다(윤혜미, 2003).

다음으로 중앙아동학대예방센터는 다음과 같은 역할을 한다.

첫째, 중앙에서 접수된 아동학대 의심사례를 지체 없이 해당 지역 아동보호전문기관으로 조사 의뢰하며 둘째, 응급아동학대사례의 관리를 위해 의료기관, 일시보호시설, 상담치료기관, 기타 복지시설의 목록을 점검하고 서로에게 연계를 유도한다. 셋째, 지방아동보호전문기관이 조사한 아동학대사례 현장보고서를 접수하고 넷째, 전국적인 아동학대 사례의 통계처리 및 전산관리를 한다. 아동학대예방센터의 서비스 역할을 중앙과 지방 그리고 소규모로 나누어 정리하면 다음 <표 4-1>과 같다.

〈표 4-1〉 아동학대예방센터의 서비스 역할

관련 기관	역할	비고
중앙아동학대 예방센터	• 전국 아동학대예방센터 업무 지원, 업무 수행 지침 개발 및 수정 • 아동학대예방사업정책 건의, 아동학대예방사업에 대한 전국적 홍보 • 아동학대 전문 상담원, 신고 의무자 교육 및 연수 프로그램 실시 • 아동학대예방센터 전산 시스템 구축 운영 • 지방센터 사례 배치 및 조정, 전국아동학대사례현황 보고서 발간 • 아동학대 관련 각종 연구 및 프로그램 개발 • 관련 기관 협력체계 구축 및 관리, 국제 아동학대 사례 개입	
지방아동학대 예방센터	• 아동학대 신고전화 운영을 통한 신고 접수 및 현장조사, 응급보호, 서비스 제공 아동학대 피해아동·학대행위자 상담, 교육 및 서비스 제공·연계, 아동학대 사례판정위원회 설치·운영 및 자체 사례회의 운영 • 아동학대 사례의 전산 시스템 입력 및 보존 • 신고 의무자, 일반인 대상 아동학대예방교육 및 홍보 • 지역사회지원 개발 및 관련 기관 협력체계 구축 • 시장, 군수, 구청장에게 학대아동의 기초생활보장급여 또는 의료급여 등 필요한 보호 및 양육 조치 의뢰	

	• 피학대이동 일시보호시설(공동생활가정) 운영은 지방아동보호종합센터만 해당	
소규모 아동학대 예방센터	• 아동학대 신고 접수 및 현장조사, 서비스 제공 • 피학대아동보호 조치 – 일시보호가 필요한 아동의 경우 해당 아동보호종합센터로 의뢰 • 아동학대 사례판정위원회 설치, 운영 및 자체 사례회의 운영(지방아동학대예방센터 사례판정위원회 활동 가능) • 지역사회자원 개발 및 관련 기관 협력체계 구축 • 아동학대예방사업 홍보 및 교육	

출처: 도미향 외(2009). 아동복지론. 경기: 공동체. 274-275.

2) 아동복지 전문기관

아동복지를 실천하고 있는 전문기관은 아동양육시설, 아동임시보호시설, 아동보호치료시설, 공동생활가정, 자립지원시설, 아동상담소, 아동전용시설, 지역아동센터, 아동보호전문기관, 가정위탁지원센터 등이 있다(박금식 외, 2014). 이러한 아동복지시설은 「아동복지법」에 따라 국가 또는 지방자치단체가 설치하거나 자체적으로 자기 관할 시장·군수·구청장에게 신고하고 설치하게 된다. 이 외에도 아동복지를 실천하고 있는 굿네이버스, 월드비전, 세이브더칠드런과 같은 NGO 기관들이 있다. 다양한 아동복지 기관들이 있지만, 그중에서도 학대 아동을 보호하는 아동보호전문기관과 취약계층 아동에 대한 통합서비스를 지원하는 드림스타트로 나누어 살펴보고자 한다.

(1) 아동보호전문기관

아동보호전문기관이란 아동학대 문제에 대해 적극적·체계적으로 대처하여 아동학대에 대한 국민인식 제고와 더불어 궁극적으로 아동의 건전한 환경 육성 및 권리증진을 도모하기 위한 기관이다.[1] 아동보호전문기관은 1999년에 개정된 「아동복지법」에 의해 설치된 기관으로 2000년 10월 전국 16개 시도를 중심으로 개소되어 현재 73개소가 보건복지부에 위탁받아 설치 운영되고 있다. 아동학대 신고접수를 받고 상담을 진행하며 아동학대가 신고되면 현장에도 출동을 한다. 피해아동을 보호시설이나 의료기관으로 인도하는 응급조치가 이루어지면 피해아동 및 가족에 대한 지원을 하는 역할을 한다. 또한 신고의무자 교육과 같은 아동학대 예방 교육과 홍보사업을 담당하고 있다(고주애, 2010).

사회복지 및 아동복지, 심리학 등 관련 분야 전공자들이 위탁법인의 입사절차를 거쳐 아동보호전문기관에서 근무하게 된다. 상담원들은 24시간 긴급신고전화 및 담당사례에 대해서 대기상태로 있으며 학대신고가 들어왔을 시 현장에 출동해 아동과 부모, 가족, 주위 사람들, 가해자를 직접 조사하는 역할을 담당하고 있다. 또한 치료 및 상담, 법률, 보호 서비스 등을 직접 실시하거나 관계기관과의 연계사업을 병행하고 있다(고주애, 2010).

① 주요사업

아동보호전문기관의 주요사업은 상담사업과 교육사업 두 가지로 나뉜다. 상담사업의 주요 내용은 아동학대 신고접수 및 현장조사이며 구체적인 내용은 <표 4-2>와 같다.

1) https://www.ncrc.or.kr/ncrc/main.do. 아동권리보장원 홈페이지

〈표 4-2〉 아동보호전문기관의 주요 사업

구분		내용
상담사업	부모교육 및 상담	가족치료, 부모상담, 부모교육을 통해 부모 자신의 어려운 문제에 대한 관심을 가지며 궁극적으로 아동발달에 대한 이해를 돕고 부모역할 및 자녀양육 기술 습득
	사례전문위원회 운영	아동학대 혐의 판단 및 효과적인 사례 개입 방법에 대한 슈퍼비전 실시(연 4회)
	타 기관 연계 및 사후관리	• 사법경찰, 행정기관, 사회복지기관, 병원, 학교와의 연계를 통한 통합적 서비스 제공 • 인천아동복지관의 연계로 가정복귀가 곤란한 아동은 아동양육시설 입소 • 아동의 원 가정 복귀 및 배치 이후 사후관리 실시
	심리검사	심리검사를 통하여 아동발달, 심리상태에 대한 정보를 수집, 부모상담 실시
	전문상담치료	개별・집단・가족 미술・놀이・음악 치료 등 다양한 상담치료를 통하여 아동들의 심리적 외상치료 및 타인에 대한 신뢰감, 자아존중감, 감정조절능력 및 문제해결능력을 강화
교육홍보사업	홍보사업	• 브로셔, 포스터 등 각종 홍보물 제작을 통한 홍보 • 언론매체 연계를 통한 홍보 • 캠페인을 통한 홍보
	교육사업	• 신고의무자교육 : 아동학대 신고사의무군을 대상으로 아동학대예방교육 실시 • 일반인교육 : 부모, 경찰 등 일반인 대상으로 아동학대예방교육 실시

출처: 배은주 외(2014). 인천광역시 아동학대 현황 분석과 정책 방향.

② 개입절차

개입절차에서 신고경로는 아동보호전문기관 일반전화와 112로 신고하는 경우의 두 가지가 있다. 어디에 신고를 하든지 아동보호전문기관과 경찰은 서로에게 신고접수 사실을 통보하고 동행 요청을 한 뒤 현장에 출동한다. 현장 출동 이후에 피해아동은 아동보호전문기관이 담당하고 학대행위자는 경찰이 담당한다. 피해아동에 대해서는 원가정보호 또는 응급조치가 이루어지며 피해아동 보호명령이 필요한지에 따라 법원에 청구하고 법원은 상황에 따라 임시보호명령을 내린다. 학대행위자는 케이스에 따라 임시조치 또는 고소고발, 지속관리가 이루어진다. 임시조치와 고소고발의 경우에는 행위자를 처벌한다.

(2) 드림스타트

드림스타트란 취약계층 아동에게 맞춤형 통합서비스를 제공하여 아동의 건강한 성장과 발달을 도모하고 공평한 출발기회를 보장함으로써 건강하고 행복한 사회구성원으로 성장할 수 있도록 지원하는 사업이다.[2] 현대사회에서는 빈번한 가족해체로 인한 가족기능 약화 및 사회 양극화 등에 따른 아동 빈곤 문제의 심각성이 커졌고 빈곤 가정 아동은 부적절한 양육환경에 노출된 가능성이 높아 건강한 성장 발달이 어렵다는 우려가 높다. 아동의 빈곤은 정서적 불안, 향후 직업 선택에서 불리한 위치, 지역사회 내 비행 등의 확률이 높아지고 아동의 삶의 질에 여러 가지 부정적인 결과를 초래할 수 있으며 기회의 불평등을 야기하고 빈곤이 대물림 되는 원인이 되기 때문에 아동빈곤에 대한 조치가 필요했다. 정부도 기존의 사후적 개별서비스의 확대로는 아동 빈곤을 효과적으로 대응하기 어렵다는 점을 인정하고 빈곤아동 개개인의 욕구와 상황에

2) www.dreamstart.go.kr 드림스타트 홈페이지

맞는 맞춤형 통합서비스를 정부의 책임하에 제공하는 새로운 아동 정책 사업인 드림스타트 사업을 추진하게 되었으며 2020년 기준 전국 시군구에 229개소의 드림스타트가 설치·운영되고 있다(조용남, 2015).

① 사업대상

드림스타트 사업 대상은 0세(임산부)~만 12세 이하(초등학생 이하)로 아동의 성장 및 복지여건이 취약한 가정을 서비스 대상으로 한다. 그 중 국민기초생활수급자 및 차상위계층 가정, 보호대상 한부모가정(조손가정 포함), 학대 및 성폭력피해아동에게 우선지원하는 것을 원칙으로 하고 있다.

대상자 선정 방법은 사업지역(시·군·구) 내 거주하는 해당 연령의 아동과 그 가족, 임산부를 대상으로 가정을 방문하여 '드림스타트 양육환경 및 아동발달 사정'을 통해 위기개입, 집중사례관리, 일반사례관리 아동을 선정한다. 또한 수준별로 대상 아동에 대해 정기적으로 재사정을 실시하여 대상자를 다시 선정한다.

② 사업내용

대상자의 복합적인 욕구를 파악하여 지역자원과 연계한 맞춤형 통합서비스를 제공한다(노충래, 2015). 아동과 가족에 초점을 둔 통합사례관리를 통해 모든 취약계층 아동에게 공평한 출발 기회를 보장하는 것이 목적이다. 인적조사 및 사정을 통해 대상자의 욕구 및 문제를 파악하여 보건, 복지, 보호, 교육 등 필요한 서비스를 종합적으로 지원하고 주기적인 모니터링을 실시한다(노충래, 2015). 또한 대상자에게 필요한 서비스를 제공할 지역자원을 발굴하고 관리한다. 좀 더 구체적으로 드림스타트의 주요 업무를 살펴보자면 첫 번째로 지원기구 구성 및 운영이다. 각 시·군·구에 드림스타트를 지원하는 기구를 구성하고 운영을 통해서 사업 운영에 대해서 자문과 지원을 한다. 운영위원회는 드림스타트 사업 운영 전반에 관련하여 연 1회 이상 자문을 한다. 아동복지기관협의체는 지역 내 아동복지기관 간에 정보 공유를 돕고 서비스를 연계하고 조정하는 업무를 통해 아동복지서비스를 통합·조정하는 역할을 수행한다. 두 번째로 아동의 건강한 성장과 발달을 위해 지역사회 내 자원 연계를 통해 아동의 문제 및 욕구별 맞춤형 통합서비스를 제공하는 아동통합사례관리이다. 드림스타트 자체 발굴 아동, 행복e음 내 취약계층 아동, 타기관 의뢰 아동 등을 대상으로 가정방문 상담을 통해 사례관리 대상아동을 발굴하고 취약계층 아동(가구)에 대한 문제 및 욕구 파악을 통한 계획을 수립한 뒤 아동별 맞춤형 통합서비스를 제공하거나 연계한다. 또한 사례관리 기초기록을 관리하고 아동별 데이터베이스를 구축한다. 세 번째로는 대상자에게 필요한 서비스 제공을 위해 주기적 자원 현황 파악 및 신규 자원을 발굴하는 자원관리이다. 사회보장정보시스템(행복e음) 내 등록된 해당 지역자원에 대한 승인, 반려, 종료처리 및 수정 등 등록자원을 총괄 관리한다. 마지막으로 아동복지서비스를 통합하고 조정한다. 지역아동센터, 아동보호전문기관, 희망복지지원단, 찾아가는 보건복지전담팀 등타 사업 간 사례관리 협력체계 구축을 통한 서비스를 통합 및 조정한다.

2. 아동학대 피해아동을 위한 치유기관들은 어떤 것들이 있을까?

1) 전담의료기관과 지자체 협약

(1) 전담의료기관의 운영

① 중앙정부의 지원 활동

2021년 1월 보건복지부는 아동학대 피해아동에 대한 의학적 진단 및 전문 치료를 담당하는 전담의료기관 활성화를 위해 전담의료기관의 역할을 명확히 하고 운영기준 및 유인책 마련 등 중앙 차원의 정책 지원도 강화하겠다는 방침을 발표했다. 이를 통해 의료기관 접근성 및 기능에 따라 시・도 광역전담의료기관, 시・군・구 지역전담의료기관으로 유형화해 운영 효과를 극대화하고 특히 광역전담의료기관의 지역의료기관 교육 및 고난도 아동학대 판단 자문 기능 강화 지원 시범사업을 2022년부터 추진하고 있다. 한편 지난 2021년 6월 아동학대 예방 및 대응 관련 예산 재원을 복지부 일반회계로 일원화해 학대피해아동쉼터(복권기금, 87억 원), 아동보호전문기관(범죄피해자보호기금, 275억 원) 예산을 2022년 정부안부터 적용하고 있다.

② 의료계의 움직임

대한의사협회에서 2002년 '아동학대예방전문위원회'를 설치하여 학대 문제에 적극적으로 참여하기 시작했다. 종합병원 내 학대아동보호팀 구성을 촉진하고 학대에 이해를 갖춘 인력을 양성하여 고통받는 어린이를 눈 크게 뜨고 구하자는 취지의 '왕눈이 운동'을 시작했다. 2003년 '전국 병원 내 학대아동보호팀 발대식'을 개최했으며 전국 32개 종합병원에서 학대아동보호팀을 발족했다. 2002년과 2006년에 '의사들을 위한 아동학대의 예방과 치료에 대한 지침서'를 제작·배포하여 현장에서 피해자 발견 시 대응 지침을 제공했다.

의료계에서 아동학대 문제에 참여하면서 병원 내 학대아동보호팀 운영, 의사 및 직원 대상 교육, 학대아동보호팀과 지역 아동학대 예방센터의 협력, 의료기관 인증평가 반영, 의사국가고시 학습목표에 학대 관련 문항 포함 등을 지속해서 제시했다. 2010년부터 자율 참여로 시행하는 인증평가 항목에 피해자에 대한 보고 및 지원체계를 포함하여 의료기관에서 학대 전담기구를 운영하도록 하고 있다. 인증 참여 의료기관은 아동보호위원회, 학대보호위원회 혹은 취약환자보호위원회 등 위원회에서 대응하거나 위원회를 두면서 실무조직으로 학대아동 보호팀을 운영한다.

2018년 12월 말 현재 의료기관 인증 신청 현황에 따르면 의무인증 의료기관인 요양병원 및 정신병원은 각각 99.4%와 90.2%가 신청했지만 자율인증 의료기관의 신청률은 15.5%로 저조했다. 또한 2004년 및 2013년 현재 각각 32개 및 62

개 병원에서 학대아동 보호팀을 운영하는 것으로 나타났다. 그러나 상급종합병원, 종합병원, 병원 등 피해자 방문 가능성이 높은 급성기병원의 인증 신청률이 낮은 것으로 보아 의료기관이 전반적으로 아직은 피해자 보호 및 지원체계를 잘 갖췄다고 보긴 어렵다.

정부에서 학대 혹은 방임으로 인해 신체·정신적 치료가 필요한 피해자에 대한 다학제 접근과 신속한 치료를 위해 피해자에 대한 의료지원체계를 갖춘 의료기관을 운영하는 취지로 「아동복지법」을 개정(2018년 4월 25일)하고 시행(2019년 7월)해 오고 있다. 보건복지부와 중앙아동보호전문기관이 서울대학교병원에 의뢰하여 2019년 8월 아동학대 전담의료기관의 지정기준과 운영지침을 개발했다.

(2) 지자체의 역할

① 지자체 역할의 당위성

2019년 5월 정부는 포용 국가 아동 정책을 발표하여 아동학대 대응에서 국가 및 지자체의 공공성과 책무성을 강화할 것을 선언하였고 이를 반영한 법 개정도 이루어졌다. 이제 그 지역의 모든 인적·물적 자원을 집중하여 아동보호 체계를 구축하고 또 아동학대 현장에서 제대로 작동할 수 있도록 함으로써 아동의 안전과 생명을 지켜내는 역할과 책임의 주체는 각 지자체, 특히 시·군·구에 있다. 기초지자체는 아동을 포함한 주민들과 가장 가까운 곳에 있으면서 그곳에 대한 상황을 잘 알고 즉각적인 지원이 가능한 곳이기 때문에 기초

지자체야말로 학대받는 아이들 예방·치료를 위한 아동보호 체계의 중심이 되는 것이 타당하다.

② 관련 기관 및 지역주민과의 협력체제 구축

아동학대에 대한 대응에서는 법과 제도의 정비보다 더 중요한 것은 아동과 관련된 각 단계에서의 현실적인 대응이다. 아동학대 대응은 현장에 출동하여 조사하는 순간부터 시작하여 아동학대 여부와 조치, 사례관리 등 모든 과정에서 어렵고 중요한 판단을 요구한다. 따라서 포용 국가 아동 정책에서 설계한 아동보호 체계의 개편은 예산과 인력이라는 인적·물적 확충이 수반되어야 한다. 아동학대 대응과정에서는 다양한 전문분야가 복합적으로 요구되기 때문에 그것을 실현하기 위하여 중앙정부와 지자체, 그리고 그 밖의 관련 기관이 어떠한 역할을 분담하고 서로 연계해 나가는지가 매우 중요하다. 지금 우리는 아동학대를 궁극적으로 예방하고 아동보호라는 책무를 다하기 위해 실효성 있는 아동보호 체계의 출발점에 서 있다. 아동보호에 대한 공적 책임의 확대는 결국 아동의 양육과 보호는 부모 개인의 책임만이 아니라 가정과 사회의 공동책임이라는 우리 모두의 인식 전환을 전제로 한다. 아동학대에 대한 대응을 효과적으로 해나가기 위해서는 아동의 복리를 최우선으로 하는 아동보호 체계의 확립, 이를 실천하려는 지자체의 적극적인 의지, 그리고 관련 기관들의 적극적인 협력체계의 구축, 그리고 담당 인력의 전문성을 향상하는 방안을 마련하여야 한다. 앞으로 각 지자체가 외형과 형식에 머무르지 않고 실효성을 담보할 수 있는 아동보호 시스템을 구축해 나가는 데에는 다양한 후속 작업과 과제들이 많다.

지자체와 전담의료기관 협약 체결의 필요성은 다음과 같다.

첫째, 아동학대 피해 발생에서 가장 중요한 것이 바로 초기대응이다. 이러한 의미에서 이웃 주민의 빠른 신고가 필요하며 이러한 신고체계를 갖추는 사령탑이 지자체이다. 따라서 지자체의 이장조직이나 통장 조직을 통한 마을 단위나 아파트 주민자치센터의 역할이 매우 중요하다. 아울러 이러한 신고를 받았을 때 지자체는 경찰서와 의료기관 전문가의 도움이 필요하며 신속한 처리를 위해서는 지자체와 전담의료기관의 사전 협약이 필요하다.

둘째, 아동학대 피해자의 상담 및 심리치료를 위해 많은 예산이 필요하다. 주민의 공공안전과 복지를 위한 예산은 지자체가 사전에 마련해 준비해야 한다. 이러한 예산 집행의 효율성과 투명성을 위해 전담의료기관과의 사전 협약이 필요하다.

셋째, 아동학대 피해자 후유증은 일생 내내 지속이 될 수도 있다. 이 경우 많은 예산이 필요하므로 지속적이고도 전문적인 치료를 위해서 지자체와 전담의료기관의 협약은 필요하다.

〈표 4-3〉 전담의료기관과의 지자체 협약 및 역할 분담

관련 기관	역할	비고
중앙(광역) 아동학대치료 전담의료기관	• 전국 아동학대치료전담의료기관 업무 지원, 업무 수행 지침 개발 • 지역전담의료기관에서 판단 자문을 요청받았을 때 이를 도와주고 지역전담의료기관을 대상으로 학대징후 판결 교육, 학대피해아동 지속 치료 필요시 연계 등의 활동 • 아동학대 치료 전담의료기관사업 전산 시스템 구축 운영 • 아동학대 치료 전담의료기관사업에 대한 전국적 홍보 • 아동학대 의학적 치료 관련 각종 연구 및 프로그램 개발 • 관련 정부부서와의 협력체계 구축, 국제 아동학대 치료사례 공유 • 지방 아동학대 치료 전담의료기관과의 협력관계 조성, 전국아동학대 치료사례 보고서 발간 및 배포	
지방 아동학대치료 전담의료기관	• 지자체 전담기관으로부터 아동학대 피해자 접수, 진단, 치료 • 지역 아동학대 사례의 전산 시스템 입력 및 보존 • 피해자(가해자)와 피해자(가해자) 가족의 심리치료 • 지역사회 전담의료기관 및 경찰서 등 관련 기관 협력 체계 구축 • 피해자의 피해 정도에 따라 시장, 군수, 구청장에게 학대아동의 기초생활보장급여 또는 의료급여 등 필요한 보호 및 양육 조치 의뢰	
소규모 아동학대치료 의료전문기관	• 주민센터의 아동학대 신고접수 및 현장조사 동행, 서비스 제공 • 피학대아동의 임시 보호조치(일시보호 및 치료가 필요한 아동) • 지방 아동학대치료전담의료기관에 초기상담 보고서 작성 제공 • 지방 아동학대치료 전담의료기관과의 협약사업 숙지 및 교육	

출처: 보건복지부(2021). 아동학대 대응체계 강화방안.

(4) 실천 대응 우수사례

아동학대의 예방이 중요함은 아무리 강조해도 지나침이 없다. 하지만 이미 피해당한 피해자와 피해자 가족에 대한 신속한 대응 또한 매우 중요하다. 아동학대 피해자와 피해자의 가족은 대부분 사회적 약자로서 스스로 자신의 문제를 해결하기 어렵다. 따라서 지자체의 신속한 대응과 치료를 위한 경제적 지원이 필요하다. 이는 아동학대 피해자의 치료는 대부분 전담의료기관의 전문가에 의해 장기간의 치료가 요구되기 때문이다.

이러한 점에서 지자체는 아동학대 예방센터와 같은 전문기관을 두어 피해아동을 최소화하기 위한 적극적인 노력이 필요하다. 또한 다른 한편으로 이미 피해를 받은 아동과 가족을 위한 전문적인 치료를 위한 의료전문기관과의 구체적인 협약이 필요하다.

이에 지자체와 아동학대 피해 치료를 위한 협약 사례는 전국적으로 점차 증가하는 추세이며 실제 협약 사례들을 찾아보면 다음과 같다.

첫째, 서울시 노원구는 민간에게 위탁하지 않고 지자체가 직접 아동학대 예방과 치료를 담당하는 전문팀을 2018년에 전국 최초로 설립했다.

둘째, 보건복지부는 2021년 7월 '아동학대 대응체계 강화방안'의 구체적 안을 공개했다. 이 대책은 2021년 1월 19일 발표한 아동학대 대응체계 강화방안에 대한 구체적인 보완방안으로 아동학대 대응체계에 대한 개선뿐 아니라 사전 예방부터 사후 회복지원까지 전 과정에 걸친 관련 제도개선 방안을 수립했다는 점에서 의미가 있다.

셋째, 경기도 남양주시는 2021년 10월에 체계적인 의료 지원을 위해 원병원을 아동학대 전담의료기관으로 지정하고 남양주 남부 경찰서와 경기남양주아동보호전문기관 등이 참여한 가운데 민·관·경 업무협약을 체결했다.

① **전담팀 구성 우수사례 – 서울시 노원구**

서울시 노원구는 2018년 3월 10일 아동보호전문기관을 개설하였고, 61개 기초지자체 중에서 총괄팀원 10명을 두어 피해조사와 사례관리를 체계적으로 처리하고 있다.

"기초지자체야말로 학대받는 아이들 예방·치료를 위한 가장 촘촘한 그물을 짤 수 있는 곳입니다."라고 말한 당시 김정한 노원구 아동보호전문기관 총괄팀장의 표현에는 전국 최초로 기초 지방자치단체(기초지자체)가 '아동보호전문기관'을 설립한 것에 대한 자부심이 묻어났다.

현재 전국에는 모두 61개의 아동보호전문기관이 있지만, 노원구를 빼면 기초지자체가 운영하는 곳은 한 곳도 없다. 대부분 민간기관에 맡겨 운영한다. 그래서 2021년 1일 노원구가 직접 운영하는 아동보호전문기관이 문을 연 것은 어쩌면 우리나라 아동보호 역사에서 하나의 '큰 시도'라고 볼 수 있다. '아동학대 조사'를 맡은 공무원 5명과 '아동학대 사례관리'를 맡은 민간인 5명이 바쁘게 움직이고 있었다. 조사와 사례관리는 아동보호전문기관 업무의 양대 축이다. 먼저 움직이는 것은 조사팀이다. 2인 1조로 움직이는 조사팀은 학대전담 경찰과 함께 아동학대 의심 현장을 방문한다. 학대전담 경찰이 주로 부모인 경우가 많은 '가해자'를 조사하는 사이에 조사팀은 '피해자'인 어린이에게 상황을 듣고 학대 여부를 신속히 파악한다.

"노원구 아동보호전문기관이 이렇게 일 욕심을 내는 것은 이러한 모델이 전국 지자체로 확산되기 바라는 마음 때문이다."(서울앤 김보근 선임기자)

② 전담의료기관 활성화 우수사례 - 보건복지부

2021년 1월 19일 보건복지부가 발표한 아동학대 대응체계 강화방안에 대한 보완방안으로 아동학대 대응체계에 대한 개선뿐 아니라 사전 예방부터 사후 회복지원까지 전 과정에 걸친 관련 제도개선 방안을 수립했다. 이 중 보건의료 관련 내용을 살펴보면 그동안 유명무실했던 아동학대 전담의료기관 활성화 방안을 담았다. 이에 따라 복지부는 피해아동에 대한 의학적 진단 및 전문 치료를 담당하는 전담의료기관 활성화를 위해 전담의료기관의 역할을 명확히 하고 운영기준 및 유인책 마련 등 중앙 차원의 정책 지원을 강화하고 있다.

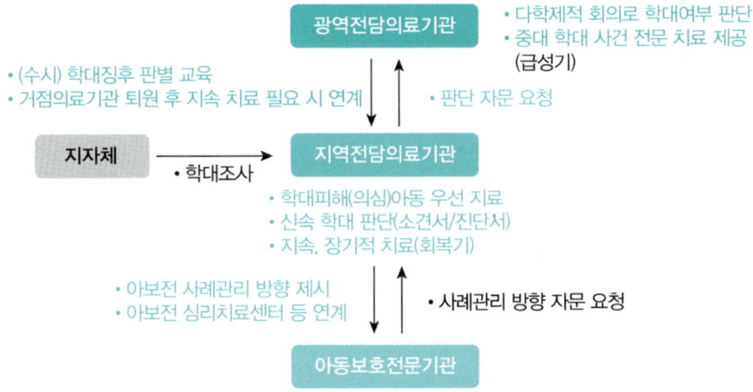

[그림 4-1] 전담의료기관과의 지자체의 협약 및 역할 분담

출처: 보건복지부(2021). 아동학대 대응체계 보완방안.

이를 위해 의료기관 접근성 및 기능에 따라 시·도에 광역전담의료기관, 시·군·구에 지역전담의료기관을 설치해 전담의료기관을 유형화하고 운영 효과를 극대화한다. 이 같은 체계 내에서 지역전담의료기관은 아동보호전문기관의 사례관리 방향에 대한 자문요청이 왔을 때 사례관리 방향을 제시하고 아동보호전문기관 심리치료센터 등과 연계해 활동한다. 특히 지역전담의료기관은 ▲학대피해나 학대피해 의심 아동 우선 치료 ▲소견서와 진단서를 통한 신속 학대 판단 ▲지속적이고 장기적인 치료 등을 담당한다. 광역전담의료기관은 지역전담의료기관에서 판단 자문을 요청받았을 때 이를 도와주고 지역전담의료기관을 대상으로 학대징후 판결 교육, 학대피해아동에 대한 지속적 치료의 필요시 연계 등의 활동을 한다.

복지부는 이 같은 시스템 정착을 위해 광역 전담의료기관의 지역의료기관 교육 및 고난도 아동학대 판단 자문기능 강화 지원 시범사업을 2022년부터 실시하고 있다. 당시 권덕철 복지부 장관은 "아동학대는 여러 관계부처와 지자체, 민간, 더 나아가 모든 국민이 힘을 합쳐야 대응 가능한 사회적 문제이기에 아동의 생명과 안전보호에 실질적인 도움이 될 수 있도록 앞으로도 관계기관들과 긴밀한 협업을 통해 대책 이행에 최선을 다할 것"이라고 강조했다.

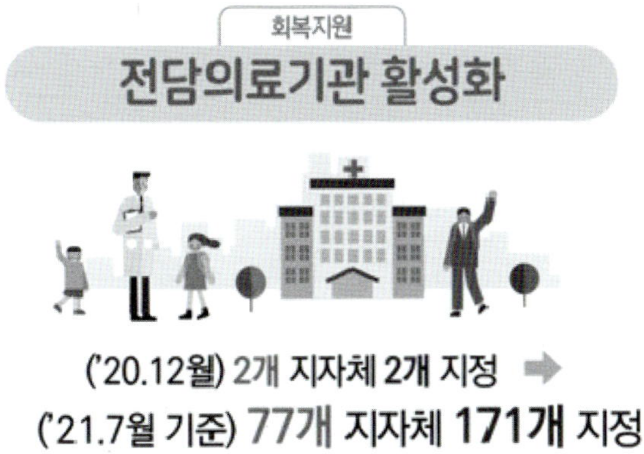

[그림 4-2] 회복지원 전담의료기관 활성화

출처: 보건복지부(2021).

한편 복지부에 따르면 2020년 12월 2개 지방자치단체에서 단 2곳만 지정했던 아동학대 전담의료기관은 2021년 7월까지 77개 지자체 171곳으로 크게 늘었다. 전년 대비 아동학대 전담의료기관은 크게 늘었지만 지정된 전담의료기관이 제 역할을 하기 위해서는 보완방안을 통해서 복지부가 언급한 인센티브 현실화가 절실하다. 아동학대 대응 현장에서는 아동학대 전담의료기관이 있더라도 실제 사건 발생 시 거주지 인근 의료기관을 이용하는 사례가 대다수라는 이유 등으로 전담의료기관 시스템에 대한 회의적인 시각이 여전히 크기 때문이다. 이 같은 상황에서 전국 171곳뿐인 아동학대 전담의료기관이 계속 증가하고 제 역할을 하기 위해서는 보완방안에서 선언적으로만 담긴 인센티브에 대한 구체적인 정책 제시가 시급할 것으로 보인다(DEEP DIVE, 곽성순 기자).

③ 전담의료기관과의 협약 체결 우수사례 – 경기도 남양주시

경기도 남양주시의 학대피해 아동보호 민·관·경 협력체계 구축 우수사례이다. 경기도 남양주시는 2021년 10월 29일 학대 피해아동의 신속하고 체계적인 의료지원을 위해 원병원을 아동학대 전담의료기관으로 지정하고 남양주남부경찰서와 경기남양주아동보호전문기관 등이 참여한 가운데 민·관·경 업무협약을 체결했다고 밝혔다. 이 협약을 통해 아동학대전담공무원 또는 경찰이 아동학대 현장에서 긴급 치료가 필요한 학대 피해아동을 발견할 경우 신속히 의뢰해 검사 및 치료를 받을 수 있는 보호 체계를 구축했다.

아동학대 전담의료기관은 의료행위 시 학대가 의심되는 아동에 대한 아동학대 의심 신고, 응급치료가 필요한 학대피해아동에 대한 우선 진료 및 의료비 감면, 학대피해아동의 정황적 증거에 대한 소견서 및 진단서 제공, 긴급보호가 필요한 학대피해아동에게 병실 제공 등의 역할을 맡는다.

당시 남양주시 이인애 복지국장은 "아동학대 사건에 대해 남양주시와 경찰서, 아동보호전문기관, 병원이 원팀(One Team)이 돼 현장 출동부터 검사 및 치료, 긴급한 사례관리 지원까지 원스톱으로 개입하는 시스템을 구축할 수 있게 됐다."라며 "특히, 원병원에서 학대피해아동 회복과 안전 확보를 위한 중요한 한 축을 담당해주셔서 학대피해아동에게 신속하고 실질적인 도움을 기대할 수 있게 됐다."라고 감사의 뜻을 전했다. 이에 당시 원병원 류제성 원무부장은 "뜻깊은 협약을 맺게 돼 기쁘고 감사한 마음으로 참여했다."라며 "원병원

은 관내 성폭력 협약병원으로 지정된 그동안의 경험을 토대로 학대피해아동 치료 및 보호에도 적극적이고 충분한 협조를 할 수 있도록 최선을 다할 것이다."라고 말했다.

한편 남양주시는 공공중심 아동학대 대응체계 개편에 따라 2022년 3월 아동보호팀을 신설하고 아동학대전담공무원을 배치해 아동학대 초기대응 강화 및 학대피해아동 보호에 힘쓰고 있다(신아일보 정원영 기자).

2) 건강가족지원센터

(1) 사업운영 및 사업영역

전국의 건강가정지원센터는 가족문제의 예방과 해결을 위한 가족돌봄나눔사업, 생애주기별 가족교육사업, 가족상담사업, 가족친화문화조성사업, 정보제공 및 지역사회 네트워크 사업을 추진하고 있다. 일반가족은 물론 한부모가족, 조손가족, 다문화가족, 일탈청소년가족, 군인가족, 수용자가족, 맞벌이가족, 이혼 전후 가족 등의 다양한 가족지원을 위한 상담, 교육 및 문화 프로그램이 결합된 맞춤형 통합서비스를 제공하며 아이돌보미 지원, 공동육아나눔터 사업 등의 돌봄지원사업, 취약가족과 위기가족을 위한 취약·위기가족지원사업, 미혼모부자가족지원사업, 기타 타부처와 유관기관과의 협력사업 등을 통해 다양한 가족 사업을 수행하고 있다(한국건강가정진흥원).

(2) 설립방향

요보호가족뿐 아니라 모든 가족구성원을 위한 서비스제공 및 평등하고 민주적인 가족관계지향, 가족 전체를 고려한 통합적 서비스, 가족문제 예방, 돌봄 및 가족기능강화를 위한 포괄적 서비스, 그리고 건강가정 서비스의 전문화를 위한 유관기관과 긴밀한 네트워크를 형성하여 효과적인 서비스 제공에 노력하고 있다.

건강가족지원센터의 주요업무는 다음과 같다.

첫째, 가족 교육이다. 가족 서비스 수행기관에서는 가족 내에서 발생하는 문제를 예방하고 가족 관계향상, 의사소통방법, 역할지원 등 가족 구성원의 역량을 강화시키기 위한 부모, 부부, 조부모, 자녀 등 가족을 대상으로 한 생애주기별 다양한 교육을 운영하고 있다. 더불어 일·가정 양립과 가족생활의 남성 참여 활성화를 위하여 자녀와의 놀이방법 등을 비롯한 좋은 아버지가 되기 위한 양육방법을 알려주는 남성 대상 육아교육도 운영된다.

둘째, 가족 상담이다. 사회가 급변하고 복잡해지면서 가족원 간의 갈등, 불화문제 등을 경험할 가능성이 많아지고 있어 이를 슬기롭게 극복하여 가족이 성장하는 데 도움을 주기 위한 가족 상담을 운영하고 있다. 부부관계 회복을 위한 부부 상담, 부모-자녀 간 발생할 수 있는 문제해결을 위한 부모자녀 상담, 임신·출산·양육에 따른 갈등상담, 이혼 전·후 갈등상담 등 생애주기에 따라 발생되는 가족 내 다양한 갈등과 문제에 대해 상담하고 있다.

셋째, 가족돌봄 나눔이다. 이웃과 사회의 돌봄이 필요한 가족에게 나눔을 실천하는 사업으로 가정 내 돌봄을 나누고 실천하는 것으로 국한하지 않고 이웃과 지역사회의 돌봄이 필요한 가족으로 확장하여 물적·인적자원을 나눔으로써 돌봄대상 가족의 행복과 삶의 질 향상에 기여한다. 주요 프로그램으로는 가족단위의 봉사를 통해 바람직한 가족의 가치를 형성하고 내가 살고 있는 지역사회에 대한 참여의식을 고취하는 '모두가족봉사단', 평소 함께 하기 어려운 가족들이 한자리에 모일 수 있는 기회를 제공하는 '가족사랑의 날'이 있다.

넷째, 다양한 가족지원이다. 다문화가족, 북한이탈주민 가족, 한부모가족, 1인가구, 군인가족, 일탈청소년 가족 등 다양한 가족유형 중 지역적 특성에 맞는 대상을 선정하여 상담·교육·문화가 포함된 통합 맞춤형 서비스를 제공한다. 가족의 역량을 강화하여 가족의 기능을 발휘하고 사회에 적응할 수 있도록 지원하는 사업을 운영한다.

다섯째, 가족역량 강화 지원이다. 경제, 심리·정서, 양육 등 다양한 어려움을 겪고 있는 취약가족, 사회적 외상으로 인해 직·간접적으로 피해를 경험한 위기가족 등 다양한 가족을 대상으로 가족단위 맞춤형 서비스를 제공하는 사업이다. 배움지도사, 키움보듬이, 지지리더 파견, 지역사회 자원연계 등을 통하여 취약·위기 가족이 가진 복합적 문제해결 및 욕구해소를 위해 지속적인 사례관리 제공, 가족 기능 회복과 역량을 강화할 수 있도록 돕는다.

여섯째, 공동육아 나눔터 운영이다. 부모 등 양육자들이 모여 양육과 관련된 정보를 공유하고 자녀를 함께 돌보는 활동을 통해 가족 기능을 강화해 나갈 수 있도록 공간을 마련하고 제공하는 사업으로 아이를 키우는 양육자 누구나 이용할 수 있으며 가족 품앗이 활동 및 이웃과의 소통을 통해 육아 부담을 덜 수 있는 지역사회

열린 공동체 공간이다.

일곱째, 아이돌봄지원사업이다. 가정의 아이돌봄을 지원하여 아이의 복지증진 및 보호자의 일·가정 양립을 통한 가족 구성원의 삶의 질 향상과 양육친화적인 사회환경을 조성하는 사업이다. 부모의 출장, 야근 또는 아동의 질병 등으로 발생하는 일시적인 양육 공백에 따른 돌봄수요에 탄력적으로 대응하여 시설 보육의 사각지대를 보완하고 자녀의 안전과 건강한 양육을 위해 1:1 개별보육을 선호하는 취업 부모에게 가정 내 12세 이하 아동을 대상으로 돌봄 서비스를 제공하고 있다(한국건강가정진흥원).

(3) 전달체계도

가족 상담, 가족생활교육, 가족친화적 문화조성, 정보제공 및 지역사회 네트워크 사업을 동일하게 추진하고 있다. 아울러 한부모 가족, 조손가족, 다문화가족, 맞벌이가족, 군인가족, 재소자가족, 이혼 전후 가족 등 다양한 가족지원을 위한 상담, 교육 및 문화의 맞춤 통합서비스와 아이돌봄 서비스지원 등 가족돌봄 지원서비스를 시행하고 있다. 건강가정지원센터의 위탁수행과 가족지원연계의 전달 체계도를 정리하면 다음 [그림 4-3]과 같다.

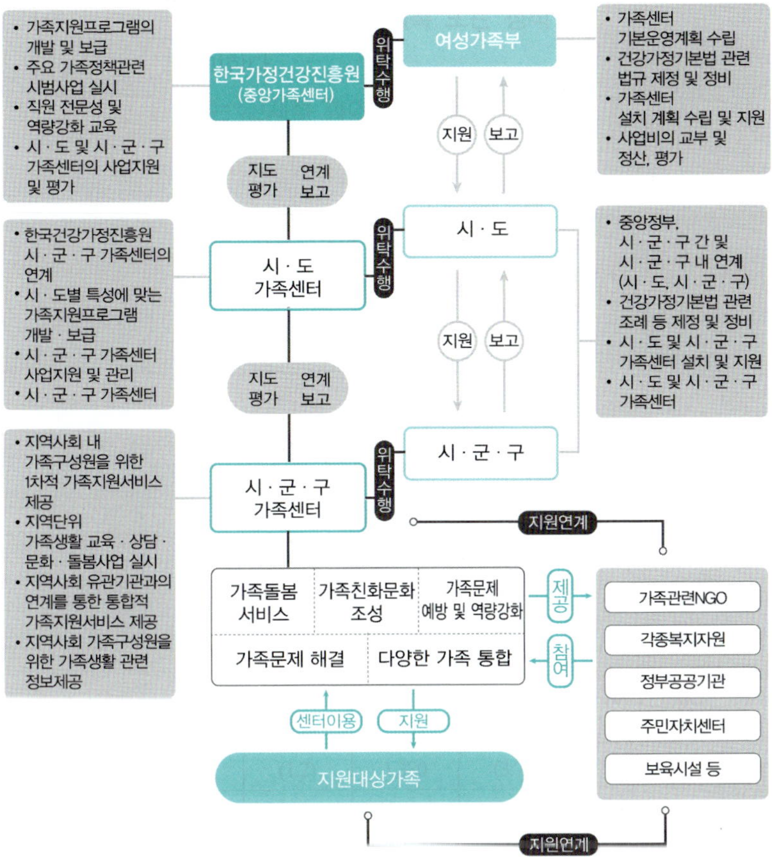

[그림 4-3] 가족지원 연계의 전달체계도

출처: 한국건강가정진흥원(https://ggfc.familynet.or.kr).

제 5 장

아동학대 관련법과 대응체계

본 장에서는 아동학대 관련 법률과 처벌법의 성격, 학대 피해아동에 대한 보호 체계, 국가와 지방자치단체의 역할과 기능, 관련 법률의 개정과 대응체계 등에 대해서 알아보고자 한다.

현재 우리나라의 아동학대에 관한 주요 관련법에는 「아동복지법」, 「아동·청소년의 성보호에 관한 법률」, 「아동학대범죄의 처벌 등에 관한 특례법」, 「영유아보육법」, 「청소년기본법」 등이 있다. 아동학대와 관련하여 다양한 법률이 적용되기 때문에 법 적용의 복잡성을 초래할 수 있기에 아동학대 피해자 보호를 위한 기본법 또는 통합법이 요구된다.

특히 「아동학대범죄의 처벌 등에 관한 특례법」은 아동학대범죄의 처벌 및 피해아동 보호절차와 아동보호사건의 처리 및 절차에 관한 특례를 주로 규정한 절차법적 성격을 가지고 있으며 피해아동보호명령의 경우에는 민사법적 제재의 성격도 가지고 있다. 이와 같이 「아동학대처벌법」은 아동학대에 관한 종합적인 대응책을 마련하고 있다.

「아동학대처벌법」상의 아동의 범위는 「아동복지법」 제3조 제1호에 따른 18세 미만인 사람을 말한다. 그런데 현재 「아동복지법」은 아동을 폭넓고 적극적인 보호를 위하여 연령의 범위를 넓게 보고 있는데 다른 법에 따르면 청소년의 범위와 중복된다. 즉 아동의 범주를 어떻게 할 것인가에 대한 논의와 아동과 청소년으로 구분하여 양자에 대한 보호 가치를 달리 정할 필요가 있다.

그렇다면 실제 아동학대가 발행했을 때는 아동이 학대의 고통에서 빨리 벗어나 건강한 사회의 한 구성원으로 성장할 수 있도록 신속한 아동학대 대응체계가 필요하다. 먼저 학대 피해아동에 대한 보호 체계 개선이 요구된다. 피해아동에 대한 보호 체계 개선은 아동학대의 고통 속에 있는 아동을 적극 보호하고 아동학대 문제를 신속하게 해결함으로써 아동과 가족을 상처에서 벗어나게 하고 회복하게 할 수 있다. 또한 경찰, 아동보호전문기관 등 아동학대 유관기관의 역할을 강화하고 다양한 자원의 연계와 협조를 통해 공조 체계를 구축하여야 한다.

여전히 우리나라의 아동학대 사건의 발생률은 증가추세에 있다. 또한 관계기관 간의 원활하지 못한 협력관계 등 종래 제기된 문제들 또한 여전히 제기되고 있다. 「아동복지법」상 나타난 아동학대의 대응체계를 살펴보면 신고(「아동학대처벌법」 제10조), 현장출동 및 현장조사(「아동학대처벌법」 제11조), 피해아동에 대한 응급조치(「아동학대처벌법」 제12조), (긴급) 임시조치(「아동학대처벌법」 제13조), 수사 및 사건송치(「아동학대처벌법」 제24~29조), 보호조치(「아동복지법」 제15조), 사후관리(「아동복지법」 제28조) 및 지원(「아동복지법」 제29조)의 순서로 진행되고 있다. 이 과정에서 국가 및 지방자치단체 등의 사회복지기관이 아동학대범죄의 예방단계에서부터 사후관리에 이르기까지 전 영역에 걸쳐 서로 연관되어 있다. 하지만 우리의 현행법체계의 규정상 이러한 내용이 법규정에 명확하지 않을 뿐 아니라 하나의 절차에서도 여러 기관이 개입하고 있는 현 제도 속에서 그 책임소재에 관한 많은 문제점들이 다수 제기되고 있다. 이러한 아동학대 대응체계의 문제점에 대해 좀 더 현실적인 방안모색이 필요하다.

제5장

아동학대 관련법과 대응체계

아동학대 관련법과 대응체계로 「아동복지법」, 「아동학대처벌법」, 「성폭력 방지 및 피해자 보호 등 청소년보호법 등에 관한 법률」, 「청소년보호법」 등이 있다. 본 장에서는 아동학대 관련 법률과 처벌법의 성격, 학대 피해아동에 대한 보호 체계, 국가와 지방자치단체의 역할과 기능, 관련 법률의 개정과 대응체계에 대한 문제점 등에 대해 알아볼 것이다.

1. 아동학대 관련법은 어떤 것들이 있을까?

아동학대와 관련하여 다양한 법률이 적용되기 때문에 법 적용의 복잡성을 초래할 수 있다. 이로 인해 아동학대 피해자 보호의 사각지대가 있을 수 있으므로 입법적인 복잡성을 해결하기 위한 기본법 또는 통합법이 요구된다. 현재 우리나라의 아동학대에 관한 관련법을 살펴보고자 한다.

1) 아동학대 관련 법률 및 조문

〈표 5-1〉 아동학대 관련 법률 및 조문

법률명	조문
가정폭력범죄의 처벌 등에 관한 특례법	제2조(정의), 제3조(다른 법률과의 관계)
결혼중개업의 관리에 관한 법률	제10조의2(신상정보 제공)
발달장애인 권리보장 및 지원에 관한 법률	제14조(발달장애인 대상 범죄 방지)
아동복지법	제3장 아동에 대한 보호서비스 및 아동학대의 예방 및 방지(제15~19조의7), 제4장 아동에 대한 지원서비스, 제31조(아동의 안전에 대한 교육), 제5장 아동복지시설(제45~58조), 제7장 벌칙
아동수당법	제7조(조사 · 질문 등)
아동 · 청소년의 성보호에 관한 법률	제4조(국가와 지방자치단체의 의무), 제48조(교육프로그램 운영 등)
아동학대범죄의 처벌 등에 관한 특례법	제1장 총칙, 제2장 아동학대범죄의 처벌에 관한 특례, 제3장 아동학대범죄의 처리절차에 관한 특례, 제4장 아동보호사건, 제5장 피해아동보호명령, 제6장 벌칙
아이돌봄 지원법	제6조(결격사유)
영유아보육법	제15조의4(폐쇄회로 텔레비전의 설치 등), 제16조(결격사유), 제23조(어린이집 원장의 보수교육), 제23조의2(보육교사의 보수교육), 제42조의2(위법행위의 신고 및 신고자 보호), 제45조(어린이집의 폐쇄 등), 제48조(어린이집의 원장 또는 보육교사의 자격취소)
유아교육법	제32조(유치원의 폐쇄 등)
입양특례법	제10조(양친이 될 자격 등), 제17조(파양)
장애아동복지지원법	제4조(장애아동의 권리)

장애인복지법	제2조(장애인의 정의 등), 제59조의4(장애인학대 및 장애인 대상 성범죄 신고의무와 절차), 제59조의5(불이익조치의 금지), 제59조의6(장애인학대범죄신고인에 대한 보호조치), 제59조의7(응급조치의무 등), 제59조의8(보조인의 선임 등), 제59조의9(금지행위), 제59조의10(장애인학대 예방과 방지 의무), 제59조의11(장애인권익옹호기관의 설치 등), 제59조의12(사후관리 등), 제90조(과태료)
장애인차별금지 및 권리구제 등에 관한 법률	제3조(정의), 제32조(괴롭힘 등의 금지), 제35조(장애아동에 대한 차별금지)
청소년 기본법	제52조(청소년 유해환경의 규제)
학원의 설립·운영 및 과외교습에 관한 법률	제17조(행정처분)
한부모가족지원법	제19주(한부모가족복지시설)
형법	형법 제2편 제25장 상해와 폭행의 죄 중 제257조(상해), 제258조의2(특수상해), 제260조(폭행) 제1항, 제261조(특수폭행) 및 제262조(폭행치사상), 형법 제2편 제28장 유기와 학대의 죄 중 제271조(유기) 제1항, 제272조(영아유기), 제273조(학대) 제1항, 제274조(아동혹사) 및 제275조(유기 등 치사상), 형법 제2편 제29장 체포와 감금의 죄 중 제276조(체포, 감금) 제1항, 제277조(중체포, 중감금) 제1항, 제278조(특수체포, 특수감금), 제280조(미수범) 및 제281조(체포·감금 등의 치사상), 형법 제2편 제30장 협박의 죄 중 제283조(협박), 제284조(특수협박) 및 제286조(미수범)의 죄, 형법 제2편 제31장 약취, 유인 및 인신매매의 죄 주 287조(인신매매) 및 제290조(약취, 유인, 매매, 이송 등 상해·치상)의 죄, 형법 제2편 제32장 강간과 추행의 죄 중 제297조(강간), 제297조의2(유사강간), 제298조(강제추행), 제299조(준강간, 준강제추행), 제300조(미수범), 제301조(강간 등 상해·치상), 제301조의2(강간 등 살인·치사), 제302조(미성년자 등에 대한 간음), 제303조(업무상위력 등에 의한 간음) 및 제305조(미성년자에 대한 간음, 추행)의 죄, 형법 제2편 제33장 명예에 관한 죄 중 제307조(명예훼손), 제309조(출판물 등에 의한 명예훼손) 및 제311조(모욕)의 죄, 형법 제2편 제36장 주거침입의 죄 중 제321조(주거·신체 수색)의 죄, 형법 제2편 제37장 권리행사를 방해하는 죄 중 제324조(강요) 및 제324조의5(미수범)(제324조) 형법 제2편 제39장 사기와 공갈의 죄 중 제350조의2(특수공갈) 및 제352조

	(미수범)(제350조, 제350조)의 죄, 형법 제2편 제42장 손괴의 죄 중 제366조(재물손괴 등)의 죄
민법	제924조(친권의 상실 또는 일시 정지의 선고)
정신건강증진 및 정신질환자 복지서비스 지원에 관한 법률	제20조(다른 법률의 개정)

출처: 박광동(2018). 아동학대 관련 법제 개선방안에 관한 연구, 한국법제연구원.

2) 아동학대 처벌법의 성격

일반적으로 특례법은 특례대상이 되는 사항을 구체적으로 규정하는 것을 목적으로 하는 법률로서 현행 특별법의 유형 가운데 그 명칭에 있어서 '○○특례법' 등이 부가되어 있는 것은 일단 처분적 법률로서 성격과 기능을 구비하고 있는 것이라 볼 수 있다(박영도, 2012). 이와 같은 관점에서 본다면, 「아동학대처벌법」도 특별한 경우에 적용되는 특례가 되는 사항을 구체적으로 규정하기 위한 처분적 법률로서의 성격과 기능을 가지고 있다고 할 것이다. 「아동학대처벌법」은 아동학대범죄의 처벌 및 피해아동 보호절차와 아동보호사건의 처리 및 절차에 관한 특례를 주로 규정한 절차법적 성격을 가지고 있다(강동욱, 2014). 또 이 법 제5장 피해아동보호명령의 경우에는 민사법적 제재의 성격도 가지고 있다. 이와 같이 「아동학대처벌법」은 아동학대에 관한 종합적인 대응책을 마련하고 있다는 입장도 있다(이무선, 2015).

한편 이 법은 아동학대의 예방과 재발방지와 관련한 사항에 대한 정책 및 규정이 매우 부족하며 오히려 사후적 처리절차에 중점을 두고 있다는 측면에서 아동학대에 관한 종합적 법률의 성격을 지니고 있다고 하기는 어렵다(강동욱, 2014)는 입장도 있다. 또한「아동학대처벌법」은 아동학대를 별도의 범죄로 규율하지 않고 있으며 가중처벌의 대상인 아동학대치사 및 아동학대중상해, 상습아동학대의 경우에 새로운 구성요건을 규정하고 있지만 가중처벌 대상을 제외한 나머지는 기존의 형법의 구성요건이나「아동복지법」의 금지행위와 특별히 다르지 않다는 비판도 있다(최영진, 2015). 그러나 이러한 비판은「아동학대처벌법」이 특례법의 성격을 가지고 있다는 측면을 고려하여야 할 필요가 있을 것이다(박광동, 2018).

3) 아동학대처벌법상의 아동의 범위

「아동학대처벌법」상의 아동의 범위는「아동복지법」 제3조 제1호에 따른 18세 미만인 사람을 말한다(제2조 제1호). 그런데 현재「아동복지법」은 폭넓고 적극적인 아동의 보호를 위하여 아동을 연령의 범위를 넓게 보고 있는데 다른 법에 따르면 청소년의 범위와 중복된다(장민선, 2015). 즉 아동의 범주를 어떻게 할 것인가에 대한 논의와 아동과 청소년으로 구분하여 양자에 대한 보호 가치를 달리 정할 필요가 있다(박광동, 2018).

독일은 사회법전(Sozialgesezbuch Achtes Buch: GB Ⅷ)과 아동 및 청소년 원조법(Kinder und Jugendhilfegesetz : KJHGⅧ/7)에 의하면 아동은 14세 미만, 소년은 14세 이상에서 18세 미만으로 규정하여 각각에 대한 원조를 달리하고 있다(사회법전, 2018, 박광동에서 재인용). 일본은 아동학대의 방지 등에 관한 법률상의 아동은 18세 미만으로 규정하고 있다.

우리나라는 각 개별 법률의 규정에 따라 같은 아동이라도 다른 연령의 기준으로 규정하고 있는데 이에 대해 살펴보면 <표 5－2> 와 같다.

〈표 5-2〉 우리나라 법률상의 아동의 범위

법률명	규정	연령
헤이그 국제아동탈취협약 이행에 관한 법률	제2조(정의) ① (생략) 1. “아동”이란 국제적 아동탈취의 민사적 측면에 관한 협약에 따라 16세 미만인 사람을 말한다.	16세 미만
아동복지법	제3조(정의) (생략) 1. “아동”이란 18세 미만인 사람을 말한다.	18세 미만
아동의 빈곤 예방 및 지원 등에 관한 법률	제3조(정의) (생략) 1. “아동”이란 아동복지법 제3조 제1호에 따라 18세 미만을 말한다.	18세 미만
아동・청소년의 성보호에 관한 법률	제2조(정의) (생략) 1. “아동・청소년”이란 19세 미만의 자를 말한다. (단 19세에 도달하는 연도의 1월 1일을 맞이한 자는 제외)	19세 미만
아동학대범죄의 처벌 등에 관한 특례법	제2조(정의) (생략) 1 “아동”이란 「아동복지법」 제3조 제1호에 따라 18세 미만을 말한다.	18세 미만
민법	제4조(성년) 사람은 19세로 성년에 이르게 된다.	19세
형법	제273조(학대, 존속학대) 1. “아동”이란 「형법」 제274조에 따라 16세 미만을 말한다.	16세 미만

출처: 박광동(2018), 아동학대 관련 법제 개선방안에 관한 연구, 한국법제연구원.

<표 5－2>에서 살펴보았듯이 우리나라의 「아동학대처벌법」상의 아동 중 영유아 포함 미취학아동 또는 초등학교 저학년 아동의 경우 좀 더 강력한 아동학대에 대한 예방 및 보호조치가 필요하다(문영희, 2010). 또한 만 18세의 경우에 아동학대의 보호 대상이 되

지 않는데 이 연령에 대한 보호의 정도를 어떻게 할 것인가에 대한 논의도 필요하다. 날로 심각해지고 있는 아동학대를 예방하고 아동을 보호하기 위해서는 「아동학대처벌법」의 아동의 범위를 좀 더 구체화해야 할 것이다. 애매모호한 연령의 범위로 인해 구체적인 예방의 범위와 한계를 찾지 못한다면 이것은 아동에게 더 큰 상처를 줄 수밖에 없을 것이다.

2. 아동학대 대응체계는 어떤 것들이 있을까?

아동학대가 발생했을 때는 가장 신속한 대응을 통해 아동이 학대의 고통에서 빨리 벗어나 건강한 사회의 한 구성원으로 성장할 수 있도록 하는 것이 매우 중요하다. 즉 아동학대에 따른 신속한 대응체계가 필요하다는 것이다. 그럼에도 불구하고 아동학대 대응체계는 보는 시각에 따라 다양하게 나타날 수 있다. 따라서 아동학대의 대응체계를 모두 다룬다는 것은 한계가 있을 수밖에 없다. 여기에서는 아동학대 대응체계 관련 선행연구, 아동학대의 대응체계, 아동학대 대응체계의 문제점 등에 대해서 살펴보고자 한다.

1) 대응체계 관련 선행연구

(1) 학대 피해아동에 대한 보호 체계 개선

아동학대 피해아동에 대한 지원 체계가 존재하고 있기는 하지만 제대로 작동되지 못하고 있어(김미숙 외, 2016) 재학대 가능성과 학대 피해아동의 회복이 쉽지 않은 상황이다. 이런 지적에 따라 가족과 지원에 초점을 두는 통합적 접근을 통해 아동학대 신고 발견 체계 구축, 서비스 제공 체계 구축, 인프라 및 종사자 지원체계 구축, 아동학대 예방 및 인식 개선 체계 구축 등이 필요하다. 학대 피해아동을 보호하고 지원하기 위한 방안으로 학대 현장에 출동하는 아동보호전문기관 직원 및 경찰을 대상으로 매뉴얼을 개발하고 사건관리회의 활성화, 영유아 피해아동을 위해 수사재판과정에서 진술조력인의 도움을 받는 등의 지원강화, 피해아동 보호명령 기간의 조정, 영유아 피해아동을 위한 시설 및 전문적 치료 제공, 가정위탁의 적극적인 활용, 학대가정에 대한 사후 모니터링 및 지원강화 등의 보호 체계 개선이 필요하다(김은영 외, 2016). 현 아동학대 보호체계가 기관들 사이의 낮은 수준의 공조와 협력, 아동보호전문기관의 인력 및 예산 부족, 신고의무자와 부모에 대한 교육 미흡, 기관들 사이의 정보공유체계 미흡 등의 문제가 있는 것으로 나타났다(조범근 외, 2017). 이를 개선하기 위해서 하드웨어적으로 지역아동보호전문기관의 예방기능 강화 및 중앙아동보호전문기관의 지원기능을 강화하며 보건복지부 중심의 아동학대 전반의 체계 조성을 제안하고 있다.

또한 소프트웨어적 개선방안으로 부모교육 및 신고자 의무교육을 강화하는 한편 아동보호관련기관 간의 정보공유를 활성화하고 경찰과 아동보호전문기관의 신고 및 조사단계에서의 정보공유시스템 강화가 필요하다. 아동학대범죄 피해아동의 보호를 위한 법적·제도적 보완 방안을 제시한 강동욱(2016)의 연구에서는 아동학대범죄사건 처리절차에 있어서의 개선방안과 함께 피해아동의 보호강화를 제시하였다. 먼저 피해아동의 치료를 위한 전문의료기관의 확충을 제시하였으며 그 외에도 아동학대범죄사건 처리과정에서 피해아동의 필요적 의료검진 및 심리치료 병행과 피해아동 보호를 위한 시설 확장과 다양화, 미시설 점검 강화, 아동보호전문기관 중심의 피해아동 원스톱 지원시스템의 구축, 피해아동 보호를 위한 정책수립 및 관련 예산확보에 관한 법제화 추구 등을 제시하였다. 정웅석 외(2012)는 아동학대사건의 처리 등에 관한 특례법 제정의 필요성을 주장하며 아동학대범죄의 처벌 및 피해아동 보호절차에 관한 특칙을 제시하여 학대피해아동의 보호를 위한 법적 근거를 강화하고 관련 절차와 정책을 마련해야 함을 주장하였다.

지금까지 살펴보았듯이 학대 피해아동에 대한 보호 체계 개선이 무엇보다 필요하다. 피해아동에 대한 보호 체계 개선은 아동학대의 고통 속에 있는 아동을 적극 보호하고 아동학대 문제를 신속하게 해결함으로써 아동과 아동의 가족을 상처에서 벗어나게 하고 회복하게 할 수 있다.

(2) 아동학대 유관기관의 역할 강화

① 경찰의 역할 관련

박혜진(2016)은 아동학대범죄의 구조와 관계성을 고려하여 유관기관의 협업을 통해 아동학대 사건이 외부에서 인지된 순간 바로 유관기관에 해당 사건에 대한 정보가 공유되어 검·경에 의해 학대 가해자에 대한 신분 조회 및 전과 조회가 이루어지고 그의 행동반경을 즉시 포착하여 빠른 검거로 이어질 수 있도록 해야 함을 주장했다. 또한 신고된 아동학대 사건에 대해 경찰이 함께 출동하여 가해자와 피해자의 재빠른 분리 및 보호가 이루어져 가해자에 대한 형사처벌 이전에 피해자 및 관련자들에게 필요한 조치들이 행해질 수 있도록 해야 함을 밝혔다. 아동학대범죄에 대한 경찰의 대응방안을 연구한 이영돈(2016)은 피해아동의 보호와 가해자의 재범 예방 측면에서 경찰의 역할을 강조하며 아동학대가 엄연한 범죄라는 인식의 개선이 필요함을 밝혔다. 또한 아동학대 사건 대응의 전문성을 익히기 위해 피해아동의 특성에 따른 조사 및 면담기법 개발, 교육 등이 시행되어야 하며 경찰과 아동보호전문기관, 지역사회 단체들과 유기적으로 협력해야 함을 제시하였다. 아동학대 대응체계 중에서도 경찰의 현장출동의 문제점과 개선방안에 대해 제시하였다. 과거와는 크게 차별화되어 경찰관의 출동을 의무화하고 학대 전담 경찰관을 배치하여 전담으로 대응하고 있으나 경찰에게 주어진 법적 권한 자체가 미비하며 학대행위자에 대하여 행위 제지나 격리를 할 수 있음에도 불구하고 위반자에 대한 처벌규정이 없어 학대행위자가 무시하는 경우나 위기 상황에서 개입하는 경우 아무런 방법이 없음을 밝혔다. 따라서 출동 경찰관의 법적 권한을 보완하고 경찰의 역할을 명확히 하고 효율적으로 조정해 나가면서 경찰 전담인력을 증원해 나가야 함을 주장했다.

② 아동보호전문기관의 역할 관련

이봉주 외(2015)에서는 아동보호전문기관이 담당하는 서비스는 크게 간접서비스인 사례관리 서비스와 질적 서비스인 심리상담, 가족 보존, 가족 재결합, 심리치료 등이 있다고 하였다. 그리고 아동보호 서비스 체계 개편을 통해 아동보호전문기관이 담당하고 있는 아동학대 사례에 대한 조사와 서비스 기능을 분리할 필요가 있다. 특히 신고사례 증가로 인해 가중된 업무를 원활히 처리할 수 있도록 아동보호전문기관의 예산과 인력을 확충해야 함을 밝혔다. 또한 공공과 민간의 역할을 구분하여 민간에 위탁된 아동보호전문기관이 담당하고 있는 체제의 변화를 주장하였다. 문영희(2011)는 아동학대 방지 및 피해아동보호를 위해 아동보호전문기관 종사자에게 제한적 범위 내에서 강제 조사권을 부여하고 조사자의 보호장치를 마련함과 동시에 조사거부에 대한 제재조치 마련으로 아동학대 발견과 조사가 실효성 있게 이루어져야 함을 주장하였다. 아동보호전문기관의 대폭 확충하고 전문상담원의 수를 늘리며 관리부처 일원화 등을 제시하였다.

③ 기타

아동학대의 예방부터 사후관리까지 체계적으로 대응할 필요가 있다. 이를 위해 서울시 아동학대 예방센터에서 진행하는 것처럼 복지공무원 또는 지방자치단체가 민간 전문기관과 함께 업무를 나누어 행정기관과 민간기관의 역할 분담을 분명하게 하는 등 개선이 필요하다. 박혜진(2016)은 아동학대 사건에 대하여 관련 기관의 유기적인 협력을 강조하였다. 지역사회기관과 사회복지기관 등에서 일시 보호시설이나 아동치료센터를 운영함으로써 피해아동의 심리적 안정과 회복을 도모하고 피해아동이 다니는 보육시설이나 학교 등의 경우 피해아동이 심리치료 등을 받는 동안 학업에 지장을 받지 않도록 보충수업이나 교우관계의 유지 등에 대해 적극적인 지원을 할 수 있어야 한다. 이러한 대응은 아동보호를 위한 사회적 감시망의 확대 효과까지 기대할 수 있을 것이다. 김은영 외(2016)를 비롯한 이봉주 외(2015), 문영희(2011) 등의 연구에서도 공통적으로 유관기관과 다양한 자원의 연계와 협조를 통해 공조 체계를 구축할 것을 주장하였다.

(3) 아동학대 관계법 검토

고경순 외(2016)는 「아동학대처벌법」 개정안을 아동학대 신고의무자 직군 확대, 아동학대 신고의무자의 신고기한 명확화, 아동학대 신고자 보호조치 강화, 신고자 비밀엄수의무 위반에 대한 처벌 강화, 신고자 불이익 조치 금지 및 형사처벌 규정 신설, 고소에 대한 특례를 신설하여 신고의무자뿐만 아니라 일반인들도 적극 신고를 통해 사회감시망이 제대로 가동되는 것을 기대하였다. 강동욱(2014)은 아동학대행위의 처벌 및 이에 관한 법제의 검토 연구에서 아동학대범죄 처벌법과 개정 「아동복지법」을 토대로 아동학대행위자의 형사처벌 관련 법제를 분석 검토하여 학대행위자의 처벌에 있어 피해아동의 보호와 복지에 중점을 두어 보호처분을 형사처벌보다 더 강조하였다. 그리고 형사처벌을 하는 경우 그 대상을 엄격히 제한할 뿐만 아니라 처벌을 신중히 하여 가중처벌 규정의 삭제를 주장하였다. 또한 학대행위자의 특성에 따른 적절한 처우 방안 및 아동학대범죄 처벌법의 보완방안을 제시하였다.

2) 아동학대의 대응체계

김아름 외(2017)는 아동학대의 대응체계에 대한 연구에서 예방 및 발견단계로서 국가와 지방자치단체의 역할, 신고 및 수사단계로서 경찰·검찰·법원의 역할, 예방 및 사후관리 단계로서 아동보호전문기관의 역할을 다음과 같이 제시하였다.

(1) 국가와 지방자치단체의 역할 – 예방 및 발견단계

① 보호조치 및 사후관리

「아동복지법」 제15조 제1항에 의하면 지방자치단체의 장은 관할 구역에서 보호대상아동을 발견하거나 보호자의 의뢰를 받은 경우에는 아동의 최상의 이익을 위하여 필요한 보호조치를 하도록 규정함으로써 지방자치단체 장에게 보호조치에 대한 의무를 부과하고 있다. 또한 보호조치를 함에 있어서 해당 보호대상아동의 의사를 존중하여야 하며 보호자가 있을 때에는 그 의견을 수렴하도록 하여(동법 제4항) 아동의 피해를 최소화하고 조속히 안정될 수 있도록 한다. 또한 지방자치단체의 장은 전담 공무원 등 관계 공무원으로 하여금 보호조치가 종료되면 가정으로 복귀한 보호대상아동의 가정을 방문하여 해당 아동의 복지증진을 위하여 필요한 지도·관리를 제공하게 해야 함으로써(동법 제16조의2) 보호대상아동의 사후관리에도 힘을 기울이도록 규정하고 있다. 다만 실제 이러한 사후관리는 대부분 아동보호전문기관이나 사회복지시설에 위탁되고 있는 것이 현실이다.

② 아동학대의 예방 및 방지

국가와 지방자치단체는 아동학대의 예방과 방지를 위해 이하의 임무를 수행해야 한다. 먼저 아동학대의 예방과 방지를 위한 각종 정책의 수립 및 시행, 아동학대의 예방과 방지를 위한 연구·교육·홍보 및 아동학대 실태조사 실시, 아동학대에 관한 신고체계를 구축 및 운영, 피해아동의 보호와 치료 및 피해아동의 가정에 대한 지원, 아동학대의 예방과 방지를 위한 사항에 관한 조치를 취해야 한다(「아동복지법」 제22조 제1항). 또한 지방자치단체는 아동학대를 예방하고 수시로 신고를 받을 수 있도록 긴급전화를 설치하여야 한다(동법 제22조 제2항). 현재 아동학대범죄에 관한 신고는 경찰의 112시스템으로 통합되어 운영되고 있으나 아동보호전문기관 외에도 소방서 등의 기관으로 직접 신고가 들어오는 경우도 많아 신고체계에 대한 실질적인 일원화의 필요성이 제기되고 있다.

③ 학생 등에 대한 학대 예방 및 지원 등

국가와 지방자치단체는 유아교육법 및 초·중등교육법에 따른 아동과 학생에 대한 아동학대의 조기발견 체계 및 지역아동보호전문기관 등 관련 기관과의 연계체계를 구축해야 한다. 그리고 학대 피해 학생이 유치원 또는 학교에 안정적으로 적응할 수 있도록 지원한다(「아동복지법」 제22조의2 제1항)고 규정하고 있다. 또한 교육부장관은 아동학대의 조기발견과 신속한 보호조치를 위하여 장기 결석 학생 등의 정보 등을 보건복지부장관과 공유하며(동법 제22조의2 제3항), 학교 적응 지원 등 필요한 업무는 교육부장관 또는 지방교육자치에 관한 법률에 따른 교육감이 지정하는 기관에 위탁할 수 있다(동법 제22조의2 제3항). 다만 학교 기관에서 보호자가 가해자인 경우가 많아 학교 등에서는 사실관계의 파악을 위해 현장조사를 실시하는 경우에도 가해자인 학부모의 동의를 구하도록 하는 경우가 발생하고 있어 교육청과 경찰, 아동보호전문기관의 현장조사 인력과의 조사과정에 대한 제도적 개선이 필요하다.

④ 홍보영상의 제작·배포·송출

아동학대범죄에 관하여 보건복지부장관은 아동학대의 예방과 방지, 위반행위자의 계도를 위한 교육 등에 관한 홍보영상을 제작하여 방송법 제2조 제23호의 방송편성 책임자에게 배포하여야 하고(「아동복지법」 제24조 제1항), 비상업적 공익광고 편성 비율의 범위에서 홍보영상을 채널별로 송출하도록 요청할 수 있다(동법 제24조 제2항)고 규정하고 있다. 다만 이러한 홍보는 중앙부처 외에도 실제 각 기관에서 캠페인 활동과 같이 개별적으로 실시하는 경우가 많다.

⑤ 아동학대 신고의무자에 대한 교육과 예방교육의 실시

관계 중앙행정기관의 장은 「아동학대처벌법」 제10조 제2항에 해당하는 사람의 자격 취득 과정이나 보수교육 과정에 아동학대 예방 및 신고의무와 관련된 교육 내용을 포함하도록 해야 하고(「아동복지법」 제26조 제1항) 아동학대 신고의무자에게 본인이 아동학대 신고의무자라는 사실을 고지할 수 있다. 또한 아동학대 예방 및 신고의무와 관련된 교육을 실시할 수 있다(동법 제26조 제2항). 그리고 아동학대 신고의무자가 소속된 기관·시설 등의 장은 소속 아동학대 신고의무자에게 신고의무 교육을 실시하고 그 결과를 관계 중앙행정기관의 장에게 제출하여야 한다(동법 제26조 제3항). 또한 국가기관과 지방자치단체의 장, 해당 공공단체의 장은 아동학대의 예방과 방지를 위해 필요한 교육을 연 1회 이상 실시하고 그 결과를 보건복지부장관에게 제출해야 하며(동법 제26조의2 제1항), 보건복지부장관은 아동학대의 교육을 위한 전문 인력을 양성하고 교육프로그램을 개발·보급하여야 한다(동법 제26조의2 제3항). 다만 신고의무자의 교육에 관한 노력에도 불구하고 현실적으로 적극적인 신고 비율은 아직 높지 않은 것으로 분석된다. 이에 낮은 신고율을 단순한 교육이나 홍보의 부족이라고 간주하기보다는 신고의무자가 안심할 수 있는 보호체계를 구축할 필요가 있다.

(2) 경찰 · 검찰 · 법원의 역할 – 신고 및 수사단계

① 경찰(사법경찰관리)의 역할

경찰과 검찰, 법원은 신고 및 수사단계에서 아동학대 사건과 직접적으로 연관되어 있는데 사법경찰관리는 아동 사망 및 상해사건, 가정폭력 사건 등에 관한 직무를 행하는 경우 아동학대가 있었다고 의심할 만한 사유 발생시 아동보호전문기관에 그 사실을 통보하여야 하며 현장출동과 응급조치, 아동학대행위자에 대한 긴급임시조치, 신속한 사건송치를 해야 한다.

② 검찰과 법원의 역할

검찰은 친권상실청구, 임시조치의 청구 등 아동학대 사건의 처리 등을 해야 한다(김아름 외, 2017). 법원은 형벌과 수강명령 등의 병과, 아동학대행위자에 대한 임시조치 등 보호처분 관련 처리 및 피해아동보호명령 등을 해야 한다.

(3) 아동보호전문기관의 역할 – 예방 및 사후관리 단계

① 피해아동 등에 대한 신분조회 등 조치

아동보호전문기관의 장은 피해아동의 보호와 치료 등을 수행함에 있어서 피해아동과 그 보호자 또는 아동학대행위자에 대한 다음 각 호(「아동복지법」 제22의3)의 조치를 관계 중앙행정기관의 장, 지방자치단체의 장에게 협조 요청할 수 있으며 요청을 받은 중앙행정기관의 장과 해당 지방자치단체의 장은 정당한 사유가 없으면 이에 따라야 한다.

② 사후관리

아동보호전문기관의 장은 아동학대가 종료된 이후에도 가정 방문, 전화상담 등을 통해 아동학대의 재발 여부를 확인할 의무가 법적으로 부여되어 있다(「아동복지법」 제28조 제1항). 또 아동학대가 종료된 이후에도 아동학대의 재발 방지 등을 위하여 필요하다고 인정하는 경우에는 피해아동 및 보호자를 포함한 피해아동의 가족에게 필요한 지원(동법 동조 제2항)과 자문을 제공할 수 있다.

③ 피해아동 및 가족 등에 대한 지원

아동보호전문기관의 장은 아동의 안전 확보와 재학대 방지, 건전한 가정기능의 유지를 위해 피해아동 및 보호자를 포함한 피해아동의 가족에게 상담 및 교육, 의료·심리적 치료 등에 필요한 지원을 제공하도록 규정하고 있다(동법 제29조 제1항). 그리고 필요에 따라 지원을 위해 관계기관에 협조를 요청할 수 있다. 이 경우 아동보호전문기관의 장은 지원 여부의 결정 및 제공 등 모든 과정에서 피해아동의 이익을 가장 먼저 고려하여야 하는 '피해아동의 이익 최우선의 원칙'(동법 동조 제3항)의 적용을 받는다.

④ 아동학대와 관련하여 그 외 아동보호전문기관의 업무

중앙아동보호전문기관과 지역아동보호전문기관은 아동학대 예방과 관련하여 다양한 업무를 수행하고 있다. 연구 및 자료 발간(동법 제46조 제2호), 효율적인 아동학대예방사업을 위한 연계체계 구축(동법 동조 제3호), 아동학대예방사업을 위한 프로그램 개발 및 평가(동법 동조 제4호), 아동보호전문기관 및 학대피해아동쉼터 직원 직무교육, 아동학대예방 관련 교육 및 홍보(동법 동조 제5호), 그 외의 아동학대예방사업과 관련된 업무 등을 수행한다. 또한 지역아동보호전문기관은 아동학대 신고접수, 현장조사 및 응급보호(동법 제2항 제1호), 피해아동과 피해아동의 가족 및 아동학대행위자를 위한 상담・치료 및 교육(동법 동조동항 제3호), 아동학대예방 교육 및 홍보, 피해아동 가정의 사후관리, 자체 사례회의 운영 및 아동학대사례전문위원회의 설치・운영, 그 외의 아동학대예방사업 관련된 업무 등을 수행한다.

⑤ 경찰과의 연계 활동

「아동학대처벌법」 제11조에 따라 아동보호전문기관의 직원은 현장출동을 하는 경우 피해아동에 대한 응급조치(동법 제12조)를 행하는 경우에 독자적으로 혹은 경찰과 동행하여 관련 조치를 취하게 된다. 하지만 실무상 경찰과의 연계 활동에 많은 어려움이 있는 것으로 지적되고 있다.

3) 아동학대 대응체계의 문제점

아동학대 사건이 발생한 경우 「아동복지법」과 「아동학대처벌법」의 적용을 받는다. 두 법의 관계에서는 특별법인 「아동학대처벌법」이 우선적으로 적용된다. 「아동복지법」에서 담지 못한 내용에 관해 「아동학대처벌법」에서 규정함으로써 상호보완적인 관계에 있으며 아동학대범죄의 발생에 대한 대응체계에 관해 함께 규정하고 있다.

하지만 수차례 법이 개정되는 과정에서 많은 법적·제도적 발전이 있었으나 여전히 아동학대 사건의 발생률은 증가추세에 있다. 또한 관계기관 간의 원활하지 못한 협력관계 등 종래 제기된 문제들도 여전히 제기되고 있다(김아름 외, 2017). 「아동복지법」상 나타난 아동학대의 대응체계를 살펴보면 신고(「아동학대처벌법」 제10조), 현장출동 및 현장조사(「아동학대처벌법」 제11조), 피해아동에 대한 응급조치(「아동학대처벌법」 제12조), (긴급)임시조치(「아동학대처벌법」 제13조), 수사 및 사건송치(「아동학대처벌법」 제24조-29조), 보호조치(「아동복지법」 제15조), 사후관리(「아동복지법」 제28조) 및 지원(「아동복지법」 제29조)의 순서로 진행된다(김상용, 2012). 다만 이 과정에서 국가 및 지방자치단체 등의 사회복지기관이 아동학대범죄의 예방단계에서부터 사후관리에 이르기까지 전 영역에 걸쳐 서로 연관되어 있다. 하지만 우리의 현행법 체계의 규정상 이러한 내용이 법 규정에 명확하지 않을 뿐 아니라 하나의 절차에서도 여러 기관이 개입하고 있는 현 제도 속에서 그 책임소재에 관한 문제점들이 다수 제기되고 있다.

제6장

아동학대의 해결 방안

아동학대 피해아동을 보호하고 지원하는 체계는 일련의 전문적이고 제도화된 서비스를 요구한다. 제6장에서는 아동학대 해결 방안으로 학대 피해아동을 위한 지원 체계, 치유 프로그램, 치료 방법 및 방안에 대해 어떤 것들이 있는지 살펴보고자 한다.

아동학대 피해아동을 위한 지원 체계에서는 학대 의심 사례 혹은 피해 사례가 발생하면 관계기관에 신고하는 절차를 안내한다. 서비스 제공 체계인 아동보호전문기관에서는 학대 피해아동을 대상으로 학대의 후유증을 극복할 수 있도록 도와준다. 학대행위자에게는 재학대 발생을 방지하고, 가족의 기능을 강화하기 위해 다양한 서비스를 제공한다. 또한 학대 피해아동을 위한 사후관리는 법적으로 권고하고 있다.

아동학대 치료는 피해아동의 정서적 활동과 사회성 향상을 도모한다. 여기에서는 아동학대와 관련된 부적응적이거나 비합리적(역기능적)인 인지적 사고와 신념을 변화시키는 인지행동치료 프로그램, 비학대적인 양육적 접촉 경험과 파괴적 애착 관계의 교정 및 새로운 애착 관계 형성을 통해 아동에게 안정감과 신뢰감을 주는 놀이치료 프로그램, 학대 아동의 불안한 감정을 언어적으로 표현하기보다 미술 매체를 활용한 비언어적인 경험을 통해 자신감, 협응력, 조절 능력 등을 갖게 되어 자신의 장점과 능력을 발휘할 수 있는 미술치료 프로그램에 대해 자세히 알아보고자 한다.

학대 피해아동의 치료 방법과 방안들은 다양하다. 여기에서 피해아동의 치료 방법에는 피해아동을 부모로부터 격리하여 치료하는 개별 치료와 아동학대의 재발 위험성이 낮아지거나 안정되면 치료를 시작하는 정신치료 방법이 있다. 하지만 부모나 가족의 치료 의지, 자아 기능, 주변 지지, 정신 병리 등 정도에 따라 치료 방법은 달라져야 한다.

학대 피해아동의 치료 방안에는 피해아동 치료를 위한 전략 수립, 위기 개입, 학대 피해아동 부모에 대한 치료 개입 등을 할 수 있는 치료적 측면과 아동학대 예방·치료 사업을 위한 자원 확보, 부모교육 및 아동학대 예방 프로그램 등을 실시하는 예방적 측면이 있다.

아동학대는 아동기에만 한정되어 영향을 끼치는 것이 아니라 성인기의 사회적 기능에도 많은 영향을 미치는 것으로 나타난다. 이러한 점을 감안하면 아동학대를 조기에 차단하고 피해자 구제를 위해 적극적으로 대처할 필요성이 있다.

제6장

아동학대의 해결 방안

학대 피해아동을 보호하고 지원하는 체계는 일련의 전문적이고 제도화된 서비스 제공을 요한다. 본 장에서는 아동학대의 해결 방안으로서 학대 피해아동을 위한 지원 체계에 대하여 신고 체계, 서비스 제공 체계, 사후관리 체계로 구분하여 살펴보고, 신고의무자에 해당되는 자와 신고의무자가 알아야 할 내용에 대하여 살펴보고자 한다. 그리고 학대 피해아동을 위한 정서 놀이치료, 인지행동치료, 미술치료 등 다양한 치유 프로그램을 알아보고, 학대 피해아동의 치료 방법 및 방안에 대하여 살펴보고자 한다.

1. 학대 피해아동의 지원 체계는 어떤 것들이 있을까?

아동보호 체계는 보호를 필요로 하는 아동을 보호하고 지원하는 전달 체계를 의미한다. 아동을 보호하기 위한 일련의 전문적이고 제도화된 서비스 제공을 위한 사회적 체계라고 할 수 있다(김지연 외, 2015). 학대 피해아동을 중심으로 볼 때 피해아동에 대한 체계는 아동학대에 대한 사후 대처와 사전 예방을 위한 사전 체계로 구분된다(김형모, 2016). 이에 학대 피해아동을 위한 지원체계는 신고 발견 체계, 이후 서비스 제공 체계, 사후관리 체계로 구분하여 제시할 수 있다.

1) 학대 피해아동을 위한 지원 체계

(1) 신고 체계

학대 의심 사례 혹은 학대 피해 사례를 발견하여 관계기관에 통보하는 아동보호 체계의 초기 절차는 신고 단계이다. [그림 6-1]은 학대 피해 사례 발견 시 신고체계 및 절차이다.

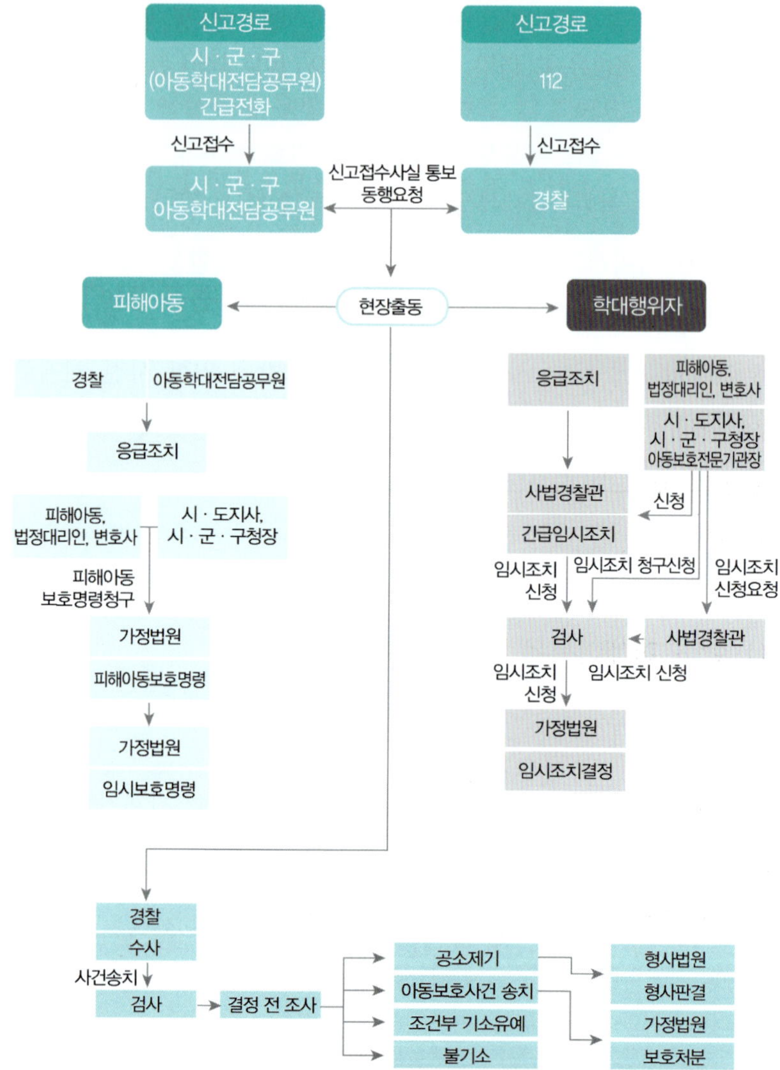

[그림 6-1] 학대 피해 사례 발견 시 신고체계 및 절차

출처: 아동권리보장원(https://www.ncrc.or.kr)

(2) 서비스 제공 체계

서비스 제공을 위해 지역의 아동보호전문기관에서는 응급아동학대 사례 및 학대 의심사례를 대상으로 학대 여부를 판단한다. 사례 판단의 객관성 확보를 위해 현장 조사를 하고 척도 등을 활용하며, 기관 내 사례 회의 및 아동학대 사례 전문위원회를 통해서 학대 사례, 조기 지원 사례, 일반 사례로 나뉜다. 학대 사례는 아동학대로 판단된 사례로서 개입이 필요한 사례이다. 조기 지원 사례는 학대는 아니지만 고위험군으로서 외부 지원이 필요한 사례로 주로 지역의 자원을 연계하여 지원한다. 일반 사례는 현장 조사 결과 학대가 아니라고 판단된 사례를 말한다. 피해아동이 어떠한 조치(또는 서비스)를 필요로 하는지에 대한 판단을 위해서 피해아동, 학대행위자, 생활 환경 등을 종합적으로 파악하여 판단한다(보건복지부, 2020). 어떤 조치를 취할 것인가에 대해서는 피해아동이 발견된 후 아동보호전문기관과 경찰이 협조하여 판단한다. 최초의 조치는 원가정보호, 분리보호, 사망, 가정복귀로 나뉜다. 학대 피해아동 쉼터는 학대행위자로부터 피해아동을 분리하여 안전하게 보호하는 곳이다. 학대행위자에 대한 최종 조치는 지속관찰, 아동과의 분리, 고소·고발, 만나지 못함 등으로 나뉜다. 학대행위자에 대하여 처벌법 시행 이후 「아동학대처벌법」으로 조치된 사례는 4가지 유형인 응급조치, 긴급 임시조치, 임시조치, 피해아동 보호명령으로 나뉜다. 아동보호전문기관은 학대 피해아동을 대상으로 학대의 후유증을 극복할 수 있도록 도우면서 학대행위자에게는 재학대 발생을 방지하고 가족의 기능을 강화하기 위해 다양한 서비스를 제공하고 있다.

(3) 사후관리체계

학대 피해아동을 위한 사후관리는 법적으로 권고하고 있는 사항이다. 「아동복지법」 제28조에 의하면 아동보호전문기관의 장이 아동학대가 종료된 이후에도 가정 방문, 전화 상담 등을 통하여 아동학대의 재발 여부를 확인하도록 하고 있고 필요한 경우에는 피해아동 및 가족에게 지원을 제공하도록 하고 있다.

2) 신고의무자 교육의 정의

(1) 신고의무자

다음 어느 하나에 해당하는 사람은 직무를 수행하면서 아동학대범죄를 알게 된 경우나 그 의심이 있는 경우에는 특별시·광역시·특별자치시·도·특별자치도, 시·군·구 또는 수사기관에 즉시 신고해야 할 의무가 있다(「아동학대범죄의 처벌 등에 관한 특례법」 제10조 제2항).

- 「아동복지법」 제10조의2에 따른 아동권리보장권 및 가정위탁지원센터의 장과 그 종사자
- 아동복지시설의 장과 그 종사자(아동보호전문기관의 장과 그 종사자는 제외)
- 아동복지전담 공무원
- 가정폭력 관련 상담소 및 가정폭력피해자 보호시설의 장과 그 종사자
- 건강가정지원센터의 장과 그 종사자
- 다문화가족지원센터의 장과 그 종사자
- 사회복지 전담 공무원 및 사회복지시설의 장과 그 종사자
- 성매매 피해자 등을 위한 지원시설 및 성매매피해상담소의 장과 그 종사자
- 성폭력피해상담소, 성폭력피해자 보호시설의 장과 그 종사자 및 성폭력피해자 통합지원센터의 장과 그 종사자
- 119구급대의 대원

- 응급의료기관 등에 종사하는 응급구조사
- 육아종합지원센터의 장과 그 종사자 및 어린이집의 원장 등 보육교직원
- 유치원의 장과 그 종사자
- 아동보호전문기관의 장과 그 종사자
- 의료기관의 장과 그 의료기관에 종사하는 의료인 및 의료기사
- 장애인복지시설의 장과 그 종사자로서 시설에서 장애아동에 대한 상담·치료·훈련 또는 요양업무를 수행하는 사람
- 정신건강복지센터, 정신의료기관, 정신요양시설 및 정신재활시설의 장과 그 종사자
- 청소년시설 및 청소년단체의 장과 그 종사자
- 청소년 보호·재활센터의 장과 그 종사자
- 학교의 장과 그 종사자
- 한부모가족복지시설의 장과 그 종사자
- 학원의 운영자·강사·직원 및 교습소의 교습자·직원
- 아이돌보미
- 취약계층 아동에 대한 통합서비스 지원 수행인력
- 입양기관의 장과 그 종사자

(2) 위반 시 제재

신고의무자가 정당한 사유 없이 아동학대를 신고하지 않은 경우에는 1000만 원 이하의 과태료가 부과된다(「아동학대범죄의 처벌 등에 관한 특례법」 제63조 제1항 제2호).

(3) 신고자 등에 대한 불이익조치의 금지

누구든지 아동학대범죄신고자 등에게 아동학대범죄신고 등을 이유로 불이익조치를 해서는 안 된다(「아동학대범죄의 처벌 등에 관한 특례법」 제10조의2).

(4) 아동학대 신고방법

① 신고요령

〈표 6-1〉 아동학대 신고방법

구분	내용
언제	• 아동의 울음소리, 비명, 신음소리가 계속되는 경우 • 아동의 상처에 대한 보호자의 설명이 모순되는 경우 • 계절에 맞지 않거나 깨끗하지 않은 옷을 계속 입고 다니는 경우 • 뚜렷한 이유 없이 지각이나 결석이 잦은 경우 • 나이에 맞지 않는 성적 행동을 보이는 경우
무엇을	• 신고자의 이름, 연락처 • 아동의 이름, 성별, 나이, 주소 • 학대행위자로 의심되는 사람의 이름, 성별, 나이, 주소 • 아동이 위험에 처해 있거나 학대를 받고 있다고 믿는 이유 • 아동이나 학대행위자의 정보를 파악하지 못해도 신고는 가능하며, 가능한 많은 정보를 제공한다.
어떻게	• 전화 : 국번 없이 112 • 모바일 앱 : 아이지킴콜 (App Store와 Google Play에서 다운로드) • 방문 : 관할 경찰서, 시·군·구 • 신고자의 신분은 「아동학대범죄의 처벌 등에 관한 특례법」 제10조, 제62조에 의해 보장된다.

출처: 아동권리보장원.

② 신고 후 아동을 대하는 태도

신고 전과 동일한 태도로 아동을 대하고 아동의 분위기 변화를 파악해야 한다. 신고 후 아동은 학대받은 사건을 생각하며, 자주 우울해하거나 불안해할 수 있기 때문에 아동의 욕구에 민감하게 반응하고, 존중과 이해로 대하도록 노력해야 한다. 아동의 말을 경청하고, 비언어적인 대화에도 반응을 해 주며 학대받은 것이 아동의 잘못이 아님을 확인시켜 주어야 한다.

2. 학대 피해아동의 치유 프로그램에 대해 알아볼까?

국내 아동학대 치료 연구 동향에 관한 분석 결과(2000~2013)를 살펴보면 연구 주제는 심리 정서(25.9%), 사회성(25%) 등이 높은 비중을 차지하고 있다. 치료 방법으로서는 미술치료(43.3%)를 가장 많이 활용하고 있으며 주요 치료적 요소로는 정서적 요소(53.4%)와 사회적 요소(25.4%)가 많다(강유리, 2014). 아동학대 치료는 주로 정서적 활동과 사회성 향상을 위해 활용되고 있다. 그리고 심층 사례관리 전담기관으로서 아동보호전문기관은 거점 내 심리치료센터를 운영하여 피해아동의 정서 놀이치료, 인지행동치료, 미술치료 등을 제공하고 있다.

1) 인지행동치료 프로그램

(1) 인지행동치료 목표

인지행동치료의 목표는 아동학대와 관련한 부적응적이거나 비합리적인(역기능적인) 인지적 사고와 신념을 변화시키는 데 있다. 이러한 구체적인 치료 목표는 다음과 같다.

① 학대아동의 자기 및 대인 지각 관련 부적응적 사고와 신념을 적응적 대안으로 변화시킨다. 학대 사건의 기억을 수용·통합하여 삶에 대한 새로운 이야기 또는 관점을 가질 수 있도록 한다.

② 학대아동의 우울과 거절, 불안 등 부정적 정서를 감소시킨다.

③ 학대아동의 의사소통 기술 증진을 통해 사회적 관계를 개선시킨다.

(2) 인지행동치료 프로그램 내용

인지행동치료 프로그램의 내용은 도입·전개·종결의 과정으로 구성되어 있으며 구체적인 내용은 다음과 같다.

① **도입단계:** 프로그램 소개 및 친밀감 형성을 위한 활동
② **전개단계:** 외상 사건에 대한 문제의 외재화, 자신의 과거부터 현재까지의 삶에 대한 이야기 쓰기, 대안적 이야기 확장을 위한 예외적 상황 찾기, 새로운 내러티브의 재구성
③ **종결단계:** 새로운 이야기에 대한 선포

(3) 인지행동치료 프로그램 진행 방법

① 사전·사후 검사평가로 자기지각, 정서적·사회관계적 부적응적 사고와 적응적 사고의 신념 변화의 차이를 알아볼 수 있도록 한다.
② 실시방법으로는 주 1회 10회기로 진행한다.

〈표 6-2〉 인지행동치료 프로그램

단계	회기	구성요인	프로그램 내용
도입	1	이완 훈련	• 프로그램 OT / 자기소개 (별칭 정하기) • 이완훈련 (호흡 이완) 심상 촛불 끄기
	2	이완훈련/이야기 노출	• 긴장 이완 훈련 (점진적 근육 이완) • 이야기 카드를 활용: 아동기 기억 회상 • 인생선(Life line)을 활용한 이야기 쓰기

전개	3	노출 및 이완 훈련 인지적 재구성(수치심)	• 긴장 이완훈련 (호흡 이완) 심상 촛불 끄기 • 그림을 통한 점진적 노출의 위계 설정 • 부적응적 사고 찾기 / 바꾸기
	4	노출 및 이완 훈련 인지적 재구성(죄책감)	• 긴장 이완훈련(점진적 근육 이완) • 그림을 통한 점진적 노출 위계 설정 • 부적응적 사고 찾기 / 바꾸기
	5	노출 및 이완 훈련 인지적 재구성(친밀감)	
	6	노출 및 이완 훈련 인지적 재구성(신뢰감)	
	7	노출 이완 훈련 이야기를 활용한 인지적 재구성	• 긴장 이완훈련(점진적 근육 이완) • 심상 점진적 노출 방법 훈련 • 성장요인 카드를 활용 · 나의 잠재력 발견하기
	8		
	9	노출 및 이완 훈련 사회적 기술 훈련	• 긴장 이완훈련(점진적 근육 이완) • 심상 점진적 노출 방법 훈련 • 역할극을 통한 사회기술 훈련
종결	10	노출 및 이완훈련 인지행동석 예행연습	• 긴장 이완 훈련 • 심상 점진적 노출 방법 훈련 • 역할극을 통한 인지행동적 예행연습 • 종결 나누기

출처: 김성준(2006). 신체학대를 받은 아동을 위한 개인 인지행동치료 프로그램 재구조화

(4) 학대 피해아동의 인지행동치료 프로그램 효과

학대 피해아동의 치료를 위한 인지행동치료 프로그램을 적용하면 다음과 같은 효과를 기대할 수 있다.

① 긍정적인 자기개념 향상에 효과적이며 인지적 재구성을 통한 자기지각의 적응적 변화에 효과적이다.

② 인지적 재구성을 통해 수치심, 죄책감 등 부정적인 자기지각을 감소시키는 데 효과적이다.

③ 정서적 변화로 우울과 거절, 불안 감소로 타인의 부정적인 평가에 대한 두려움이 감소한다.

④ 자기주장 증진에 초점을 맞추어 상황－사고－감정－행동 패러다임을 이용하여 사회적 기술 훈련과 반복적인 인지 행동적 예행연습이 가능하다.

⑤ 인지적 개입을 통한 사고 및 신념의 변화가 전제될 때 정서 및 행동이 장기적으로 지속될 수 있다.

⑥ 인지행동치료의 회기 진행 구조 특성상 치료 종료 후 문제가 재발할 경우 내담자 스스로 인지행동치료를 적용할 수 있도록 훈련하여 추후 변화 유지에 도움이 된다.

2) 놀이치료 프로그램

(1) 학대 피해아동의 놀이치료 목표

놀이치료 효과를 위해서 가장 중요한 것은 치료자와 아동간의 신뢰 관계라 할 수 있다. Jernberg와 Booth는 치료자와의 일관성 있고 수용할 만한 관계를 통해 성인에 대한 신뢰를 재경험시키는 것이 중요하다고 보았다. Gil 역시 비학대적인 양육적 접촉의 경험과 파괴적 애착관계의 교정 및 새로운 애착관계의 형성을 통해 아동에게 안정감과 신뢰감을 느끼게 하는 것을 치료의 목표로 두고 있다(송영혜 외, 2001 재인용).

(2) 학대 피해아동의 놀이치료 내용

① **초기단계**: 치료자와의 신뢰구축을 통한 친밀한 관계를 형성

② **중기단계**: 부정적인 감정과 경험을 표출하고 정서적 안정

③ **종결단계:** 타인에 관하여 관심을 갖도록 하며 사회적 관계를 긍정적으로 형성

(3) 학대 피해아동의 놀이치료 프로그램 방법

아동에게 있어 놀이가 가장 자연스러운 활동이라고 할 때 학대 아동을 대상으로 하는 가장 효과적인 심리치료는 놀이치료라 할 수 있다. 학대 아동은 일반 아동들과 달리 말보다는 행동을 통해서 자신들의 내적인 감정과 상상력을 표현하기에 학대아동 치료에 있어서 놀이는 유용하다고 할 수 있다. 학대 아동의 놀이치료는 전통적 치료에서 벗어나 주 1회 이루어지던 회기 간격을 단축하는 것도 가능하다.

〈표 6-3〉 학대 피해아동의 애착관계 향상 놀이치료 프로그램

회기	목 표	치료적 요인 (비지시적 아동중심 놀이치료)
1	라포형성/자기노출	• 관계형성 • 부정적 감정 표출
2	라포형성/감정표출	• 관계 형성 • 억압된 감정의 해소 • 환경 통제의 경험
3	라포형성 자기노출/자기인식	• 부정적 감정 표현 • 억압된 감정의 해소 • 자기 재인식
4	라포형성 자기노출/자기인식	• 저항의 극복 요인 • 관계형성
5	자기인식/외상의 재연	• 억압된 감정 해소 • 신뢰감 재형성
6	자기인식	• 양육 욕구 충족
7	신체 및 정서이완	• 애착 형성 요인
8	자기표현	• 관계 요인

9	자기인식/자아강화	• 게임놀이 요인 • 자기 상황 인식
10	외상의 재연/자아감/ 자아감 강화	• 창조적 사고요인 • 억압된 감정의 해소 • 정화 요인
11	외상의 재연/정서 이완/ 통제감 경험	• 부정적 감정 표출 • 정화요인 • 억압된 감정 해소
12	신체 이완	• 신체적 이완 • 감정 표출 • 애착 형성
13	부정적인 감정의 표현	• 부정적 감정의 해소
14	통제감 경험	• 역할극 요인
15	또래와의 상호 놀이	• 관계증진 요인
16	또래와의 상호 놀이	• 관계 증진
17	부모와의 긍정적 관계 경험	• 애착형성 요인 • 관계 증진
18	부모와의 긍정적 관계 경험	• 애착형성 요인 • 관계 증진
19	종결 준비	• 자기 수용 활동 : 자기 인정하기
20	종결	• 자신의 노력을 확인 • 종결과 관련된 감정 표현하기

출처: 정선영(2003). 신체학대를 받은 아동의 놀이치료 사례. 놀이치료연구, 7(1), 91-103.

(4) 학대 피해아동의 놀이치료 프로그램 효과

학대 피해아동의 치료를 위한 놀이치료 프로그램을 적용하면 다음과 같은 효과를 기대할 수 있다.

① 치료자와 친밀하고 신뢰하는 관계를 형성하고 안정적인 장소를 갖게 한다.

② 과거의 두려움을 유발해 장난감과 역동적 놀이 등을 통해 탐색하고 통합시킨다.

③ 부모의 학대 및 또래들의 부정적인 반응으로 낮아진 자아존중감을 향상하고 자아 정체감을 발달시킨다.

④ 또래들과의 관계를 긍정적으로 형성하는 법을 배우며 부적절한 사회적 행동을 줄인다.

⑤ 자신이 바라는 대로 되지 않는 상황에서 부정적인 행동을 줄이고 자신의 의사를 언어로 표현할 수 있다.

3) 미술치료 프로그램

(1) 학대 피해아동의 미술치료 목표

학대아동의 불안한 감정을 언어적으로 표현하기보다 미술 매체를 활용한 비언어적인 미술치료가 효과적이다. 비언어적 표현을 통해 자신감, 협응력, 조절 능력이 생기고 창조의 동기를 갖게 되며, 자신의 장점을 나타낼 수 있는 기회를 갖게 된다. 또한 학대아동은 미술 작품활동을 하면서 카타르시스를 느끼고 자기표현을 확장할 수 있다.

(2) 학대 피해아동의 미술치료 프로그램의 내용

초기 단계는 심리적 안정감을 가지고 자기를 이해할 수 있도록 구성하여 동기부여와 흥미 유발 등 적극성을 유도하기 위해 다양한 매체 정보를 준다.

중기 단계는 학대아동 스스로 회기마다 하고 싶은 활동을 선택하여 과제수행 능력 향상과 집중력 향상으로 자기조절 및 관리 능력의 향상을 목표로 구성한다.

종결 단계는 주도적인 경험을 할 수 있도록 하여 자신을 긍정적으로 인지하고 자신감을 가질 수 있도록 돕는다.

(3) 학대 피해아동의 미술치료 프로그램 방법

① 사전·사후 투사검사 진행 후 주 2회 활동중심 미술치료를 실시한다.

② 동기부여와 매체 활동을 통해 작품을 완성한 후 작품의 제목 정하기와 작품에 대한 설명하기, 그리고 활동하는 동안의 느낌, 기분, 감정을 표현하도록 한다.

③ 완성된 작품에 관한 이야기를 나눌 때는 상담 진행자가 먼저 구체적으로 무엇이 좋았는지 예시를 들어주고 학대 피해아동이 자연스럽게 언어적인 자기표현을 할 수 있도록 돕는다.

〈표 6-4〉 학대 피해아동의 심리적 안정감과 자기효능감 향상 미술치료 프로그램

단계	회기	목 표	활동 주제 및 내용	매 체
사전검사		HTP, KFD 자기효능감 검사, 불안검사		A4, 질문지, 지우개, 연필
초기 / 심리적 안정감	1	친밀감 동기유발 자기이해	그리기 1 자유롭게 자신의 현재 표현	도화지, 사인펜, 색연필, 파스텔
	2		그리기 2 나에게 영향을 주었던 사람	
	3		점토놀이1 기분이 좋을 때, 나빴을 때를 표현하고 자신의 감정 이해	천사점토, 볼클레이, 매직, 1회용 접시
	4		점토놀이2 좋아하는 것, 싫어하는 것 표현 자신의 감정 이해	지점토, 매직
중기 / 자기조절능력	5	과제수행능력 집중력 자기조절능력	만들기 1 긍정적인 자기상-원하는 모습	반가면, 반짝이, 풀, 매직, 볼클레이
	6		만들기 2 바느질 손끝 감각 사용 과제수행능력향상 집중력 향상 성취감 경험	가방 만들기

	7		만들기 3 조각퍼즐－공간감각을 촉진, 이해력, 기억력, 집중력, 과제수행능력 및 문제 해결력	그림 없는 퍼즐판, 색연필, 매직
	8		점토놀이 3 다른 매체 경험을 통해 다른 것에 대한 인식 다양함 경험	지점토, 수채화, 물감, 접시
	9		손 본뜨기－입체 석고붕대를 이용하여 자기 신체에 대한 중요성 인식과 보호 및 성장, 발전 경험	석고붕대, 종이컵, 물, 볼클레이
	10		손 본뜨기－평면 자신의 변화 인지－자기효능감 향상	
	11		종이접기 그리기3 집중력과 응용력을 가질 수 있도록 하고, 나무그림 꾸미기를 통해 과제수행능력 및 자신감 향상을 경험	도화지, 색종이, 사인펜, 색연필
	12		만다라－평면/입체 평면, 입체 만다라를 통해 긍정적 자신을 인지하고 자신감 향상 경험	만다라 모양 종이, 사인펜, 색연필, 매직, 원모양, 하드보드지, 실
후기 / 자신감 향상	13	긍정적인 자기인식 자신감	점토놀이 4 자신이 가지고 싶은 것을 선물하고 자신을 사랑하고 토닥이는 경험	천사점토, 볼클레이, 매직, 접시
	14		파스텔화 매체선택을 통해 자유롭게 감정을 표현하고 이야기 나눔	도화지, 파스텔, 화장지
	15		물감놀이 내면을 마음껏 표현, 지지와 격려를 통해 자신감 경험	도화지, 물감도구, 사인펜, 수채화
사후검사			HTP, KFD 자기효능감 검사, 불안검사	A4, 질문지, 지우개, 연필

출처: 정진숙(2021). 학대경험아동의 불안 감소 및 자기효능감 향상을 위한 활동중심 미술치료 사례연구. 임상미술심리연구, 11(2), 133-155.

(4) 학대 피해아동의 미술치료 프로그램 효과

학대 피해아동의 치료를 위한 미술치료 프로그램을 적용하면 다음과 같은 효과를 기대한다.

① 학대아동은 심리적 안정감을 경험하고 불안을 완화하며 트라우마를 극복하는 데 긍정적인 변화가 된다.

② 긍정적인 자기표현을 촉진 시키고 성취감 및 자신감을 가지는 데 영향을 준다.

③ 관계형성에 긍정적이고 강한 의지가 생기며 자신을 관리하고 통제하는 자기조절 능력이 향상된다.

④ 학대아동의 불안 감소와 자기효능감 향상에 대해 긍정적인 효과가 있다.

3. 학대 피해아동의 치료 방법 및 방안에는 어떤 것들이 있을까?

학대 피해아동의 치료 방법 및 방안들은 다양하게 존재한다. 여기에서는 피해아동의 개별 치료와 정신 치료, 치료 방안으로서 치료적 측면과 예방적 측면으로 나누어 학대 피해아동의 치료 방법을 설명하고자 한다.

1) 학대 피해아동의 치료 방법

학대 피해아동의 치료 방법에는 두 가지로 나누어 생각할 수 있다. 첫 번째로 학대 피해아동의 개별 치료이다. 학대 피해아동이 발생할 경우 부모로부터 격리하여 일시 보호 및 배치가 가장 중요하다. 그러나 학대받은 아동의 정서 및 행동 반응, 문제를 호전시키는 데는 충분하지 않다. 왜냐하면 부모로부터 아동을 격리하여 보호시설에 배치할 경우 부모 혹은 가족과의 이별에서 초래되는 스트레스 가중 및 아동이 보호시설이나 위탁가정을 전전하게 될 우려가 있기 때문이다. 학대 피해아동을 직접 개별 치료하는 것은 매우 중요하지만 개별적인 심리적 접근 및 치료에 대한 자료나 실증적인 보고는 매우 부족하다.

두 번째는 학대 피해아동의 정신치료이다. 학대 피해아동의 정신치료는 아동학대의 재발 위험성이 충분히 적거나 안정되면 치료를 시작하는 것이 타당하다. 학대 피해아동의 정신치료 방법 중 놀이치료 방법이 있다. 놀이치료의 목적은 반복된 학대와 방임에 따라 누적된 스트레스를 극복하고 아동의 심리·사회학적 발달의 왜곡, 지연, 일탈을 교정하거나 예방하는 데 있다. 아동의 연령이 어린 경우 말보다는 행동을 통해 표현하기 때문에 놀이나 그림 등의 매체가 치료에 상당히 유용하다. 언어 표현이 가능한 경우에는 상담 및 정신치료 방법도 있으며 불안, 우울, 행동 문제 등에 대한 약물치료가 필요한 경우도 많다. 특히 약물치료는 감정적인 피해가 심한 초기에 도움이 된다.

또한 가족에 대한 적극적인 치료는 학대 피해아동의 치료와 항상 동반되어야 하며 부모나 가족의 치료 의지, 자아 기능, 주변 지지체계, 정신 병리 정도에 따라 치료 방법도 달라져야 한다.

2) 학대 피해아동의 치료 방안

학대 피해아동의 치료 방안에는 두 가지 측면에서 설명할 수 있다. 첫 번째로 치료적 측면이다. 학대 피해아동의 치료적 측면은 학대 아동 치료를 위한 전략 수립, 위기 개입, 학대 피해아동 부모에 대한 치료 개입을 들 수 있다. 학대 피해아동 치료를 위한 전략 수립은 네 단계로 이루어진다. 제1단계는 사실 수립 단계로 학대 피해아동을 발견하는 단계이다. 제2단계는 치료를 위한 자원 유무를 확인하는 단계이다. 제3단계는 치료를 위한 상담 및 교육 등을 수립하는 계획단계이다. 제4단계는 학대 피해아동에게 적용시키는 실천 단계이다.

학대 피해아동 치료를 위한 위기 개입은 학대 피해아동의 즉각적인 병원 치료뿐만 아니라 필요하다면 피해아동을 일시적으로 부모로부터 격리하여 병원에 입원을 시키는 것을 말한다. 또는 일시적인 위탁가정으로 보냄으로써 피해아동의 정서적인 상태를 안정시켜줄 뿐만 아니라 현실적인 문제, 가정 내의 갈등 등을 해결하도록 도와주는 것을 의미한다.

학대 피해아동 치료를 위한 피해아동 부모에 대한 치료 개입은 피해아동을 집에 머물게 하면서 부모를 치료하는 방법이다. 부모를 치료하면서 피해아동에 대한 과잉기대나 잘못된 생각 대신 아동을 사랑하고 만족감을 얻을 수 있는 방향으로 도움을 주는 것이 목적이다.

두 번째는 예방적 측면이다. 학대 피해아동의 예방적 측면은 아동학대 예방·치료 사업을 위한 자원 확보, 부모교육 및 아동학대

예방 프로그램의 실시이다. 아동학대 예방·치료 사업을 위한 자원 확보를 살펴보면 현행법 범위 내에서는 지역의 상담 센터나 민간기관에서 실시하고 있는 일시보호시설이나 쉼터가 있다. 시설보호와 더불어 지속적인 사회복지사의 개입으로 피해학대 아동 및 부모의 치료와 지지에 각종 자원들을 동원해야 한다. 또한 아동학대의 원인인 가정의 빈곤, 실업, 장애, 질병, 환경, 부모의 통제능력 및 양육기술의 부재 등을 파악하여 적절한 서비스를 제공해야 한다. 특히 아동학대 문제는 어느 한 분야, 어느 한 기관에서 독점할 수 있는 일이 아니며 분야 간, 기관 간 연계가 중요하다. 따라서 보육교사, 초·중등학교 교사, 지역사회복지관, 사회복지사, 사회복지 전문요원 등 여러 분야 전문가들의 역할을 알고 적절히 활용할 수 있어야 한다.

부모교육 프로그램은 부모의 연령, 학력, 직업 등을 고려하여야 한다. 한 예로, 젊은 부모를 위한 프로그램에는 아동 발달단계의 이해와 같은 기본적인 내용과 함께 자기조절 훈련, 부모 역할 훈련 등이 포함되어야 한다. 예를 들어, 다소 연령대가 높은 부모를 위한 프로그램에는 아동을 능동적으로 이해하고 아동과의 의사소통에서는 경직성보다 융통성을 가질 수 있는 세심한 훈련 프로그램이 필요하다. 또한 직업이 있는 부모들을 위해 정보지나 교육책자 등을 가정으로 배송하여 계속적인 관심을 유도하는 것도 필요하다.

아동학대 예방 프로그램은 아동에게 안전한 보호와 정서적 보호를 충족시켜 줄 수 있는 프로그램이어야 한다. 한 예로, 저소득층이 밀집한 지역에서 방과 후 프로그램을 운영하여 아동을 안전하고 건전하게 보호하는 것이 필요하다. 또한 부모가 아동에게 정서적인 보호를 제공할 수 없는 경우 아동과 장기적인 신뢰 관계를 형성할 수 있게 도움을 줄 수 있는 전문가를 활용하여 아동에게 제공함으로써 아동의 정서적 욕구를 충족시켜주는 것도 필요하다.

아동학대는 아동기에만 한정되어 영향을 끼치는 것이 아니라 성인기의 사회적 기능에도 많은 영향을 미치는 것으로 나타난다. 특히 학대를 받고 자란 아이들은 자존감이 낮고, 폭력으로 사회적 관계를 배우며 성장하기 때문에 성인이 되어 자녀나 배우자를 학대하는 경우가 흔하다고 한다. 특히 사회적 낙오로 강력범죄에 연루될 가능성이 높아 해당 가족만이 아닌 일반 시민들도 피해자가 될 수 있다. 이러한 점을 감안하면 아동학대를 조기에 차단하고 피해자 구제를 위해 적극적으로 대처할 필요성이 있다.

제7장

아동학대의 예방 방안

아동학대의 가해자는 대부분 가족으로 가족에 대한 지원 서비스가 필요하다. 지역사회의 다양한 기관과 연계하여 서로 협력하고 조정을 통해 통합적으로 예방책을 간구해야 효과적인 아동학대 예방이 가능할 것이다. 우선적으로 가장 시급한 것은 아동학대에 대한 관련 법규의 개정 및 보완을 통해 아동학대에 대한 철저한 법적 근거를 정비하는 것이다. 또 지속적인 교육과 홍보 등을 병행하여 아동학대 행위자에 대해 실질적인 상담과 치료가 이루어져야 한다.

미국이나 스웨덴 등의 나라에서는 아동보호에 대한 서비스가 1차적으로 가족 중심에서 위험 요소를 해결하고 가족의 역기능적인 역할로 인해 아동의 건강한 발달에 위험이 발생했을 경우 2차적으로 국가에서 책임을 지는 형태이다. 우리나라에서도 다양한 아동학대의 예방프로그램을 통하여 아동학대의 피해와 영향을 회복하는 노력이 필요하다. 예를 들어 예비유아교사 인성교육은 사회관계 증진에 필요한 자기조절, 배려, 공감적 이해, 의사소통 기술을 강화시키며 윤리의식을 가지고 직무수행 능력증진을 위한 책임감, 사명감, 성실한 태도를 기를 기회가 될 것이다.

부모성찰 프로그램, 학대경험 아동의 우울 및 자존감 회복을 위한 행복증진 프로그램, 현실요법을 적용한 집단상담프로그램, 대인관계 증진을 위한 자기표출 훈련 프로그램, 우울과 자아존중감 회복을 위한 미술치료 프로그램, 위기 개입 부모-자녀 인지행동놀이치료 프로그램, 치료놀이에 기반한 모 · 아 애착증진 프로그램, 아동기 성학대 피해 여성의 치료집단 프로그램, 신체적 학대를 받은 아동을 위한 개인인지행동치료 프로그램, 참여 활동을 통한 아동학대 예방교육, 미혼모를 위한 아동학대 프로그램 등이 있다.

다른 나라의 아동학대 예방프로그램을 살펴보면, 미국의 Healthy Start Program(건강한 가족 아메리카 프로그램)은 미혼모를 포함한 아동학대 고위험 가족에게 아기 출생 시부터 3년 동안 제공되는 주정부 중심으로 진행되는 프로그램이다. 이 프로그램은 사전 스크리닝을 통해 고위험 가족을 선별한다는 점, 환경 및 사회적 위험에 중점을 두고 가족이 요구되는 서비스들과 기존 사회적 자원 등을 연계해 주는 역할을 한다.

이외에도 Nurse-Family Partnership Program(미국의 간호사-가족 파트너십 프로그램), Early Intervention Program(조기중재 프로그램 EIP), 가족유지 및 지원서비스 프로그램법(The Family Preservation and Support Services Program Act) 등이 있다. 일본은 아동의 정신건강 증진과 복지를 위한 아동상담소와 복지사무소가 설치되어 있다. 스웨덴은 아동과 청소년을 위해 아동수당, 부모보험보조, 부양대출, 아동연금, 장애아보호수당 등의 직접적인 재정을 지원하고 있다. 영국은 가정에서 적절한 보호를 받지 못하거나 학대 또는 방치된 아동은 지방 당국에 의해 위탁가정이나 시설에서 보호를 받게 된다. 이러한 다른 나라의 아동학대 예방프로그램을 통해 우리나라도 다양한 아동학대 예방프로그램과 지원체계들을 개발하고 구축하여 지속적으로 발전시켜 아동학대 예방을 위해 꾸준히 노력해야 할 것이다.

제7장

아동학대의 예방 방안

최근 아동학대 예방과 학대 피해아동의 지원 체계는 「아동학대처벌법」 개정과 함께 아동학대와 관련한 법제 및 정부의 종합대책안을 통해 많은 부분이 개선되고 있다. 그러나 대부분 아동학대가 발생한 이후를 중심으로 이루어져 왔기 때문에 예방적 기능에서의 법적 근거와 정책 마련에 더욱 집중될 필요가 있다(송수진, 2016). 이 장에서는 아동학대 예방을 위한 가족 내부 측면, 사회적 측면, 제도적 측면의 대처방안과 국내·외의 지원 체계 및 예방프로그램 사례를 중점적으로 살펴보고자 한다.

1. 아동학대의 예방을 위한 대처방안에는 어떤 것들이 있을까?

1) 가족 내부 측면 : 가족지원서비스의 강화

아동학대의 가해자는 대부분 가족이다. 따라서 아동학대가 발생하는 가족을 대상으로 학대재발을 예방하기 위한 다양한 지원 서비스가 필요하다. 왜냐하면 아동학대가 발생한 가족에서는 학대자와 피해아동이 함께 공동으로 생활할 수밖에 없는 환경에 노출되어 있다. 이런 환경에서는 반복적으로 아동학대가 발생할 수밖에 없다. 따라서 아동학대 부모 그리고 가족 구성원들뿐만 아니라 피해아동에 대해 상담 및 치료 프로그램을 통해 가정환경의 개선과 가족 기능을 강화할 수 있는 가족지원서비스를 적극적으로 제공해야 한다. 이를 통해 아동학대를 예방하고 피해아동이 원가정에서 보호될 수 있도록 하는 지원서비스를 강화해야 한다.

가족지원서비스로는 집안일을 돕기 위한 가정봉사서비스, 가정의 스트레스 대처를 위한 상담서비스, 소득지원서비스, 보육 및 방과 후 보육서비스 연계 지원서비스, 가족 구성원들 중 미취업자에 대한 직업훈련과 취업연계서비스 등을 제공할 수가 있다. 이러한 가족지원서비스를 통해 가족구성원들이 자신의 역할과 책임을 다할 수 있는 환경이 이루어진다면 그만큼 아동학대가 예방될 수 있다.

2) 사회적 측면 : 지역사회 네트워크 기관 연계 예방

아동학대 문제는 모든 영역에서 예방 활동이 이루어져야 할 문제이다. 아동학대 예방을 위해서는 지역사회 네트워크 기관을 연계한 예방이 필요하다. 물론 현재 아동보호전문기관이 그 기능을 중점적으로 하고 있지만, 아동보호 전문기관만으로는 한계가 있다. 따라서 지역사회의 다양한 기관과 연계하여 아동학대 예방을 위해 협력하고 예방을 위해 협력하고 조정을 통해 통합적으로 예방책을 강구하고 아동학대 예방을 실행해야 효과적으로 아동학대 예방을 할 수 있다. 아동보호전문기관을 중심으로 각 지역사회 기관들의 특성에 맞게 아동학대 예방을 위한 역할 분담을 통한 활동이 이루어진다면 그만큼 아동학대는 예방될 수 있는 것이다.

3) 제도적 측면

(1) 관련 법규의 개정 및 보완

아동학대에 대한 예방을 위한 가장 시급한 것은 아동학대에 대한 관련 법규의 개정 및 보완을 통해 아동학대에 대한 강력한 법적 근거를 만들 뿐만 아니라 이를 통해 아동학대에 따른 철저한 처벌이 이루어질 수 있도록 해야 한다.

이를 위해서 먼저 피해아동을 격리 보호 조치할 수 있는 법적 강제 조항이 보완되어야 한다. 대부분의 아동학대가 가정에서 이루어짐으로 인해 아동이 지속적으로 아동학대를 당하고 있음에도 불구하고 피해아동을 법에 따라 강제 격리 보호조치를 할 수 없는 상황에 놓여 있다. 즉 부모인 학대행위자의 의사에 반한 격리 보호 또는 격리보호 이후 부모의 아동 귀가 요구 등이 발생했을 경우 법적대응 수단이 없는 것이 현실이다. 그뿐만 아니라 학대 피해자 부모의 친권을 상실시킬 수 있도록 「아동복지법」 제12조에 법적 근거를 제시하고 있음에도 불구하고 그 실효성이 거의 없어 아동을 안전하게 보호하는 데 한계가 있다. 따라서 학대행위자의 부모의 친권 일시 정지 및 제한에 대한 보다 구체적인 법적 근거가 마련되어야 한다.

또한 아동학대의 재발을 방지하기 위해서는 학대행위자 부모의 양육태도 변화를 위한 치료가 우선시 되어야 한다. 하지만 현재 아동학대를 하는 부모에 대해서 강제로 교육이나 상담에 참여하도록 하는 데 어려움이 있다. 따라서 학대행위자가 반드시 치료 및 상담에 강제적으로 참여할 수 있도록 법적인 근거를 마련해야 한다.

(2) 지속적인 예방 교육 및 홍보

아동학대를 예방하기 위해서는 무엇보다도 모든 연령과 신분을 대상으로 지속적인 교육과 홍보가 이루어져야 한다. 특히 양육자에 대한 교육이 우선시 되어야 한다. 왜냐하면 대부분의 아동학대가 양육자와 가족 중심으로 이루어지기 때문에 양육자가 아동학대에 대한 분명한 의식을 가지게 된다면 그만큼 아동학대를 예방할 수가 있다. 아동학대 예방 교육은 아동기부터 성장단계에 따라 계속 이루어져야 한다. 아동기부터 아동학대가 무서운 범죄임을 교육함으로써 아동이 성장하는 과정에서 또 다른 아동학대자가 되지 않도록 해야 한다.

지속적인 아동학대예방 교육을 통해 아동학대에 대한 국민의 인식이 조금씩 개선되고 있다. 그럼에도 불구하고 우리나라 국민의 인식개선 수준은 아직 선진국의 수준에 비해 미흡하다. 따라서 국가와 지방자치단체는 현행 「아동복지법」 제23조에 따른 아동학대에 대한 교육과 홍보를 강화해 나가야 한다. 특히 아동학대의 현장을 누구보다도 잘 발견할 수 있는 신고 의무자에 대한 교육을 형식적인 교육으로 끝낼 것이 아니라 현실적인 대안을 제시하는 교육으로 이루어져야 한다.

(3) 아동학대행위자에 대한 상담과 치료 강화

아동학대가 발생하지 않도록 하기 위해서는 아동학대행위자에 대해 상담과 치료를 강화해야 한다. 왜냐하면 아동학대는 행위자의 특성에 따라 반복되고 있을 뿐만 아니라 자신이 아동을 학대하는 행위가 범죄인 사실을 모르고 이루어지는 경우도 많기 때문이다. 따라서 아동학대자의 개인적 특성, 아동학대 유형, 학대 정도에 따라 상담을 통해 아동학대자 자신의 행위가 개선되어야 한다.

또한 아동학대행위자는 대부분 지속적이고 반복적인 행위로 이루어지는 경우가 있으므로 아동학대가 재발하지 않도록 하기 위해서는 다양한 프로그램과 치료 기법을 동원하여 더 이상 아동학대자가 발생하지 않도록 하는 것 또한 필요하다.

2. 아동학대의 예방 지원 체계 구축 사례에는 어떤 것이 있을까?

1) 국내

아동보호 사후 대책과 더불어 예방대책은 더욱 중요하다. 아동이 학대 피해자로 발견되어 신고 될 때까지 아동은 고통 속에서 누구의 관심도 받지 못하고 있다가 학대로 발견되었을 때는 이미 심각한 손상을 입었거나 사망한 이후가 되는 경우가 많다. 가해자에 대한 적절한 법적 책임과 함께 정부와 지역사회는 아동학대를 사전에 차단할 수 있도록 관심을 가져야 한다(이창수 외, 2021).

2020년 10월 아동학대 조사업무를 시군구 아동학대 전담 공무원들이 담당하고 민간 아동보호 전문기관은 학대 피해아동 사례관리에 집중하도록 하였다. 하지만 대응인력의 전문성과 협업 노력의 부족 등으로 대응체계가 제대로 이루어지지 못한 상태에서 정부는 2021년 '아동학대 대응체계 강화방안'을 마련하여 발표하였다(보건복지부, 2021).

(1) 초기 대응의 전문성과 이행력 강화

아동학대 대응 전문인력인 경찰, 아동학대전담공무원, 전담검사, 권역별 대응인력 등을 대상으로 공동업무수행지침을 마련하고 전문교육을 실시하여 현장 대응인력의 전문성을 강화하고 있다. 또한 아동학대 전담공무원의 경우 24시간 신고접수와 조사업무를 수행하는 등 업무 부담이 크고 현재로서는 전담 공무원 인력이 부족하기에 아동학대 전담공무원을 추가 배치하고 아동학대 발생할 때 사건조사를 위해 이동 가능한 조사 차량 및 아동학대 대응 업무에 필요한 필수 경비 항목 편성 등 업무 여건을 개선하기 위한 노력이 이루어지고 있다. 또한 시・도 경찰청은 '아동학대 특별수사팀'에서 중요사건을 전담 수사하고 아동학대 발생 현장 출입 범위 확대 및 현장 조사 거부 가정에 대한 과태료 부과 등 아동학대 대응인력에 적극적인 권한을 부여하고 관련 예산을 편성하여 아동학대가 발생할 때 대응인력의 기능을 더욱 강화시키고 있다. 무엇보다 아동학대의 경우 초기 대응이 중요하므로 대응인력 협업체계가 중요하다. 위기 아동 발생시 지자체, 법원이나 경찰서, 어린이집과 학교, 아동보호 전문기관, 청소년상담복지센터 등 학대피해아동에 대한 정보공유 및 협업체제를 이루어 이행력을 강화하여야 한다.

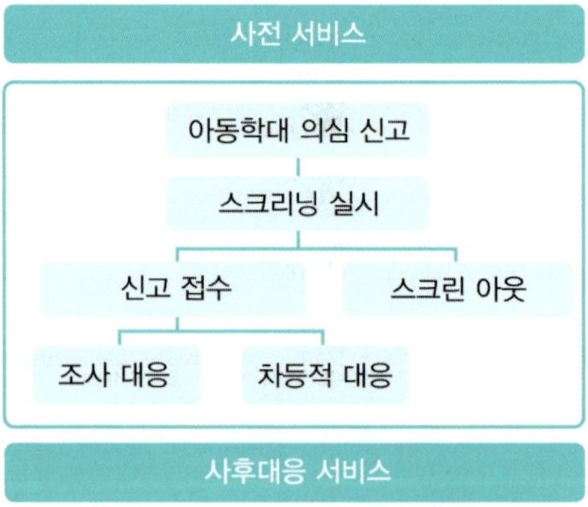

[그림 7-1] 위기 아동 정보공유 협업체계

출처: 보건복지부(2021). 아동학대 대응체계 강화방안.

(2) 즉각 분리제도 시행

학대 피해아동을 위한 '학대 피해아동쉼터'가 2020년 76개소에서 2021년도 105개소로 확충되었고 특히 0세~2세까지의 학대 피해 영아의 경우 전문적인 위기 아동보호 가정의 보살핌이 필요하기에 정부는 2021년 8월 기준 113개 가정을 선정하여 즉각 분리제도를 시행하고 있다. 또한 피해아동의 즉각 분리와 보호 상황을 관리하기 위해 중앙－시도－시군구 간 학대 피해아동보호 상황관리 체계 운영과 지속적인 모니터링을 통해 즉각 분리 지침 준수 여부를 점검하고 전문가 자문을 통한 기관 현장 방문 교육을 진행하고 있다. 피해아동의 경우 즉각 분리 조치 시 아동의 의사를 확인하고 존중하여 아동의 의사를 반영하고 시·도별 거점 아동보호전문기관에서는 피해아동에 대한 심리치료를 진행하여 피해아동을 분리 후 심리회복 등을 지원한다. 현재는 아동복지시설 등에 중장기 보호조치 후 원가정으로 복귀한 경우에만 가정복귀프로그램이 의무화되어 운영하고 있다. 즉각 분리 후 원가정으로 복귀한 경우에도 가정복귀프로그램을 의무화함으로써 가족에 의한 재학대 예방을 위한 노력이 필요하다.

> ■ **피해아동 즉각 분리 및 심리회복 등 지원**
> 피해아동 즉각 분리할 때 아동 의사 확인 → 서면동의 이후 보호인도 → 분리 후 피해아동 상담 및 심리검사, 건강검진 신속 실시 → 보호 시설 관련 정보 및 조사 절차 적극 안내

(3) 위기 아동 조기발견 및 아동학대에 대한 인식개선

학교 기관에서는 초등학교 예비 소집과 가정방문 등을 통해 아동의 소재와 안전을 확인하고 미확인된 아동에 대해서는 경찰 수사를 의뢰하여야 한다. 현재 지자체에서는 영유아 예방접종과 정기적인 건강검진 미실시 아동을 확인하고 사회보장 서비스 정보와 연계하여 저소득층 가정을 상시 방문하여 아동의 안전을 확인하고 아동학대 위기 아동 조기발굴 시 조속한 초기상담과 위기아동지원 서비스를 지원하고 있다. 아동학대는 한 개인 또는 한 가정만의 문제가 아니라 지역사회가 함께 책임져야 할 사회문제라는 관점을 가져야 한다. 아동학대로 인한 사망사건과 같은 문제가 발생한 사후에 정부의 긴급대책과 사회적 관심보다 아동학대가 심각해지기 전에 지역사회와 국민 모두가 아동의 인권보호를 위해 무엇을 해야 할지 관심을 갖고 개입하여 아동학대에 대한 인식개선과 아동학대 예방을 위한 노력을 기울일 필요가 있다.

2) 국외

외국의 아동학대 피해아동 지원체계를 살펴보기 위하여 미국, 일본, 스웨덴의 사례를 소개하고 우리나라에 주는 시사점을 찾고자 한다(김미숙 외, 2016).

(1) 미국의 학대 피해아동 지원체계

미국의 아동보호 서비스는 1차적으로는 가족 중심에서 위험 요소를 해결하고 가족의 역기능적인 역할로 인해 아동의 건강한 발달에 위험이 발생했을 경우 2차적으로 국가에서 책임을 지는 형태라고 할 수 있다. 미국에서의 아동학대 피해는 유아기에서부터 정신적·심리적 환경을 고려한 조기 개입과 예방이 잘 이루어진다. 미국에서는 아동학대를 방지하기 위해 지역사회 차원 예방프로그램과 아동보호전문기관이 개입하고 있다. 미국의 경우 학대 피해아동이 원가정으로 복귀하기가 어려운 경우까지를 고려한 전방위적인 아동보호 체계를 잘 갖추고 있다. 미국에서는 학대피해아동의 심리적·정서적·육체적 성장 및 발달에 있어서 국가와 민간이 유기적으로 함께 아동보호 서비스를 제공한다. 미국 사례에서는 지역사회 내 학대 피해아동 예방 관련 체계와 아동학대에 대한 사후대응체계, 학대 피해아동에 대한 양육을 중심으로 살펴보고자 한다.

미국은 1974년에 연방정부가 아동학대 예방 및 치료법을 제정한 이후 미국의 모든 주에서 신고법을 통해 아동학대 신고 의무자를 규정함에 따라 24시간 핫라인을 개설하여 신고에 대응할 체계를 갖추었다.

미국에서 아동학대 문제에 대한 개입과정으로는 신고, 조사, 개입, 사후관리서비스로 체계적인 과정을 거치게 된다. 일반적으로 학대의 발견으로부터 24~48시간 내에 조사를 하도록 되어 있는데, 위급한 상황이 아닐 경우에는 4~10일 사이에 조사를 하게 된다. 또한 신고접수 후에는 아동보호 서비스 사회복지사가 30~90일 이내에 조사에 대한 결과와 보호조치에 대한 계획을 보고 하도록 되어 있다. 다만 위급한 상황일 경우에는 부모로부터 아동을 분리시킨 뒤 조사를 진행할 수 있다(전영실, 2000).

신고와 조사 절차가 이루어진 뒤 아동학대와 방임에 대한 개입으로 지속적 아동보호 서비스, 집중적 가족보존(family preservation) 서비스, 가정 외 보호(out-of-home care)로의 배치(placement) 중에서 결정하게 된다(오정수, 이혜원, 정익중, 2006). 이와 같이 아동학대 문제에 대한 개입으로 배치는 일차적으로 가족보존 원칙에 따라 아동을 원가정에 복귀시키고자 한다. 하지만 원가정에 복귀할 수 없는 경우에는 부모의 친권을 박탈하고 아동을 영구적 가정에 입양 보내게 되는 영구적 배치를 하게 되는 경우도 있다. 마지막으로 사후관리 서비스는 크게 재결합(Reunification), 후견인 보호(Guardianship/Kinship-care), 독립생활(Independent Living), 입양으로 아동에게 가장 적합한 서비스를 유형별로 시행할 수 있다(박명숙, 2006).

미국 아동학대의 사전·사후 대응체계에서 아동학대 접수 및 처리 과정을 살펴보면 아동학대 또는 방임을 한 가족의 경우 다음의 주요 3가지 체계를 통해 법적인 규제를 한다(Abrams & Ramsey, 2007). 첫째, 아동학대와 방임을 한 부모는 형사법에 의해 기소된다. 둘째, 아동방임이 발생할 수 있는 연구과거력이 있는 빈곤가정에서는 복지 체계를 통해 개입을 한다. 셋째, 현재 복지 체계에서는 정부가 관리 감독과 지원을 하며 가정생활을 규제한다. 아동이 위급한 상황에 있거나 부모가 아동보호의 목적으로 사회 서비스 기관과 적절하게 협조할 의지가 없는 경우 법정 행위가 고려된다.

다음으로 미국의 아동학대 서비스 체계는 [그림 7-2]와 같다(HHS, ACF, ACYF, & Children's Bureau, 2016). 아동학대로 신고된 경우 각 지역의 아동보호전문기관(CPS)에서 접수한다. 이 기관에서는 곧 스크리닝(screening, 여과)을 실시하는데 CPS 기관의 기준에 맞는 경우 스크린인(screened-in, 여과-통과) 하며, 그렇지 않은 경우 스크린아웃(screened-out, 여과-배제) 한다.

스크린아웃(screened-out)의 경우는 대체로 (1) 신고된 내용이 아동학대 및 방임에 관련되어 있지 않은 경우, (2) CPS가 대응해야 한다고 판단할 만한 충분한 정보가 없는 경우, (3) 다른 기관의 대응이 더 적절한 경우, (4) 의뢰된 아동이 다른 기관이나 관할에 속한 경우, (5) 의뢰된 아동이 18세 이상인 경우이다.

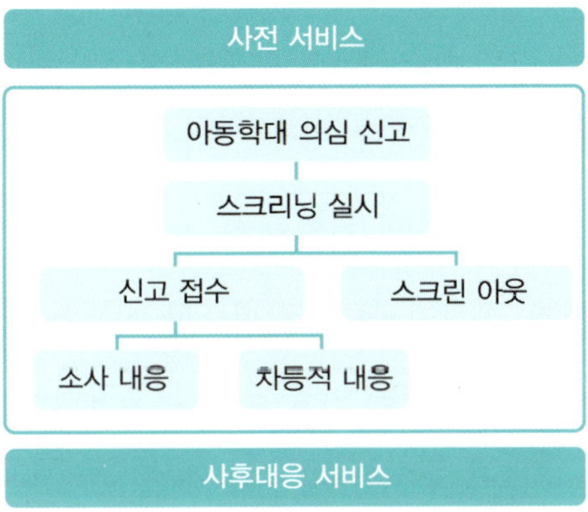

[그림 7-2] 아동학대 접수 과정

출처: 보건복지부(2021). 아동학대 대응체계 강화방안.

스크린인(screened-in) 한 경우에는 현장 조사를 받거나 대안적 응답(alternative response)을 받게 된다. 현장 조사는 아동이 학대받은 경험이나 학대받을 가능성이 있는지, 서비스의 필요 여부와 필요한 서비스의 종류가 무엇인지를 확인하기 위해 실시한다. 조사를 한 후에는 사례 판정이 이루어지는데 주로 학대 판정(substantiated) 혹은 미판정(unsubstantiated)으로 나뉜다. 각각의 처분은 주의 지침에 따르며 CPS 기관이 학대 사례로 보고된 아동들을 어떤 방식으로 보호할지에 영향을 미친다.

차등적 대응은 다중적 대응 방식을 취한다. 차등적 대응에서는 조사 개입 대응을 유지하되 조사 개입이 필요 없는 경우 새로운 대응 방식을 택할 수 있다. 아동학대가 신고된 건들 중에 아동학대의 위험이 크지 않은 수준의 가정은 가족 사정 대응을 제공하고 그들에게 맞는 맞춤형 서비스를 제공한다.

피해아동에 대한 대안 양육으로 병행서비스, 전문 가정 위탁서비스가 있다. 전문 가정위탁은 치료상 가정위탁이라 불리고 아동이나 청소년을 양육하고 안전을 제공하기 위해서 제공된다. 전문 가정위탁은 전형적인 가정위탁보다 비용－효율 측면에서 긍정적이다.

(2) 일본의 학대 피해아동 지원체계

요보호아동이란 사회적 양육이 필요한 아동을 말하며 「아동복지법」에서는 「보호자가 없는 아동 또는 보호자에게 양육을 맡기는 것이 적합하지 않다고 인정되는 아동」으로 정의되고 있다. 구체적으로는 보호자가 사망하거나 행방불명, 구류, 질병 요양, 경제적 이유로 인한 양육 곤란, 아동을 학대하는 경우 등이 해당된다.

아동은 가정에서 보호자의 애정으로 양육되는 것이 바람직하나 아동 중에는 보호자가 없거나 보호자가 있어도 양육할 능력이 되지 않는 이유로 가정에서 양육이 곤란한 경우가 있다. 이러한 아동에게 필요한 것은 건강하게 자랄 수 있는 환경을 제공하는 것과 앞으로 자립할 수 있도록 지원하는 것이다. 이러한 방법으로는 보육원, 아동 양육 및 보호 시설 등에 입소 조치를 하는 것, 양부모에게 위탁하는 방법 등이 있다.

보육원은 보호를 요하는 영아(만 1세 미만)의 양육을 목적으로 하는 시설이다. 2004년 「아동복지법」 개정으로 인하여 질병이나 장애가 있는 아동으로 보육원에서 양육하는 것이 적절하다고 판단되는 경우 등 보건상의 이유로 특별하게 필요한 경우에는 유아를 대상으로 할 수도 있다.

수양부모란 보호자가 없는 아동이나 보호자에게 양육을 맡기는 것이 적합하지 않다고 인정되는 아동의 양육을 희망하는 자로 도도부현 지사가 적절하다고 인정하는 자를 말한다. 아동상담소는 수양부모 양육이 필요하다고 인정한 아동을 수양부모에게 위탁할 수 있다. 수양부모제도는 가정에서 양육이 힘든 아이에 대하여 따뜻한 애정과 올바른 이해를 가진 가정환경을 보장함으로써 건전한 육성을 도모하는 것을 목적으로 하는 제도이며 아동복지시설과 더불어 중요한 역할을 담당하고 있다.

학대의 주된 행위자는 아동의 친권을 가진 부모이다. 그렇다고 해서 그 해결 방법이 부모와 아동을 분리시키는 것만이 능사가 아니고 아동이 부모의 밑에서 양육되는 것이 가장 바람직하기 때문에 가능한 부모 밑에서 양육될 수 있게 하는 것이 중요할 것이다. 그러한 의미에서 학대 재발을 방지하고 부모를 교화시키는 교육 프로그램 시행이 무엇보다 필요하지만 일본에서는 이러한 내용이 법제화되어 있지 않은 상태이다. 그러나 민간에서는 부모 교육 프로그램을 실시하는 움직임을 보이고 있는데, 그중 '나의 나무 부모 교육 프로그램(My Tree Parents Program)'이 있다. 이 프로그램의 특징은 다음과 같다. 첫째, 대상자와 목적을 명확히 하고 있다. 둘째, 철저한 존중과 역량 강화를 기반으로 그룹의 역동을 활용하고 있다. 셋째, 전체적 관점으로 접근하고 있다. 넷째, 심리 교육적 접근을 한다. 다섯째, 세세한 슈퍼비전과 실천자 간의 철저한 회고에 의한 '나의 나무'의 중재자 기술, 코멘트를 제공한다. 여섯째, 지역의 관민 관계기관과의 밀접한 연계 속에서 실시한다. 마지막으로 아동관, 젠더관, 가정폭력, 성별 역할 분담 등의 관점을 바탕으로 하고 있다(김미숙 외, 2016).

(3) 스웨덴의 학대 피해아동 지원체계

스웨덴에서는 1970년대 이후로 교육 목적의 신체적 체벌이 금지되어 있다. 이러한 법 제정은 실천적인 활동들과 맞물려 부모로부터의 폭력에 노출되어 있는 아동의 수를 유의미하게 감소시켰다. 아동학대에 관한 스웨덴의 정책은 매우 성공적이었다고 볼 수 있다. 2010년에는 아동학대와 방임에 대한 예방 개입을 통합적으로 담은 '아동권리 강화 전략'을 공고히 하였다. 이 전략에서는 법 제정, 경제적 지원, 상담 등 여러 가지 다양한 방법을 포함하고 있다. 아동의 상황과 복지에 통합적 정치적 접근 방법을 적용하고자 하는 시도가 스웨덴의 새로운 시행 방침이다. 스웨덴의 복지 시스템은 국가와 지방의 책임 분배에 기초하고 있다. 국가는 아동학대와 방임에 대한 보호와 예방 개입의 목표를 제정 및 수립하고 지방 정부에서는 의료적 개입 등 전문적인 서비스를 제공하고 지역 활동의 개발을 지원한다.

스웨덴 아동복지 시스템은 예방적이고 조기개입을 강조하는 통합적 시각에 입각해 수립되어 있으며 이는 영국의 연속적인 서비스 바람막이 모델을 바탕으로 [그림 7-3]과 같이 도식화된다.

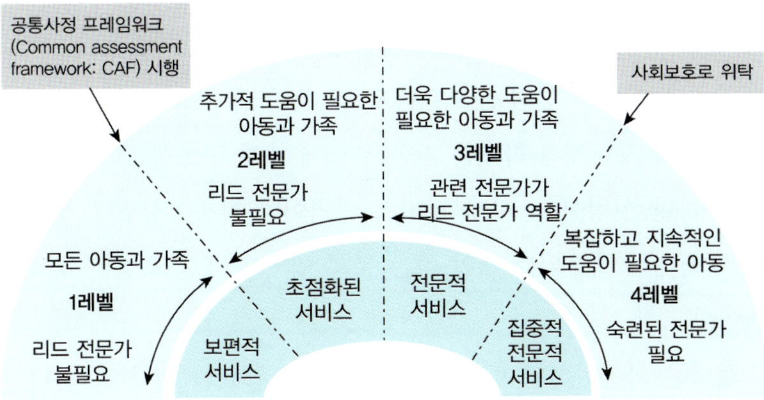

[그림 7-3] 스웨덴 복지의 연속적인 서비스 바람막이 모델

출처: 김미숙 외(2016). 아동학대 피해아동 지원 체계 구축방안 연구. 한국보건사회연구원.

스웨덴에서는 국가와 주정부, 지방자치단체가 모두 예방적 관점에서 모든 아동과 청년들에게 그들이 필요로 하는 지원과 서비스를 제공할 수 있는 구조를 구축하는 것에 상당한 의욕을 가지고 있다. 제정법으로는 사회 서비스법, 학교법, 보건 의료 서비스 관련법 등이 있으며 국가 전략으로는 아동권리 강화를 위한 전략, 부모 지원 강화를 위한 전략, 협력을 위한 전략 등이 있다. 학대나 방임에 노출된 적이 있거나 노출된 위기에 처해 있는 아동은 사회 서비스 영역에서 책임지고 있으며 아동을 대면하는 모든 사회 서비스 종사자는 매우 폭넓은 의미에서 보고 의무를 가진다. 아동학대 의심 사례는 조사, 사정, 조치의 의무가 있는 지방자치단체의 사회복지국에 보고되어야 하며 경찰과 사법기관은 아동에 대한 범죄 조사와 가해자에 대한 법적 절차의 의무가 있다.

사회 서비스는 학대나 방임이 발생했을 때 제공할 수 있는 다양한 개입 방안을 가지고 있다. 첫 번째 단계에서 다양한 종류의 가족 개입이 제공된다. 대부분의 경우에 사회 서비스 기관은 이러한 개입을 제공하는 인력을 보유하고 있다. 한편 부모로부터 학대받은 아동과 자녀에게 학대를 가한 부모에 대한 구조화된 치료 방법은 부족한 실정이다. 사회 서비스 영역이나 아동 · 청소년 정신상담 영역에서 제공되는 개입 들은 문제 영역에 대한 초점이 부족한 편이다.

협력은 아동학대와 방임에 관련된 가장 중요한 전략 중 하나이다. 협력을 통해 가족에게 필요한 서비스와 성공적 개입을 제공한 우수 사례들은 전통적 조직 경계와는 상반되게 아동의 욕구에 초점을 맞추고 다양한 직종의 협력에 바탕을 두고 있다. 운영 차원에서는 사법 영역에서 사회 서비스 영역에 다른 기관들과의 연계를 시작하기 위해 필요한 요구 사항들을 설정한다.

아동 · 청소년 사례를 다루는 종사자들은 필요한 추가적인 훈련을 완료해야 하며 사회복지사로 최소 1년 이상 근무한 경력이 있어야 한다고 보건복지국에서는 안내한다. 훈련된 사회복지사 교육은 7학기이며 첫 번째 학기 동안 아동 관점과 아동 관련 조약에 대한 소개를 배운다. 방임아동에 대한 지식 이전 과정에 걸쳐 통합되어 있으며 두 번째 학기에는 관련 법령들에 대해 배우고 마지막 학기에는 아동 및 학대와 관련된 선택 과정이 있다.

(4) 시사점

외국의 아동학대 피해아동 지원체계를 바탕으로 우리나라에 적용 가능한 시사점은 다음과 같다.

첫째, 지역사회 기반 서비스의 질적 제고와 기관 연계가 필요하다. 넓은 범위의 지역사회 기반 예방 프로그램은 공공기관 프로그램과 함께 진행되어야 하며, 건강 보호 요소를 모두 고려해야 한다(Dodge & Coleman, 2009). 학대 피해아동은 신체적·정서적인 피해까지 발생 될 수 있으므로 다양한 기관의 협조가 필요하며, 지역사회 자원을 유기적으로 활용할 수 있도록 지역사회 기관의 연계가 필수적으로 구축되어야 한다.

둘째, 아동학대 저위험군과 고위험군 대상 예방적 접근방식인 차등적 대응 도입이 필요하다. 일반 가정을 포함한 빈곤가족, 한부모, 정신건강 문제가 있는 가정 등 학대 발생 가능성이 높은 가정과 낮은 가정의 집단을 구분한 예방적 접근방식 강화가 필요할 것이다.

셋째, 가정위탁부모의 전문성 강화를 위한 훈련 및 교육이 필요하다. 미국에서는 부모의 알코올 중독에 의한 학대 및 방임이 발생했을 시 아동의 안전을 위해서 부모를 아동으로부터 분리시킨다. 가정위탁아동은 가정으로부터 분리되면서 심리 정서 적응 문제와 때에 따라서 여러 차례의 배치를 경험하면서 전학과 학교생활 적응의 어려움을 경험할 수 있다(Crosson-Tower, 1999). 미국에서는 다양한 가정위탁의 종류(친가정위탁, 응급가정위탁, 집단가정위탁, 전문가정위탁, 치료적 가정위탁 등)가 있다. 미국의 가정위탁보호 서비스는 아동의 다양한 욕구를 사정하고 계획하여 전문적인 개입을 진행하고 있다. 위탁부모는 가정에서부터 분리된 아동의 보호뿐만 아니라 특수 욕구에 맞는 서비스를 제공하기 위한 훈련과 교육을 받고 있다.

일본의 아동보호 대책과 학대 현황과 관련해서는 아동은 그 부모가 양육하는 것이 가장 바람직하기에 부모가 다시는 학대를 하지 않도록 교화시키고 교육시키는 것이 중요하며 앞으로 학대아동 부모 교육과 관련된 법적 근거를 마련하고 시행하여 건강한 가정을 만들 수 있는 기반을 제공하는 것이 필요함을 알 수 있다. 그러나 한일 양국 모두 학대아동의 부모 교육과 관련된 법적 강제성이 아직 마련되지 않은 상황이다. 따라서 앞으로 학대아동 부모 교육과 관련된 법적 근거를 마련하고, 시행하여 건강한 가정을 만들 수 있는 기반을 제공하는 것이 필요할 것이다.

스웨덴에서는 가족 전체에 대한 통합적 지원을 중요하게 보고 있으며 아동의 상황과 복지에 통합적 정치적 접근 방법을 적용하고자 하는 시도가 스웨덴의 새로운 시행 방침이다. 우리나라에서도 "가족 센터(Family Centres)"나 "아동의 집(Children Houses)"과 같이 아동학대 위험 가정부터 학대 발생 가정까지를 전반적으로 아우르면서도 아동을 포함해 가족과 지역사회에 통합적 서비스를 각기 다른 기관이 서로 합동하여 제공하는 시설에 비교될 수 있다.

3. 아동학대의 예방프로그램에는 어떤 것들이 있을까?

1) 국내 예방프로그램

(1) 예비유아교사 인성교육 프로그램

최근 유아교육기관은 아동학대 사례가 발생하면서 교사의 인성과 자질을 더욱 강조하고 있다. 아동학대예방을 위한 예비유아교사 인성교육 프로그램의 목적은 예비유아교사의 인성교육을 통해 아동학대를 예방하는 것이다. 목표는 첫째, 긍정적인 자아개념을 형성하고, 둘째, 사회관계 증진을 위해 자기 조절력을 기르며, 셋째, 직업윤리 의식을 가지고 올바른 직무수행 태도를 기르는 것이다. 교육목표를 달성을 위한 교수학습방법은 도입, 전개, 마무리, 평가이다. 도입 부분은 보도 자료와 동영상 매체를 활용하여 흥미와 동기를 유발하고 전개 부분은 상황인식－문제 찾기－해결안 발견이며 여기서는 강의, 토의, 워크숍, 실제 활동을 포함한다. 그리고 마무리 부분은 해결방법을 결정하는 브레인스토밍으로 창의적 저널 쓰기가 포함된다. 마지막은 평가 부분에서 수업목표 달성을 확인하는 발표 순서를 진행한다. 본 프로그램은 사회관계 증진에 필요한 자기조절, 배려, 공감적 이해, 의사소통 기술을 강화시키는 기회가 주어지며 윤리의식을 가지고 직무수행 능력 증진을 위한 책임감, 사명감, 성실한 태도를 기르는 기회가 된다(윤영배 외, 2017).

(2) 아동 성학대 예방프로그램

성학대 예방프로그램이 아동의 정서에 미치는 영향을 파악하여 성학대 예방프로그램의 개발과 평가를 위한 기초 자료를 제공한다. 성학대 예방프로그램의 효과는 다음과 같다.

첫째, 잠재적 가해자의 친숙함에 따른 성학대 위험 지각에서 아동들은 성학대 예방프로그램에 참여하기 전에는 아는 사람보다 낯선 사람을 잠재적인 가해자로 지각하였다. 그러나 성학대 예방프로그램에 참여한 후에는 낯선 사람에 의한 성학대 위험 지각은 감소하였고 아는 사람에 의한 성학대 위험 지각은 상대적으로 증가하였다.

둘째, 잠재적 가해자의 연령에 따른 성학대 위험 지각에서 아동들은 성학대 예방프로그램에 참여하기 전에는 성인보다 청소년을 잠재적인 가해자로 지각하였다. 또한 프로그램에 참여한 후에도 청소년을 잠재적인 가해자로 지각하였다.

셋째, 가해 장소의 공공성에 따른 성학대 위험 지각에서 아동들은 성학대 예방프로그램에 참여하기 전에는 잠재적 가해자가 낯선 사람일 경우 사적 장소보다는 공적 장소를 가해 장소로 보았으며 아는 사람일 경우는 공적 장소보다 사적 장소를 가해 장소로 보았다(조진희, 2007).

(3) 부모성찰 프로그램

본 프로그램의 세부 목표는 다음과 같다. 첫째, 부모는 아동학대의 명확한 기준과 개념의 이해를 통해 아동학대에 대해 민감하게 반응할 수 있다. 둘째, 부모의 자기 이해를 통해 부모로서의 자신의 욕구와 내적상태에 대해 파악할 수 있다. 셋째, 자녀 이해를 통해 자녀의 감정과 의도에 대해 이해할 수 있다. 넷째, 부모-자녀의 관계 이해를 통해 부모가 자녀에게 주는 영향력에 대해 성찰하여 부모역할의 중요성을 인식할 수 있다. 이러한 목표를 성취할 수 있도록 '오리엔테이션', '아동발달', '아동학대', '나에 대한 이해', '원가족 탐색', '부모자녀관계', '훈육', '부모의 역할'로 프로그램 내용 요소를 구성한다. 또한 프로그램의 성격은 부모교육과 부모 집단상담이 결합된 형태로 구성한다. 프로그램을 통해 부모들은 아동학대에 대해 정확히 이해하고 자신의 양육행동이 자녀에게 어떠한 영향을 미치는지에 대해 민감함을 가져 결과적으로 아동학대를 예방할 수 있게 된다(이호준, 2007).

(4) 학대경험 아동의 우울 및 자아존중감 회복을 위한 행복증진 프로그램

학대경험 아동에 대한 행복증진 프로그램은 긍정 심리학적 관점에 기반을 두고 기존 프로그램을 재구성·적용한다. 행복증진 프로그램은 학대경험 아동의 우울감은 감소시키고 자아존중감 향상에 긍정적 효과가 있다. 참여한 대상 학생은 행복증진 프로그램 실시 후에 삶의 만족도, 긍정정서, 자아존중감이 증가하였고 동시에 우울 증상의 수준 또한 감소하였다. 프로그램 적용 이전 우울하고 무기력한 모습에서 회기가 진행될수록 긍정 표현을 자주 사용하며 환한 웃음을 보였다. 또한 초기에는 질문에 대답도 하지 않다가 매 회기마다 진지하게 프로그램에 참여했으며 점점 구체적으로 자신이 생각을 말하고 표현하는 횟수가 많아졌다. 그리고 자신이 불행하다고 생각하거나 슬퍼하고 우울해하던 모습이 점점 안정적이고 표정이 밝아지며 친구들과의 다툼이 다소 감소하였다. 행복증진 프로그램이 우울증상을 지닌 학대경험 아동의 우울 증상 감소와 행복증진에 유용한 프로그램이라는 점이 특징이다(이경열, 2007).

(5) 현실요법을 적용한 집단상담 프로그램

현실요법을 적용한 집단상담 프로그램은 피학대 아동의 자아존중감, 내적통제성, 대인관계 증진에 효과가 있다. 김순업(2006)이 개발한 현실요법을 적용한 교사정신건강증진 프로그램을 우현주

(2004)가 초등학생의 발달단계와 이해수준을 고려하여 재구성한 현실요법을 적용한 정신건강증진 프로그램을 기본으로 8회기로 재구성하여 사용하였다. 프로그램의 효과를 검증하기 위하여 실험집단과 통제집단을 대상으로 프로그램 실시 전과 후에 동일하게 자아존중감 검사, 내외통제성 검사, 대인관계변화 검사를 실시하였으며 현실요법을 적용한 집단상담 프로그램을 실시한 실험집단의 피학대 아동이 자아존중감, 내적통제성, 대인관계가 모두 유의미하게 증가하였다.

(6) 대인관계 증진을 위한 자기표출 훈련 프로그램

최근 들어 성학대의 발생이 빈번하게 늘어가고 있으며 특히 부모를 포함한 지인들에 의한 아동에 대한 성학대가 늘어나 그 심각성이 부각되고 있다. 근친 성학대에 의한 아동의 피해는 그 문제의 심각성이 자아가 완전히 성장하지 않은 상태이기 때문에 매우 부정적인 영향을 끼친다. 성학대의 피해는 많은 문제를 가지고 있지만 근친 성학대가 가정에서 일어나기 때문에 그 가운데서 아동은 배워야 할 대인관계 기술을 배우지 못하고 또한 가장 믿고 따르는 부모에 대한 배신감으로 인간에 대한 신뢰감을 쌓지 못하게 된다.

억압된 감정을 가지고 인간에 대한 신뢰감이 결여된 근친 성학대 아동을 대상으로 대인관계 증진을 위한 자기표출훈련 프로그램을 실시함으로써 억압된 감정의 해소와 정신건강의 증진, 나아가 인간에 대한 신뢰감을 회복하여 원만한 대인관계를 갖도록 하는데 목적이 있다.

집단상담이 진행됨에 따라 집단원들의 발표 참여도가 높아지고 발표의 내용에 있어서도 깊이가 생겨서 구성원들의 집단 내에서 자기표출 능력이 향상되었다. 다음으로는 집단원들의 표정이 밝아지고 자신감이 높아졌으며 집단 역동을 통해서 서로에 대한 이해심을 높임으로써 대인관계 능력이 향상되었다. 자기표출훈련 프로그램이 성학대 피해아동들에 내재되어 있는 자기왜곡과 신뢰감 결여를 어느 정도 감소시켜 그로 인한 대인관계 향상에 효과가 있었다. 프로그램 종결 후 실시된 연구자에 의한 추후상담 결과 구성원 스스로가 자신의 감정과 느낌을 솔직히 표현하는 방법을 습득하게 되어 스스럼없이 감정표현을 하였고 문제를 합리적으로 바라볼 수 있게 되었다(정영태, 2005).

(7) 우울과 자아존중감 회복을 위한 미술치료 프로그램

미술치료 프로그램이 성학대 아동의 우울과 자아존중감에 다음과 같은 영향을 미친다. 첫째, 미술치료 프로그램이 성학대 아동의 우울 감소에 영향을 미칠 수 있다. 둘째, 미술치료 프로그램의 목적은 성학대 아동의 자아존중감을 회복하는 것이다. K-HTP 그림검사를 통해 사전과 사후의 그림을 비교 및 분석한 결과 사전에는 그림의 세부묘사가 빈약하였고 강한 필압, 우울과 불안을 상징하는 상징물, 부정적이거나 빈약한 설명 등으로 아동들의 부정적인 심리상태가 나타났으나, 사후에는 적절한 필압, 조화로운 세부묘사, 긍정적인 상징물, 적극적인 설명 등으로 질적인 면에서 긍정적인 변화가 나타났다.

(8) 위기개입 부모-자녀 인지행동놀이치료 프로그램

위기개입 부모-자녀 인지행동놀이치료 프로그램의 구성 요인은 다음과 같다. 첫째, 위기개입 요소에 위기개입계약, 위기개입점검, 대안탐색, 행동계획, 위기재평가로 구성한다. 둘째, 학대피해아동이 가지고 있는 인지적 요인에 대한 자동적인 사고를 찾아 대안적 사고로 수정할 수 있는 놀이를 활용한 인지적 재구성을 연령에 적합하게 놀이를 활용하여 구성하였다. 셋째, 외상 후 증상 감소를 위해 전제되어야 하는 아동학대 상황에 대한 놀이를 활용한 노출훈련과 노출로 인한 불안 및 과감성을 다루는데 필수적인 놀이를 활용한 이완훈련을 포함하였다. 넷째, 자기표현 및 문제해결에 어려움을 보이는 학대피해아동들의 특성을 고려하여 자기주장기술과 대처기술훈련을 포함한 사회기술훈련을 포함하였다. 다섯째, 가해 부모 요인으로 양육태도, 의사소통기술, 정서조절기술을 포함한 부모-자녀의 공동 회기를 구성요인으로 포함하였다.

본 프로그램은 첫째, 아동학대에 대한 조기개입 활성화를 위해 '위기개입'과 '사례관리' 그리고 '사후관리의 유기적 연계'를 통합한 프로그램이라는 점에서 의의가 있다.

본 프로그램의 경우 학대시기에 대한 조기개입과 지속적인 안전점검, 그리고 행동계획 등을 통한 아동학대 조기개입에 의의가 있다. 둘째, 학대피해아동의 심리사회적 적응을 위한 위기개입 부모-자녀 인지행동놀이치료 프로그램의 효과성이 있다는 점에서 의의가 있다. 셋째, 학대피해아동을 대상으로 한 대부분의 연구에서 아동학대와 관련하여 중요한 정보인 학대 최초 발생 시기, 학대 유형, 학대 빈도 등 학대와 관련된 정보가 누락되었다는 한계가 있었으나 학대 가정에 대한 구체적인 정보를 토대로 체계적인 개입방법을 마련하였다는 데 의의가 있다.

(9) 치료놀이에 기반한 모·아 애착증진 프로그램

치료놀이에 기반한 모·아 애착증진 프로그램은 영·유아 부모의 학대예방과 양육스트레스 감소에 도움이 된다. 본 프로그램은 첫째, 주 양육자인 어머니의 양육스트레스를 감소시키는 데 효과가 있다. 둘째, 주 양육자인 어머니의 아동학대를 감소시키는 데 효과가 있다. 어머니의 양육스트레스와 아동학대는 상호상관관계가 있으며 이러한 양육 스트레스는 치료놀이에 기반한 모·아 애착 증진 프로그램을 실시함으로써 모·아 애착이 긍정적 변화를 이루었다. 아동학대 예방과 양육스트레스와 관련하여 국내에 예방적 프로그램이 많지 않은 상황에서 일반유아와 어머니를 대상으로 한 프로그램으로 애착증진뿐 아니라 예방과 조기개입이라는 차원에서도 유용하게 활동될 수 있다.

(10) 아동기 성학대 피해여성의 치료집단 프로그램

아동 성학대는 근친과 타인에 의한 강간과 성추행이 있는데 국내·외의 조사를 종합하여 보면 대략 여성 10명 중 3~6명이 자라면서 성학대를 경험하는 것으로 나타났다. 현재 우리나라에서는 전국적으로 70여 곳의 성폭력 관련 상담소가 있으나 주로 피해자인 여성을 위주로 전화상담이나 의료적 및 법률적 지도에 치우쳐 있어 피해여성의 내적 회복과 치유에 중점을 둔 심화 프로그램은 사실 전무한 실정이다(이원숙, 2000).

성학대 피해 치유집단의 공통적인 특징은 집단원들이 집단에 참여하면서 성학대의 비밀, 침묵 그리고 수치심을 깨트리는 것과 과거 성학대 피해 경험을 나누면서 피해 사실을 인정하고, 그 피해 영향에 대한 인식을 도모하며 생존하기 위한 과거의 대처방식을 현 생활에 보다 적응적인 대처기제로 바꾸는 것을 목표로 한다는 점이다.

개별 면접 시에 작성한 각 구성원의 성학대력 면접지를 통해 첫째, 집단프로그램 내용분석을 통해 집단과정과 개별사례의 변화과정을 살펴보았고 둘째, 집단과정에 나타난 사회복지사의 역할과 집단의 치료적 요소를 살펴보았고 셋째, 프로그램 실시 전후에 집단원의 우울감 정도, 자존감, 자기주장 정도 및 대인관계의 변화를 살펴보면서 프로그램의 효과성을 살펴보았다. 집단원들은 우울감, 무력감, 낮은 자존감, 성격상의 문제나 대인관계의 어려움, 감정조절 특히 분노조절의 어려움과 성적 행동 등을 경험하는 것으로 나타났다.

성학대와 관련한 다양한 이슈들이 워낙 알려져 있지 않기 때문에 성학대 정의와 원인, 그 피해 후유증, 치유과정과 긴장이완법, 상자연습(container exercise), 여러 가지 분노 표출방법과 같은 다양한 치유방법 등에 대한 교육이 포함된다. 집단원들은 집단초기에 부인과 저항을 보였으나 서서히 자신의 노출(self disclosure) 정도가 깊어지면서 높은 응집력을 나타냈다. 집단과정에서 모든 집단원들은 다양한 분노표출을 자기의 방식으로 경험하였고 상실과 관련한 애도의 경험을 하였다. 차츰 집단원 모두 원가족 이슈를 다루게 되었으며 그를 통해 교정적 경험을 하게 되었다. 자신의 내면의 분노 표출작업을 통해 자신의 피해 경험 사실을 수용하며 인정하게 되었고, 그 결과 무력감과 무기력에서 벗어나 집단원들은 삶의 새로운 대처방식의 개발을 하게 되었고 자신을 수용하며 당당해지는 등 임파워먼트를 경험하기도 하였다. 근친에 의한 성학대의 경우 가장 큰 피해 후유증이 있고 또 가해자를 처벌하고 감금하는 것보다는 가해자와 피해자에 대한 개별 상담, 집단상담, 자조 집단, 가족 상담 등을 제공하여 가족이 다시 같이 살 수 있도록 하고 또 재발률을 낮출 수 있도록 촉구하기 위해 이러한 통합 프로그램이 시행되어야 한다.

(11) 신체학대를 받은 아동을 위한 개인 인지행동치료 프로그램

신체학대를 받은 아동을 위한 13회기 개인 인지행동치료 프로그램을 개발하고 검증하였다. 총 14명의 아동을 7명씩 치료집단과 대기자 집단에 각각 할당했다. 치료집단은 개인 인지행동치료프로그램을 실시했고 대기자집단은 기관에서 상설적으로 운영하는 집단상담프로그램에 참여했다. 치료 전과 치료 후에 치료집단과 대기자집단의 치료효과를 분석하였다. 그 결과 치료집단은 치료 전에 비해 우울, 불안, 외상 후 스트레스 증상 및 또래와의 이질감, 불신감이 유의미하게 감소했다. 또한 치료집단은 대기자집단에 비해 외상 후 스트레스 증상에서 유의미한 감소를 보였다.

(12) 참여활동을 통한 아동학대예방교육(PAPCM)

최근 이혼율 증가, 가정해체의 가속화 등 가정의 문제가 증가함에 따라 점차 늘어나고 있는 아동학대문제는 심각한 사회문제로 대두되었다. 따라서 아동학대문제는 더 이상 가정 내 문제가 아닌 사회문제, 나아가 국가적인 문제로 인식되어 국가적인 차원에서 보다 적극적이고 체계적인 대책 마련의 틀을 확립하게 되었다.

아동학대 발생 후의 사후 개입은 문제의 심각성과 함께 비용과 노력 역시 엄청나므로 아동학대가 발생하기 이전에 이를 예방하고 위험을 감소시킬 수 있는 예방프로그램이 절실한 상황이다. 아동학대의 86.8%가 가정 내에서 발생했고 전체의 86.5%가 부모에 의한 학대 사례였으며 이는 부모의 부적절한 양육태도와 양육 기술 결여 등과 같은 문제에서 비롯된 것으로서 부모교육이 절실히 필요함을 나타내고 있다.

아동학대예방을 위해서는 부모에 대한 교육과 상담, 그리고 아동과 함께 많은 시간을 보내는 교사에 대한 신고의무자 교육이 필요하다. 하지만 아직 사회 전반적으로 아동학대의 개념에 대한 인식도가 낮고 현실적인 교육도 제대로 이루어지지 않고 있는 실정이다.

사전 예방을 위한 아동학대예방교육 프로그램이 활성화되기 위해서는 다음의 요건이 충족되어야 한다. 첫째, 아동학대예방사업에 대한 인식이 제고되어야 한다. 둘째, 예방교육 및 홍보가 구체적이고 체계적으로 실시되어야 한다. 셋째, 신고의무자의 역할 활성화가 이루어져야 한다. 넷째, 아동학대예방교육은 아동, 부모, 교사, 3자의 통합적인 접근이 반드시 이루어지도록 해야 한다. 다섯째, 학교현장에 근무하는 관리자(교장 · 교감)들의 인식 변화가 요구된다. 여섯째, 아동학대예방교육 프로그램은 장기적이고도 지속적인 프로그램으로 활용되어야 한다. 일곱째, 교육전문가의 적극적인 참여를 유도해야 한다. 아동학대는 발생 후의 개입보다 예방이 훨씬 디 중요하다. 아동학대의 예방은 학대의 피해로 인해 파급

되는 우리 사회의 여러 문제점들을 감소시킬 것이며 그 효과 면에서 치료보다 훨씬 더 좋은 결과를 나타낼 것이다. 따라서 '학교-가정-지역사회'를 연결하는 예방적 차원의 접근이 필요하다. 앞으로도 '참여활동을 통한 아동학대 예방교육(PAPCM) 프로그램'의 지속적인 교육을 통해 구체적이고도 전문적인 아동학대 예방 활동을 펼쳐나가야 할 것이다(장화정, 2002).

(13) 미혼모를 위한 아동학대 예방프로그램

우리나라의 아동학대 신고 건수는 지속적으로 증가하는 추세로 아동학대는 아동에게 장・단기적인 부정적 영향을 미친다는 점에서 예방을 위한 조기 중재가 매우 중요하다. 미혼모는 임신과 출산에 있어 많은 어려움을 겪으며 다양한 아동학대 위험요인을 가지고 있으므로 이들을 대상으로 한 아동학대 예방프로그램이 필요하다. 특히 임신 기간과 산욕기는 아동학대 예방을 위해 중요한 시기이며 극복력은 미혼모의 아동학대 예방을 위해 중요한 요소이다.

대상자는 본 프로그램이 부모가 되는 것에 대해 생각해 볼 수 있는 기회가 되었으며 임신 기간의 건강관리, 애착형성, 감정조절에 도움이 된다고 하였다. 또한 아이 발달에 대한 이해 및 양육스킬 증진에 도움이 되고 일상 속에서 일어나는 아동학대에 대해 알게 됨으로써 아동학대행위 예방에 도움이 된다.

2) 국외 프로그램

(1) 건강한 육아시작 프로그램(Healthy Start Program, HSP)

국외의 경우 아동학대 예방 프로그램이 다양하게 시행되고 있다. 먼저 미국 하와이주의 '건강한 육아시작 프로그램(Healthy Start Program, HSP)'은 1975년부터 시작된 프로그램으로 이후 1992년부터 미국에서 시행된 '건강한 가족 아메리카 프로그램(Healthy Family America, HFP)'의 모델이 되었다(Holton & Harding, 2007).

HFA는 아동학대를 예방하기 위해 고안된 미국의 대표적인 가정방문 프로그램으로 임신한 여성이나 태어난 지 3개월 이내의 신생아 부모에게 가정방문사가 직접 가정을 방문해 부모 교육, 우울증 검사 등 양육에 필요한 서비스를 지원해주는 프로그램이다. HFA를 접한 가정은 그렇지 않은 가정에 비해 아동학대 사건의 재발 확률이 절반이나 적었으며 신체적 학대 행위의 비율도 75~88%가량 낮았다고 한다. 보통 영아가 5세가 될 때까지 서비스를 제공하는데 서비스를 받은 아동의 경우 학업성취도도 높은 것으로 확인되는데 프로그램이 유아기 이후에도 영향을 준다고 볼 수 있다. 건강시작프로그램(Healthy Start Program)은 미혼모를 포함한 아동학대 고위험 가족에게 아기 출생 시부터 3년 동안 제공되는 주정부 중심으로 진행되는 프로그램이다. 신생아실 입원 1주일 이내에 의무기록 리뷰와 부모 면담을 통해 사회 경제적 수준, 부부 불화, 부모의 학대 경험, 약물중독, 범죄경력 등을 살펴보고 고위험군으로 분류된 부모가 참여에 동의하면 프로그램에 참여할 수 있다.

프로그램은 전문보조원에 의한 가정방문을 통해 일대일로 이루어지며 방문빈도와 기간은 사정 결과와 가족의 요구에 따라 조정되고 평균 13회 정도이다. 프로그램의 주요 내용은 부모의 정서지지, 아동 발달 및 양육 스킬 모델, 문제해결 테크닉 교육, 전문가 지원 및 자원 연계 등이다.

이 프로그램은 사전 스크리닝을 통해 고위험 가족을 선별한다는 점, 환경적・사회적 위험에 중점을 두고 가족이 요구되는 서비스들과 기존 사회적 자원 등을 연결해주는 것이 강점이다(Duggan et al., 2000). 이 프로그램은 하와이주, 알래스카주 등 다양한 주에서 시행되었는데 하와이주 연구에서는 프로그램에 참여한 어머니는 대조군에 비해 방임행동이 적게 나타났고 신체적 체벌방식을 적게 사용하는 것으로 나타났으며(Duggan et al., 2004) 알래스카주 연구에서도 신체적 훈육 행동에 있어 더 경미한 방식을 선택하는 것으로 나타났다(Duggan et al., 2007).

Duggan 등(2007)은 프로그램 중도 탈락률이 높고 가족이 가진 개별적인 요소들이 모두 다름을 지적하면서, 가족이 가진 보다 근본적인 문제를 해결하는 전문적인 접근방식이 필요함을 제시하였다. 양육에 대한 지식 및 기술 부족, 스트레스 관리 기술 부족은 교육적인 접근이 필요하고 정신역학적인 요인은 전문적인 치료 서비스가 필요하며 아동학대 프로그램에는 이 두 가지 요소가 모두 포함되어야 한다고 하였다.

(2) 미국의 '간호사-가족 파트너십 프로그램 (Nurse-Family Partnership, NFP)'

임신기간을 포함하여 프로그램을 적용한 연구는 Olds 등(2008)과 Koniak-Griffin 등(2003)의 연구가 있다. 두 연구 모두 임신 중기

말(26~29주) 이전에 시작하여 아기 출생 1년에서 2년간 프로그램을 수행하였고 간호사에 의한 가정방문을 시행하였다. Olds(2008)는 낮은 경제적 수준, 미혼모, 10대 부모에 해당하는 초산모를 대상으로 가정방문을 통한 일대일 프로그램을 제공하였고 그의 추후연구에서 '간호사-가족 동반자(파트너십) 프로그램(Nurse-Family Partnership, NFP)'으로 불리며 현재 미국의 32개 주에서 시행되고 있다. Olds(2008)의 '간호사-가족 동반자 프로그램'은 개별 가정방문을 통해 이루어졌으며 산모의 건강증진과 흡연 및 약물남용과 같은 부적절한 행동수정, 엄마의 양육에 대한 능력증진뿐만 아니라 가족의 교육 문제와 취업 문제에도 관심을 기울이며 가족과 계획을 세우고 가족이 필요로 하는 지원을 연결하여 주었다. '간호사-가족 동반자 프로그램'은 임신 중 흡연 감소, 식이 증진, 반복되는 임신 감소, 아동학대와 상해 감소에 중요한 이점이 있음이 입증되었다(Olds, 2008; Olds et al., 2014). 프로그램 종료 7년 후인 아이 9세 때의 효과에 대한 연구에서는 반복되는 임신의 감소, 현재 파트너와의 관계 증진, 아이의 학업성취도 향상, 아이의 낮은 사망률에 영향을 미치며 고위험 가족에게 기능적·경제적 이익이 가장 큰 것으로 나타났다(Olds et al., 2007).

(3) 조기중재 프로그램(Early Intervention Program, EIP)

Koniak-Griffin 등(2003)은 10대 청소년 어머니를 대상으로 임신 26주부터 아기 출생 1년까지 조기 중재 프로그램(Early Intervention Progrm, EIP)을 시행하였다. 주요 목적은 10대 청소년 어머니의 사회적 능력의 증진으로 간호사에 의해 제공되었다. 임신기간에는 4회의 모체의 건강 행위 증진, 모아 의사소통 방법과 모성으로의 전환(transition to motherhood) 등 부모가 되는 준비에 대한 집체교육과 평균 2회의 가정방문을 제공하였고 분만 후에는 양육행동에 대한 피드백과 교육 및 상담, 문제 중심의 해결 스킬 형성과 건강증진, 향후 인생 계획 수립에까지 관여하여 중재를 제공하였다.

가정방문은 대상자의 요구도에 따라 방문 횟수에 차이가 있지만 최대 17회까지 제공되며 평균 산전에는 2회, 산후에는 10회의 가정방문을 통해 중재를 제공하였다. 프로그램의 효과는 아기 출생 2년까지 평가하였는데 조기 중재 프로그램을 제공받은 그룹이 일반적인 공공 간호를 제공받은 그룹에 비해 아기의 입원일수와 입원율 감소에 효과가 있었고 효과가 나타난 시기는 생후 6주부터 관찰되었다. 모성 측면에서의 효과로는 중재를 받은 그룹에서 알코올, 흡연, 마리화나와 같은 물질 남용이 적었으며 통계적으로 유의하진 않았지만 자기효능감이 대조군에 비해 높았으며 지각된 스트레스, 우울이 대조군에 비해 낮았다.

(4) 미국의 가족유지 및 지원서비스 프로그램 (The Family Preservation and Support Services Program Act)

1993년의 가족유지 및 지원서비스 프로그램 법(The Family Preservation and Support Services Program Act of 1993)은 상담, 일시적 위탁, 집중 지원프로그램을 통해 위기가정에 서비스를 제공할 수 있도록 5년간 약 10억 달러를 아동보호서비스에 지원하게 하였다. 2003년에 개정된 아동학대 예방 및 개입에 관한 법률로 지역사회 기반의 아동학대예방 프로그램을 통해 보호요인을 연구하도록 하였으며 같은 해 사회정책연구센터에서는 양육 스트레스를 줄이고 아동과 가정을 보다 안전하게 하는데 필요한 다섯 가지의 보호요인을 규명하기도 하였다.

이때의 보호요인들은 부모의 회복탄력성, 사회적 관계, 시의적절하고 구체적인 지원, 양육과 아동발달에 대한 지식, 아동의 사회·정서적 유능감 발달 등 5가지 항목이었다. 이후 2007년에는 육아와 애착이 6번째 보호요인으로 지목되었다. 한편 아동·청소년 및 가족정책부에서는 아동학대예방을 위한 보호요인으로 자기통제, 관계향상 기술, 문제해결 기술, 긍정적인 활동에의 참여, 훈육 유능감, 보살피는 어른, 좋은 친구, 좋은 지역사회, 좋은 학교환경, 경제적 기회 등의 열 가지 항목을 규정하였다. 아동학대 예방서비스는 서비스 대상에 따라 1차, 2차, 3차 서비스로 나누어 시행한다.

1차 예방서비스는 학대가 발생하기 전 학대를 예방하기 위해 모든 아동과 가족을 대상으로 한다. 2차 예방서비스는 학대 및 방임의 위기에 있는 개인 혹은 가족을 대상으로 실행된다. 3차 예방서비스는 이미 학대가 발생한 가족을 대상으로 한다. 아동학대예방에 대한 포괄적인 접근을 위해 지역사회와 각 기관은 1차, 2차, 3차 서비스를 통해 보호요인을 통합하고 있다.

1차 예방서비스 관련 프로그램인 트리플 P 육아프로그램(The Triple P-Positive Parenting Program)은 1차 예방서비스의 성공적인 프로그램으로 알려져 있다. 이 프로그램을 통해 신생아부터 16세의 아동을 둔 부모나 양육자를 대상으로 아동의 행동·정서 문제를 예방하고 대처하기 위해 훈육과 가족지원 서비스가 제공된다. 이 프로그램의 목표는 양육자의 훈육기술 및 자신감을 향상하여 긍정적인 가족 환경을 배양하는 것이다. 각 카운티를 무작위로 신징하여 프로그램을 시행한 결과 특히 신생아부터 8세의 아동에게서 아동학대로 인한 입원, 응급실방문 등의 횟수와 학대 사례건수가 유의하게 감소한 것으로 나타났다.

2차 예방서비스 관련 프로그램인 IY(The Incredible Years)는 부모, 교사, 4~8세 아동으로 대상을 구분하여 서비스를 제공한다. 이 프로그램의 목표는 사회적·정서적 유능감을 제공하고 행동·정서상의 문제를 감소 혹은 제거하는 것이다. 이 프로그램에서는 아동학대를 경험한 부모를 대상으로 긍정적인 영향을 주는 것으로 알려져 있다. 안전돌봄(Safe-Care)은 재가훈련 프로그램으로 부모와 양육자에게 긍정적인 태도로 아동과 상호작용하는 방법, 문제행동에 대한 적절한 반응, 가정 내 위해요소의 인식, 아동의 부상에 대한 적절한 대응 등의 서비스를 제공한다.

3차 예방서비스 관련 프로그램인 애착과 생물행동 따라잡기(ABC: Attachment and Biobehavioral Catch-up) 프로그램은 조기 학대를 경험한 6개월에서 2세의 영유아 보호자에게 아동의 행동 향상, 자기통제 등의 능력을 향상시키기 위한 육아 및 환경 개선 서비스를 제공한다. '유년 성장경로 조기 가이드(Early Pathway)'는 행동 및 정서에 문제가 있는 6세 이하의 아동을 위한 프로그램으로 부모 혹은 주 양육자에게 아동의 문제행동을 줄이면서 긍정적 행동 강화의 효과적인 전략을 제시해준다.

미국 질병통제예방센터의 연구에 따르면 조기에 부정적인 경험을 할수록 아동과 가족에게 미치는 영향이 장기화되는 것으로 밝혀졌다. 따라서 이에 대해 지역사회, 기관, 조직 전반에 걸쳐 정보를 공유하려는 노력이 지속되어야 한다. 또한 아동학대 발생률은 빈곤,

폭력, 약물남용 등과 밀접하게 연관되어 있다. 아동・가족 안전의 향상과 보다 확대된 복지를 위해 다양한 분야(아동복지, 유소년 교정복지, 유아기, 교육, 보건복지, 정신건강)에 걸쳐 시스템과 자료를 공유하는 것이 아동학대 예방을 위해 중요하다. 가족과 지역사회의 다양성으로 인해 유관 부처와 서비스 제공기관에서는 포괄적인 예방 관련 지원 방안을 구상하여야 한다(출처: http://www.bokjitimes.com).

(5) 주요 국가의 아동복지 프로그램

일본의 경우에는 아동의 정신건강 증진과 복지를 위한 아동상담소와 복지사무소가 설치되어 있다. 주요 기능에는 정신의학적, 심리학적, 사회학적 관점에 기반을 둔 조언과 상담을 통한 아동과 부모를 위한 상담서비스, 아동을 적절한 시설이나 위탁가정 등에 배치, 부설 일시보호시설을 통한 요보호아동의 관찰과 일시보호 등이 있다. 아동상담소에는 아동복지사, 상담원, 심리판정원, 정신과의를 포함한 의사, 아동지도원, 보모 등의 직원이 있으며 부설 일시보호소를 운영하고 있다. 그리고 장애인복지 및 빈곤 가정복지와 같은 전반적인 사회복지서비스를 수행하는 복지사무소에는 사회복지 주사, 정신박약담당복지사, 모자상담원, 가정상담원 등의 직원이 있다.

복지사무소의 주요기능에는 빈곤가정에 대한 재정지원과 같은 생활보호, 아동들의 현안문제를 조사하는 아동복지 관련 업무, 임산부 상담과 같은 조산시설과 모자원 입소 조치, 모자가정에 관한 상담, 아동과 임산부 상담, 조사 및 지도, 정신박약자 지도 등이 있다. 아동상담소와 복지사무소 외에 아동복지 관련 기관으로서 정신박약자갱생상담소와 보건소가 있다. 정신박약자갱생상담소의 기능은 정신박약자 상담, 판정, 지도 등이며 보건소의 기능은 임산부와 유아의 건강검진 및 보건지도, 미숙아 방문지도, 영양개선지도 등이다.

스웨덴의 경우, 아동과 청소년을 위해 아동수당, 부모보험보조, 부양대출, 아동연금, 장애아보호수당 등의 직접적인 재정을 지원하고 있다. 그리고 요보호아동을 위한 아동복지 지원도 이루어지고 있다. 부모로부터의 분리인데, 요보호아동을 가정으로부터 분리시키는 결정은 부모 또는 후견인과 아동(15세 이상의 경우)의 합의를 기반으로 한다. 그러나 합의가 성립되지 않을 경우에는 청소년 특별보호법(Care of Young Persons Special Provisions Act)에 따라 법원의 명령으로 사회복지기관이 개입하게 된다. 부모로부터 분리되는 아동은 연간 약 3천 명이며 학대, 폭력, 방임, 기타 청소년이 보건 및 발달에 장애를 주는 가정환경 등의 경우가 이에 포함된다. 또한 청소년 자신의 약물남용, 범죄행위, 기타 파괴적 행동의 경우에도 법원의 명령에 따라 부모로부터 분리될 수 있다. '시·군사회복지위원회'는 이들 요보호아동들을 '아동 보호 가정(family home)'이라고 하는 일반 가정에 배치시켜 장기간 아동보육을 위탁하거나 아동보호시설 또는 치료시설에 배치시킨다. 법원의 보호처분은 15~18세의 범죄행위가 의심되는 아동들을 사회봉사법이나 청소년특별보호법에 의거, 부모와 분리하여 대리가정에서 보호하도록 조치하고 있다. 한편 부모 또는 부모 중 한편의 아동학대나 방임이 의심되는 경우 시·군사회복지위원회는 법원의 명령에 따라 지명된 대리인이나 위탁가정에 아동보호를 위탁한다.

가정을 상실한 아동의 경우에는 사회봉사법(Social Service Act)에 의거하여 '시·군사회복지위원회'는 가정을 상실한 요보호아동을 영구적인 보호양육을 책임지게 될 '아동보호 가정(family home)' 또는 아동보육시설이나 치료시설에 배치한다. 정신복지법(Mental Welfare Act)에 따라 장애아와 정신질환아 및 청소년을 아동보호가정, 호스텔, 단기보호시설 등에 배치될 수 있도록 하고 있다.

아동학대와 방임의 경우에는 의료인들은 사회봉사법이 정하고 있는 학대자와 피학대 아동의 인적사항 및 학대 내용 등에 관한 신고서식에 따라 확인된 학대사례를 시·군사회복지위원회에 보고하게 되며 사회복지위원회는 아동보호를 위해 개입한다. 성범죄 관련형법규정(Provisions of the Penal Code on Sexual Offences)은 성적학대로부터 아동과 청소년을 보호하기 위한 법 규정이며 동법 제19조는 자신의 보호하에 있는 18세 이하의 아동을 성적으로 폭행한 경우에 대한 형벌을 상술하고 있다. 지역별로 사회봉사, 아동·청소년정신과, 학교, 경찰, 검찰당국의 대표로 구성된 지역공동상담그룹(Local Joint Consultation Group)에서 성적학대가 의심이 되는 아동들에게 도움을 주고 있다.

영유아를 위한 보육서비스 프로그램으로는 자녀를 가진 가정에 대한 재정적 급여 외에 중요한 지원은 아동보호서비스로서 그 대표적인 형태가 시에서 운영하는 영유아보육서비스이다. 가정탁아(family day care)는 가정탁아모에 의해 12세까지의 맞벌이 부부자녀들이 탁아가정에서 보호되는 것으로 특별한 보호를 필요로 하는 아동은 가정탁아서비스를 제공받게 된다. 가정 탁아는 자신의 아동을 포함한 10명 이내의 아동들을 자신의 가정에서 탁아모가 돌보는 것으로 최근 시립탁아소와 여가활동센터의 증가로 가정탁아는 감소추세에 있다. 파트타임그룹(part-time groups) 서비스는 가정에 아동을 돌볼 사람이 있어 하루 종일 탁아서비스를 필요로 하지 않는 4~6세의 아동을 대상으로 제공되며 오전반 또는 오후반이 있으며 각 반은 20명 이내의 아동들로 구성되고 1명의 유아교사와 1명의 보모가 있다. 여름에는 문을 닫으며 보육료는 무료이다.

개방유아학교(open-preschool)는 낮 동안 돌보아줄 부모나 탁아모가 그 자녀들의 교육적·사회적 활동에 자녀들과 함께 참여하는 프로그램으로 직원으로는 1명의 유아교사와 1명의 보모가 있다. 개방유아학교는 아동의 교육활동 개발을 위해 부모와 유아교사들이 함께 회의를 하며 특히 젊은 부모들에게는 큰 도움이 되고 있다. 운영비는 국가예산으로 충당된다.

영국의 경우에는 가정에서 적절한 보호를 받지 못하거나 학대 또는 방치된 아동은 지방당국에 의해 위탁가정이나 시설에서 보호를 받게 된다. 영국에서는 5세 이하의 도움을 필요로 하는 아동을 가진 어머니들의 아동들이 탁아소에서 보호받게 된다. 지방당국에 의해 운영되는 공립탁아소는 무료이다. 이외에 탁아시설로서는 부모나 가정내에 긴장이 있을 때 혹은 심신장애아나 학습장애아를 위한 부모/영아집단(parents/toddler groups), 방문센터(drop-in center), 장애아를 위한 기회집단(opportunity groups)과 같은 자조집단 프로그램이 있다. 또한 자신의 가정에서 5세 이하 혹은 학령기 아동들을 방과 후나 휴일에 보호해주는 보모(child-minder)들이 있는데 이들은 지방당국에 의해 인가를 받은 유자격자들이 그리고 가정을 상실했거나 부모로부터 분리된 아동들은 위탁보호시행령(Foster

Placement Regulations)에 따라 지방당국이 위탁보호를 알선하며 요보호아동의 약 60%가 위탁가정에 배치된다. 아동학대와 아동유괴의 경우에는 지역아동보호위원회(Area Child Protection Committee)가 아동보호에 관련된 정책을 개발하고 관련 기관들에 대한 학대로부터 아동을 보호하기 위한 상호협력을 담당한다. 전국 차원에서는 중앙정부 각 부서의 아동학대 관련 부서의 고위 공무원으로 구성된 아동학대 관련 부서협의체(Inter-Departmental Group on Child Abuse)가 아동보호 관련 사항에 대한 정례회의를 개최한다. 지역적으로는 각 지방정부 사회복지국이 학대의 위기에 처해 있다고 생각되는 해당 지역의 모든 아동을 등록시킨다. 관련 부서 간 협의하에 등록된 아동들의 보호를 위한 협조체제가 이루어지고 있다. 영국의 모든 공립학교에서의 체벌은 금지되어 있으며 공적 법인에 의해 재정적 지원을 받는 사립학교에서도 체벌이 금지되고 있다. 또한 아동보호시설에서의 체벌, 음식의 박탈, 부적절한 의복을 입히거나 잠을 재우지 않는 것 등이 금지되고 있다(이배근, 2009).

제8장

아동학대 예방을 위한 개선방안과 과제

우리나라가 아동학대의 문제를 해결하기 위해서는 아동학대의 정확한 실태와 다양한 원인에 대한 규명을 보다 체계적으로 접근할 필요가 있다. 아동학대에 대한 법적·제도적 조치를 위해서는 가해자에 대한 처벌과 교육, 피해아동에 대한 신속하고도 적절한 보호조치, 가정폭력 의식 개선을 위한 정책적 배려가 이루어져야 한다고 보며 아동학대 예방을 위한 개선방안과 과제에 대해 살펴보고자 한다.

아동학대의 예방은 사전예방과 사후 예방으로 구분할 수 있다. 아동학대의 사전 예방은 개인적 측면, 법과 제도적 측면, 행·재정적 측면으로 나누어 설명할 수 있다.

개인적 측면에서는 부모 인식 개선 교육의 의무화가 필요하다. 훈육행위와 학대행위에 대한 올바른 인식을 고취하는 사회 전반적인 부모교육이 이루어져야 한다. 법과 제도적 측면에서는 사전예방법과 처벌법 사이의 균형 있는 법률 개정 및 제정이 필요하다. 이를 위해 보육·유치원 교육을 의무교육화하는 일이 선행되어야 한다. 또한 아동학대의 유형에 따른 신체적 고통이나 정신적 고통의 범위를 넘어서 정서적 고통, 유기와 방임도 보육·유치원 교직원의 책무에 포함시킬 필요가 있다.

행·재정적 측면에서는 아동학대 예방을 위한 예산 지원이 필요하다. 아동보호 예산이 턱없이 낮은 데다 그 구성을 기금예산으로 접근하는 것 자체가 미봉책에 머물고 있다. 아동학대 예방을 위한 기본적인 인프라 구축을 위해 장기적인 관점에서 관련 인력 증원 및 프로그램 운영 예산 증액이 이루어져야 한다. 또한 보육·유치원교사의 임금수준이 합리적으로 인상되고, 보육·유치원교사를 위한 심리치료 프로그램이 확대될 필요가 있다. 예방 차원에서 아동 관련 직업종사자들에 대한 아동학대 교육을 의무적으로 이수하는 방안을 강구해야 한다. 아동학대 예방을 위한 인식개선과 교육사업 추진, 피해아동 보호 및 치료를 위한 서비스체계 구축 등에 관한 다양한 사안에 대해 여러 기관 간의 협업을 통한 체계적인 업무 추진도 요구된다. 아동학대 문제는 피해아동 및 학대행위자, 가족, 지역사회 등 포괄적이고 복합적인 요인에 의해 발생하기 때문에 아동보호전문기관 단독으로 문제를 해결하기에는 한계가 있다. 지역사회 관계기관 협력체계 구축의 활성화가 필요하다.

아동학대의 사후 예방을 위해서는 아동학대행위자에 대한 상담 및 의료지원, 재학대 방지를 통한 사후예방조치, 피해아동 보호시설 확충 등이 필요하다. 아동학대의 가능성이 있는 부모를 포함한 보호자가 자발적 상담이나 의료진료를 받을 수 있도록 하여야 한다. 아동학대 가정의 친지나 주변 사람들에 의한 권고 등으로 상담 및 치료 등의 도움을 원할 시에도 상담 및 의료지원이 이루어져야 한다. 원가정 회복을 지향하는 것이 아동학대 해결의 궁극적인 목표이다. 아동학대는 일회적인 것이 아니라 지속적인 성격이 특징이다. 피해아동, 학대행위자 및 가족을 대상으로 보호 및 사후 조치에 관한 지원을 통해 재학대 발생을 예방하고 가족기능을 강화할 수 있도록 노력하여야 한다. 더불어 아동보호시설 확충 및 아동보호기관에서 시행하고 있는 상담 및 심리치료를 더욱 세분화할 필요가 있다. 피해아동회복・치유프로그램과 '회복적 생활교육'은 통제 중심이 아닌 존중과 자발적 책임과 협력을 목표로 한다. '회복적 생활교육'은 상처를 회복하고 정의를 회복하는 효과적인 프로그램이다. 아동학대로 인한 피해를 회복하고 관계를 개선하여 원가정 회복을 위한 회복적 정의 프로그램의 정착을 위해 협력체계 구축과 예산 지원이 절실하다.

제8장

아동학대 예방을 위한 개선방안과 과제

아동학대 예방을 위한 정책과 행·재정적 지원, 그리고 실천은 지속적으로 개선되고 발전되어 오고 있다. 그러나 아동학대가 다양한 형태로 발생하고 있으며, 그 빈도도 증가하고 있는 시점에서 아동학대 예방을 위해 개선방안을 수립하고 관련 과제를 지속적으로 실천해 나가는 것은 아동의 행복한 삶을 위해 매우 중요하다. 이에 본 장에서는 아동학대의 사전 예방을 위한 개선방안과 과제, 그리고 아동학대 사후 조치에 대한 개선방안과 과제를 중심으로 살펴보고자 한다.

1. 아동학대의 사전 예방을 위한 개선방안 및 과제에는 어떤 것들이 있을까?

1) 개인적 측면

아동학대 사전 예방을 위해서는 부모의 인식 개선 교육을 의무화해야 한다. 먼저, 아동학대와 훈육의 차이점에 대하여 명확하게 인식하는 것이 중요하다.

아동학대의 주체가 피해아동의 부모인 경우는 2020년 기준 82.1%에 이르고 있다. 이러한 이유는 피해아동과 같이 보내는 시간이 많은 것도 원인이기는 하지만, 부모가 자라온 환경이나 사회적 현상을 근거로 하여 아동의 인권을 무시하는 양육행위가 아동학대행위로 발전되기 때문이다. 「아동복지법」상의 금지행위에 대한 처벌 규정이나 「아동학대처벌법」이 제정되기 전에는 유교적 전통문화와 가부장적인 문화에서 오는 훈육을 부모의 중요한 역할로서 강조되어왔다. 그리고 가정 내에서 발생하는 문제에 대해 외부로 드러내는 것을 꺼리는 우리 사회의 분위기에 의해 아동학대행위에 대한 사회적 인식은 극도로 미약하였다(차선자, 2013). 그리고 현재의 아동학대에 대한 처벌법규는 제정되어 있지만, 내 자식에 대한 행위가 학대행위인지 훈육에 해당하는 행위인지에 대한 뚜렷한 기준을 가지고 있는 부모는 드물다. 이러한 불명확한 인식이 아동학대가 시작되는 하나의 주요한 원인으로 판단되며, 훈육행위와 학대행위에 대한 올바른 인식을 고취하는 사회 전반적인 부모교육이 이루어져야 한다. 아동보호전문기관 및 지역사회단체를 필두로 보육·교육기관과 관련 정보를 공유하고, 지역별 상황에 맞는 교육시스템이 행정기관 지원으로 갖춰져야 할 것이다. 또한 평생교육기관이나 사회복지관, 대학 공교육 등에서 예비부모 교육을 의무화하거나, 혼인신고 시 부모교육을 의무화하는 방안 등 제도적인 아동학대 예방 교육이 필요하다. 이와 더불어 아동학대가 한 가정 내에서의 문제가 아닌 사회 전반의 문제로 인식할 수 있는 다양한 법과 제도적 방안도 함께 마련되어야 한다.

2) 법과 제도적 측면

(1) 예방과 처벌의 균형 있는 관련법 개정

현재 아동학대범죄에 관한 법률은 「아동복지법」과 처리절차를 규정하고 있는 「아동학대처벌법」이 있다. 두 법률 모두 아동의 복지향상을 목적으로 하고 있다. 하지만 세부 내용에서는 아동학대범죄자에 대한 처벌에 지나치게 치우쳐 있다. 「아동복지법」의 경우 아동복지시설에 관련 내용은 장(章)으로 편성되어 있다. 반면에 아동학대의 예방 및 방지에 관한 사항은 절(節)로 편성되어 있다. 아동학대범죄가 발생한 후의 정비시스템도 중요하지만, 피해아동의 발생을 사전에 예방하고 방지하기 위한 법적, 정책적 예방책이 무엇보다도 중요하다. 따라서 지방자치단체와 아동보호기관 및 교육기관을 통한 아동학대 관련 교육 참여를 의무화하는 방안이나, 감시체제를 강화하는 방안 등을 규정하여야 한다. 아동학대범죄에 관한 현행법과 제도에서의 사전예방 방안과 처벌법 사이의 균형 있는 법률 개정 및 제정도 필요하다.

(2) 보육·유치원 공교육화 또는 의무교육화

우리나라의 교육은 사회를 급속하게 성장하는 데 크게 이바지했다. 하지만 지금은 사회발전을 견인하는 데 공헌하기보다는 우리 사회의 어느 부분에서는 발전을 저해하는 요인으로 작용하기도 한다.

이러한 요인 중에서도 가장 대표적인 요인이 교육비 때문에 아이를 낳지 않거나 적게 낳은 현상이다. 교육의 혁명은 보육원, 유치원 교육에 합법적으로 많은 예산을 투입하기 위하여 보육·유치원 교육을 반드시 의무교육화해야 한다.

보육·유치원교육의 의무교육화는 교육 이론의 측면에서도 매우 타당하다. 교육학을 공부한 사람들은 누구나 조기교육의 중요성을 잘 안다. 백조알을 암탉이 품어서 부화하여 암탉이 백조를 교육하면 백조는 자신을 닭이라고 믿는다. 누군가가 깨우쳐주지 않으면 자신을 닭으로 알고 평생을 살아갈 수밖에 없다.

"세 살 적 버릇이 여든 살까지 간다."라는 우리나라 속담은 교육에 있어 금언이다. 특히 적기·조기교육의 중요성은 교육학자들 모두가 공감하고 있다. 어려서 잘못 습득된 습관이나 지식을 교정해 주기 위해서는 최초 교육 비용의 최소한 20배 이상이 요구된다. 20회 이상의 반복된 교정에도 그 오류가 쉽게 교정되지 않는다. 언어, 예술, 체육 등 신체 및 감수성 교육은 사춘기 이전에 학습하는 것이 훨씬 효과적이다. 이는 아이들의 성장 발달과정이나 진로와는 무관하게 교육과정을 운영하고 있기 때문이다. 안타까운 점은 이러한 부당한 사실을 대부분의 교육 종사자들은 잘 알고 있지만 이를 시정할 정치적인 힘이 부족하다는 점이다.

미국 대부분 주에서 유치원은 의무교육이다. 만 6세까지 자녀를 의무적으로 유치원에 보내야 한다. 흔히 미국 교육시스템은 'K to 12'로 불리는데 Kindergarten(유치원)부터 12학년까지를 말한다. 자녀를 사립유치원에 보내고 싶다면 비용을 지불해야 하지만, 공립유치원은 무료이다. 보통 90%가 넘는 유아들이 공립유치원에 진학하며, 지역별로 해당 구역에 위치한 공립유치원에 보내는 것이 일반적이다.

그렇다면 한국의 상황은 어떨까 비교를 해보자. 한국에서 유치원은 의무교육이 아니다. 1974년 이후 첫 국공립유치원이 형성된 이후 그 수가 많이 증가했지만, 여전히 국공립유치원은 턱없이 부족하다. 사립유치원의 비율은 40%가 넘고, 이러한 사립유치원은 대도시에 밀집되어 있다. 도시에 사는 젊은 부모들은 좋은 사립유치원에 자녀를 보내기 위해 필사적이다. 교육부의 '2019 전략목표 성과분석 보고서'에 따르면, 전체 유치원생 중 28.5%만이 국공립유치원에 다니고 있다. 3명 중 1명만이 국공립유치원에 다니는 꼴이다.

2012년 정부는 사립유치원들에 누리과정 지원금을 지원하기 시작했다. 일단 유치원 수가 부족하니 사립유치원에 대해 지원을 해줌으로써 아이들에 대한 교육의 질을 높이기 위해서였다. 그러나 이 누리과정 지원금은 사립유치원의 회계자료를 통합적으로 확인할 수 있는 시스템이 빠져 있었고, 아이들을 위해 쓰여야 할 돈은 교육이나 복지의 향상이 아닌 유치원의 배를 불리는 데 이용되었다. 몇 년간 알면서도 모르는 척 묵인해 온 정부와 교육 당국은 이제야 이를 바로 잡기 위한 대책에 나섰다. 국공립유치원 확충방안과 누리과정 지원금을 감시할 수 있는 법안을 통과시키려고 노력하는 중이다.

유치원의 회계 문제가 사회적 중심화제로 떠올랐을 때 미국 친구들에게 이 문제를 들려준 적이 있다. 그들이 궁금해한 것은 왜 국공립유치원이 부족한지, 왜 사립유치원들에 대한 회계시스템이 준비가 안 되어 있는지가 아니었다. 그들은 한국의 유치원이 왜 의무교육이 아닌지를 의아해했다. 미국은 유치원을 아동의 인지 발달과 사회성 함양 등 앞으로 있을 학문적 성취에 중요한 기초과정으로 인식하고, 유치원을 하나의 학교로 생각하는 것이다. 이는 미국뿐 만이 아니다. 프랑스 등 이미 전 세계의 많은 나라에서 유치원을 의무교육화하고 있다.

OECD 국가 중에서 한국의 출산율은 가장 낮다. 우리나라 가임기 여성이 출산을 꺼리는 가장 큰 이유는 단연 경제적인 문제, 그 중에서도 육아와 교육의 어려움이다. 젊은 부모들이 적은 돈으로 아이들을 안심하고 맡길 수 있는 환경을 만들어 주어야만 저출산 문제도 해결할 수 있다. 따라서 지금이 유치원을 의무교육화하는 절호의 기회일 수 있다. 초등학생 감소에 따른 남는 교실, 선생님, 교육예산을 이용하면 유치원 의무교육이 그리 어려운 일은 아니라고 본다. 어쩌면 고교 무상교육보다 유치원 의무교육을 먼저 시행해야 하는 것이 순서에 맞는 일일 것이다.

'망양보뢰(亡羊補牢)'는 양을 잃은 후에 우리를 고친다는 뜻이다. 지금 우리나라 교육 당국의 정책 집행이 이와 같다. 세밀하지 못했던 사립유치원을 위한 누리과정 지원을 이제 수습한다고 허둥대고 있다. 이것만으로 학부모들이 아이들을 안심하고 맡길 수 있는 발판을 마련할 수 있을까? 거만한 사교육 앞에서 아이들이 질 좋은 교육을 받을 수 있을까? 갈 길이 멀어 보인다. 언제까지 좋은 유치원에 아이들을 보내기 위해 부모들이 번호표를 뽑아야 할 것인가? 유치원 교육은 의무, 무상, 공립화되어야만 한다. 사립유치원보다 더 나은 더 좋은 교육환경을 만들어, 부모들이 안심하고 출산과 육아를 할 수 있게 해야 한다. 이는 더 나아가서는 유치원의 의무교육화는 안정된 가정과 사회와 국가를 만드는 데에 중요한 역할을 할 것이다.

(3) 보육 · 유치원 교직원의 책무 범위 확대

「영유아보육법」 제1조에서는 영유아의 심신을 보호하고 건전하게 교육하여 건강한 사회 구성원으로 육성함과 아울러 보호자의 경제적 · 사회적 활동이 원활하게 이루어지도록 함으로써 영유아 및 가정의 복지증진에 이바지함을 목적으로 하고 있다.

동법 제18조의2 제1항에 의하면 "보육교직원은 영유아를 보육함에 있어 영유아에게 신체적 고통이나 고성 · 폭언 등의 정신적 고통을 가하여서는 아니 된다."라고 보육교직원의 책무에 대하여 규정되어 있어 보육 교직원의 책무 범위는 신체적 · 정신적인 부분에만 그 책임과 의무를 한정하고 있음을 알 수 있다.

「영유아보육법」에 의한 어린이집은 보호자의 위탁을 받아 영유아를 보육하는 기관으로 영유아가 건강하고 안전하게 보호 · 양육되어야 하고 영유아의 발달 특성에 맞는 교육도 제공해야 한다. 하지만 단순히 보육교직원의 책무 범위가 신체적 · 정신적 고통을 가하지 않는 것으로 국한되어 규정되어 있으므로 보다 확대된 책무의 규정이 필요하다.

특히 영유아의 경우 자신의 의사표시나 행동에 있어서 자유롭지 못하고 어린이집 내에서 반드시 보육교직원의 보호를 받아야 하는 상황이다. 그러므로 앞에서 살펴본 아동학대의 유형에 따른 신체적 고통이나 정신적 고통의 범위를 넘어서 정서적 고통, 유기와 방임에까지 책무의 범위를 확대하여야 한다. 따라서 「영유아보육법」 제18조의2 제1항을 "보육교직원은 영유아를 보육함에 있어 영유아에게 신체적 고통이나 고성·폭언 등의 정신적 고통, 왕따 등의 정서적 고통 또는 유기나 방임을 가하여서는 아니 된다."라고 개정할 필요성이 있다.

3) 행·재정적 측면

(1) 관련 인력 증원 및 프로그램 운영 예산 증액

2021년 현재 아동보호전문기관은 전국에 68개소가 있다. 아동학대에 대한 발견율을 높이기 위해서는 기관 수를 늘려야 하는데 아동보호 예산은 범죄피해자보호기금과 복권기금에서 충당하고 있어 인력과 예산 증액이 쉽지 않다. 현장, 학계, 국회 등에서 10년째 보건복지부 일반회계로의 편입을 강조하고 있다. 하지만 이 문제는 아직도 해결되지 않고 있다. 아동보호 예산이 턱없이 낮은데다 그 구성을 기금예산으로 접근하는 것 자체가 미봉책에 머무는 것으로 볼 수 있다. 발견율을 높이겠다는 일시적인 대책이 아닌 기본적인 인프라 강화가 중요하다. 아동학대 예방에 접근하는 기본적인 패러다임을 바꿔야 한다. 이를 위해서는 앞서 주장한 바와 같이 아동학대 예방이 일시적인 문제해결을 위한 특별법 차원에서 다루는 것이 아니라 장기적인 관점에서 기본법과의 통합으로 해결하는 것이 하나의 대안으로 고려될 수 있을 것이다(이성우, 2021).

(2) 담당자 임금 인상 및 심리치료 프로그램의 도입

대부분의 선진국에서는 유치원교사와 대학교수의 임금 차이가 거의 없다. 유치원 교육의 중요성에 비추어본다면 대학교수의 임금보다 유치원교사의 보수가 더 높아야 한다. 하는 일이 대학교수가 하는 일보다 더 중요하고 전문성을 요구하는 일이기 때문이다. 임금이 낮기 때문에, 아이를 낳아서 키워본 경험이 풍부하고 자녀교육에 전문성을 동시에 가진 보육교사나 유치원교사는 찾기가 매우 어렵다. 사립유치원보다 국공립의 병설 유치원을 선호하는 현상에서 우리나라 유아교육 정책이 어느 방향으로 나가야 할지를 보여주고 있다.

보육·유치원교사의 임금수준이 합리적으로 인상되고 보육·유치원교사를 위한 심리치료 프로그램이 확대되어야 한다. 임금이 향상되지 않은 현 상태에서 심리치료 프로그램은 그 효과를 담보하기 어렵다. 프로그램 자체가 또 하나의 스트레스 요인으로 작동할 가능성이 매우 높기 때문이다. 아동학대를 예방하기 위한 어린이집에서의 보육교사의 역할은 매우 중요하다. 하지만 보육·유치원교사는 과중한 업무와 낮은 급여로 인한 스트레스에 시달리고 있다. 이를 체계적으로 관리하지 못한다면 직무에 대한 만족도는 현저히 낮아질 것이기 때문에 보육교사나 유치원교사의 심리 치료 프로그램의 도입은 지금 당장 현장에 필요하다.

그리고 보육·유치원교사들은 아직 의사소통이 원활하지 않은

영·유아나 유치원생을 대상으로 업무를 수행하기 때문에 체력적인 한계를 많이 느끼고, 업무의 전문성을 확보하지 못한 채 이직하거나 그만두는 경우가 많다. 이 때문에 보육·유치원교사를 위한 심리치료 프로그램을 개발하여 도입한다면 과도한 스트레스에 시달리고 있는 보육교사의 정신건강에 도움을 주고, 아동학대를 예방하는 데 많은 도움이 될 것이다.

4) 추진체계 측면

(1) 아동학대 예방지원체계 확립

아동학대행위의 근본적인 해결은 학대행위자의 처벌만으로 이뤄지는 것은 아니다. 아동학대의 대부분은 가정 내 부모에게서 일어난다는 것을 고려해 볼 때 형사처벌에 앞서 보안처분을 부과함으로써 원가정 회복을 우선하는 것이 아동학대 해결의 궁극적인 목표라 할 것이다.

물론, 아동학대행위는 근절되어야 하고, 학대행위가 범죄행위에 도달했을 때는 형사처벌을 통해 엄중하게 처벌하는 방안도 고려해야겠지만, 학대행위자의 교정과 치료를 통해 가정의 안정을 도모하고, 재학대 방지를 위한 보안처분이 우선되어야 한다(강동욱, 2011). 그러나 「아동복지법」이나 「아동학대처벌법」 등에서는 학대행위자에 대한 보안처분에 관한 법률이 제정되어 있지 않고, 「가정폭력특별법」(제40조), 「성폭력특별법」(제45조)으로 가정폭력과 성폭력에 해당하는 경우에만 보안처분을 부과하고 있다. 그러므로 「아동학대처벌법」 내에 학대행위자에 대한 보안처분과 이에 관한 법적 근거를 마련해야 할 것이고, 교정이 되지 않거나 학대의 정도가 매우 심한 상태에 이른 경우에 한하여 형사처벌을 하는 시스템으로 자리 잡아야 할 필요가 있다(강동욱, 2014).

더불어 아동학대행위는 가정에서뿐만 아니라 아동보호시설 종사자, 학교 교사 등과 같은 아동과 관련된 업무의 종사자 등에게서 나타나는 아동학대행위에 대한 문제도 함께 고려해봐야 할 것이다. 이들은 보호자로서의 역할과 신고의무자로서의 의무와 책임도 포함하고 있기 때문에 일반인들보다 가중처벌을 받고 있다. 그러나 처벌에 앞서 아동 관련 직업종사자들에 대한 아동학대방지 교육 부족과 시설의 미비, 그리고 아동보호인력지원의 부족함 등으로 인해 아동의 보호와 교육 등이 충분히 이뤄지지 않고 있다. 따라서 이들로 하여금 예방 차원의 아동보호와 복지 및 아동학대 교육을 의무적으로 이수하는 방안을 강구해야 할 것이다.

(2) 통합적인 정부지원 시스템 구축 및 업무 공동 추진체계 마련

현재 아동학대와 관련하여 「형법」, 「아동학대처벌법」은 법무부, 「아동복지법」은 보건복지부, 「청소년성보호법」과 「가정폭력방지법」은 여성가족부에서 소관하고 있다. 이로 인해 아동학대 피해자, 성폭력범죄 피해자, 가정폭력 피해자 등에 대한 보호 및 지원 조치가 부처별로 독립되어 시행되고 있다. 이러한 입법체계는 개별범죄의 특성과 그에 따른 피해자 보호를 위해 별도의 처리 절차인 특별법으로 규정하여 시행하고 있는 실정이다. 그러나 유사 법제를 통합하지 못하여 어려움이 있어 정책적으로 상충하는 어려움이 있고, 법의 집행이나 이를 수행하는 현장관계자에 대한 법 적용에 있어 혼란을 초래할 수 있다(강동욱 외, 2016). 예를 들어 「형법」에 위반되지 않는 결과의 학대행위나 「아동복지법」상 금지 행위에 해당하지 않는 아동학대 또는 보호자 외 성인에 의한 학대행위는 「아동학대처벌법」의 적용을 받지 않는다. 이 같은 경우에 형사처벌, 보호사건으로의 처리, 행정지도로 할 것인지의 여부에 대한 종합적인 판단을 내리기에 어려움이 있을 수 있다. 또한 아동학대 신고로 출동한 사법경찰관이 아동학대 범죄로 판단할 경우 어떠한 절차에 따라 처리할 것인지에 대한 사실관계와 법 적용에 대한 혼란으로 인해 피해아동의 불이익으로 이어지는 결과를 초래하고 있다.

따라서 정부와 입법기관은 기존의 법률 내용과 체계의 적합성을 고려하여 법을 제정하거나 개정하여야 한다. 일시적인 문제해결을 위한 특별법이 아닌 상기적인 효과를 보기 위한 기본법과의 통합도 하나의 대안으로 고려될 수 있을 것이다.

이와 함께 아동학대 예방 업무에 있어 공동 추진체계를 마련하는 것도 필요하다. 아동학대 예방정책은 피해아동의 기본적인 권리를 보장하고 건강한 성장·발달을 도모하며, 행위자의 회복과 가족의 기능을 강화하여, 피해아동을 가정에 재통합시키는 것을 목적으로 한다. 따라서 아동학대 문제는 개인적인 요인뿐 아니라 아동과 행위자의 가정과 지역사회, 그리고 사회적인 문제 등이 복합적으로 작용하므로 어느 한 기관만의 노력만으로는 해결 자체가 불가능하다. 따라서 아동학대 예방을 위한 인식개선과 교육사업 추진, 아동학대행위자 처벌 및 교정을 위한 사업 처리 업무 수행, 피해아동 보호 및 치료를 위한 서비스체계 구축 등에 관한 다양한 사안에 대해 여러 기관 간의 협업을 통한 체계적인 업무 추진이 요구된다. 아동학대 사건을 효율적으로 처리하기 위한 업무체계 및 학대행위자 처벌 및 관리에 관한 제도 마련에 있어서 충분한 합의를 통해 방안을 모색할 수 있어야 한다.

(3) 지역사회 관계기관 협력체계 구축의 활성화

아동학대의 예방 및 보호를 위해 지역적 특성을 반영하는 생태체계적 시스템을 서둘러 구축해야 한다. 아동학대 문제는 피해아동 및 학대행위자, 가족, 지역사회 등 포괄적이고 복합적인 요인에 의해 발생하기 때문에 아동보호전문기관 단독으로 문제를 해결하기에는 한계가 있다. 따라서 지역사회 내 가용 자원을 발굴하고 관련 기관과의 연계와 협력을 적극 이끌어내는 것이 아동학대 예방 업무의 중요한 사안이라 할 수 있다. 이를 바탕으로 「아동복지법 시행령」에서는 대통령령으로 정하는 아동학대의 예방과 방지를 위한 사항에 '아동학대 예방을 위한 관계기관 간의 협력체계 구축'을 국가와 지방자치단체의 의무로 규정해 놓고 있다. 지역에서는 자체적으로 관계기관과 협력체계를 구축하고 있으나 지역마다 가용 자원의 편차가 심하고 협력체계와의 관계가 임시방편인 경우도 발생한다. 따라서 관계기관과의 협력이 적극적으로 이루어지기 위해서는 무엇보다도 법적으로 협력을 의무화하거나 필수 협력 기관을 명시하고 협력을 위한 예산 지원이 이루어지는 것이 가장 효과적일 것이다.

아울러, 아동학대 예방강화를 위해 추진해야 할 지역사회자원 활용체계, 네트워크 및 거버넌스 체계구성 등에 대한 부분도 적극적으로 고려해야 한다. 아동학대는 가족의 사회경제적 특성, 지역사회환경, 사회문화적 특성 등과 같이 미시적, 거시적 환경 등 복합적인 원인에 의해 발생하기 때문에 통합적 접근이 필요하다. 또한, 아동학대 예방과 사후관리 등 피해아동보호를 위해서는 예산 확보와 인프라 확충이 선행되어야 한다. 그리고 이미 아동학대 예방에 대한 대책은 많이 나와 있으나 이를 실행에 옮길 인력과 예산 등의 인프라가 구축되지 않으면 실효성 있는 대책으로 자리 잡기 어렵다. 인프라 구축은 많은 시간과 예산 등이 수반되어야 하며, 그 사이에 인간으로서의 최소한의 권리와 관심을 받아야 한다.

2. 아동학대 사후 조치에 대한 개선방안 및 과제에는 어떤 것들이 있을까?

1) 아동학대행위자에 대한 상담 및 의료지원

「아동학대처벌법」에 따르면 모든 아동학대가 아동학대범죄로 이어지는 것은 아니다. 학대 피해아동에 대한 보호와 지원, 예방은 모든 아동학대를 대상으로 하지만 아동학대행위자에 대한 처벌은 법률상 규정한 아동학대범죄에 대해서만 이루어진다(김승경 외, 2014).

이것은 아동과 많은 시간을 보내는 부모 등 보호자의 법적 처벌과 학대 이후에 학대행위자의 조치 등으로 국가적 서비스를 제공받고 있다는 것을 의미한다. 학대행위자를 대상으로 한 서비스 제공은 총 335,818회로 집계되었으며, 상담서비스 243,200회(72.4%), 심리치료지원서비스 26,148회(7.8%), 사건처리지원 20,492회(6.1%) 순으로 높게 나타났다(보건복지부, 2021). 이것은 학대행위자와 피해아동에게 매우 바람직한 조치이지만, 「아동학대처벌법」상의 아동학대행위자에게만 해당되는 것이기 때문에 아동학대의 가능성이 있는 부모를 포함한 보호자가 자발적 상담이나 의료진료가 필요한 경우, 아동학대 가정의 친지나 주변 사람들에게 의한 권고 등으로 상담 및 치료 등의 도움을 원할 시에는 개인이 모든 것을 부담해야 하는 어려움이 있어 자발적인 예방조치에 어려움이 있을 수 있다.

따라서 아동학대범죄의 학대행위자에게만 조치를 취할 것이 아니라 아동학대 가능성이 높거나 아동학대범죄로 이어지지 않는 자발적인 상담 및 진료에도 국가 차원에서의 지원이 가능하게 하고, 지역연대로 아동학대 예방을 위한 사회적 책임으로 인식되어야 할 것이다.

2) 재학대 방지를 통한 사후예방조치

아동학대는 일회적인 것이 아니라 지속적인 성격을 지니며, 반복적이고 만성적인 상태라고 할 수 있다. 피해아동의 학대는 대부분 가정 내에서 발생하고 그 학대 주체가 부모인 경우 25,380건(82.1%)으로 높은 수치를 보이고 있다(보건복지부, 2021). 그리고 아동학대 해결의 궁극적 목표는 원가정으로의 회복이며, 아동의 안전과 가정의 재결합, 재학대의 위험을 방지하여 추후에 아동학대 행위가 더 이상 발생하지 않게 하는 것이다. 따라서 피해아동의 보호조치와 재학대행위는 분리되어서는 안 되며, 그에 따른 장기적인 대안 마련이 필요하다.

현재 모든 아동보호전문기관은 아동학대 사례판단 이후 피해아동, 학대행위자 및 가족을 대상으로 보호 및 사후 조치에 관한 지원을 통해 재학대 발생을 예방하고 가족기능을 강화할 수 있도록 노력하고 있다. 또한 사례 종결 이후 3개월 이상의 사후관리를 실시하고 있으나, 재학대 발생은 아동학대 판정 후 1년 이후부터가 가장 높기 때문에 아동안전 및 재학대 여부의 확인을 위한 지속적인 관찰과 보호가 필요하다.

아동의 보호와 교육을 위해서는 학대범죄의 처벌과 동시에 학대의 정도와 기간 빈도 등의 내용을 정확히 파악하고, 피해아동의 성격, 상태 및 가해자의 태도, 개선 가능성 등 현 상황과 실정에 맞는 실질적인 보호조치가 이뤄져야 할 것이다. 또한 아동학대행위자의 유형에 따른 심리치료나 정신치료, 약물치료 등 다양하고 적극적인 치료적 처우를 통한 문제해결은 아동의 재학대 문제를 예방하는 데 도움이 될 것이다(박혜진, 2016). 더불어 이를 적극적이고 실효성 있게 시행에 옮길 수 있는 정부의 각 부처와 아동보호전문기관들 간에 상호협조가 이루어져야 만이 가정 내에서의 재학대를 방지하고 원가정 회복을 현실화하는 데 밑바탕이 될 것이다.

3) 피해아동 보호시설 확충

학대행위자로부터 피해아동을 분리시키거나 피해아동을 원가정으로 복귀시키기 어려운 경우에 피해아동들을 보호하기 위한 보호기관의 증설이 필요하다. 2020년 「아동학대처벌법」 조치사례는 총 3,635건에 이르고, 2020년 전국 총 76개의 학대피해아동쉼터가 총 1,026명의 아동을 보호하였다. 이 중 2020년 이전에 입소하여 보호를 받은 아동의 수는 전체의 374명(36.5%)이었고, 2020년도에 입소한 아동은 652명(63.5%)이었다(보건복지부, 2021). 학대피해아동쉼터에서는 정신적 피해를 회복하기 위한 상담 및 심리치료를 병행하고 있다. 피해아동은 성장기에 있기 때문에 성인보다 학습능력이 월등하다. 따라서 아동학대행위로 인하여 받은 정신적 피해는 장래의 사회의 구성원으로 성장하고 행복한 가정을 꾸려나가는 데 장애요인으로 작용할 수 있다. 이러한 피해아동이 받은 정신적 피해를 해소시키기 위해 피해아동에 관한 전반적인 상황을 고려하여 상담 및 심리치료가 이루어져야 할 것이다.

그러나 요보호아동의 수에 비해 피해아동보호기관은 터무니없이 부족한 현 상황에서 피해아동에 대한 시설보호가 올바르게 이행되고 있다고 하기에는 무리가 있다. 「아동복지법」 제4조 제3항에서 규정에 의하면 "학대아동이 가정에서 성장할 수 없을 때에는 가정과 유사한 환경에서 성장할 수 있도록 조치를 취하여야 하며, 아동을 분리하여 보호할 경우에는 신속히 가정으로 복귀할 수 있도록 지원하여야 한다"고 국가와 지방자치단체에 대한 책무로 규정하고 있다. 따라서 아동보호시설 확충 및 아동보호기관에서 시행하고 있는 상담 및 심리치료를 더욱 세분화할 필요가 있다(김화미, 2017).

4) 피해아동보호 · 회복 · 치유프로그램 전문 인력 증원 및 소요 예산 확대

피해아동회복 · 치유프로그램으로 '회복적 생활교육'이 있다. 회복적 생활 교육은 통제 중심이 아닌 존중과 자발적 책임과 협력을 목표로 한다. 이전 교육의 방식이 잘못된 행동을 했을 때 그에 상응하는 고통(처벌)을 부여함으로써 사회를 통제하고 사람의 행동을 변화시키는 것이었다. 하지만 이러한 교육방식은 피해에 대한 온전한 회복이 불가능하다는 한계가 있고, 회복적 정의는 처벌이 아니라 가해자와 공동체 구성원의 노력으로 피해가 온전히 회복될 때 성취될 수 있다는 것을 알게 되었다. 이와는 반대로 '회복적 생활교육'은 상처를 회복하고 정의를 회복하는 효과적인 프로그램이다.

어릴 적 상처는 평생을 거쳐 심리적으로 장애가 되어 어려움을 줄 수 있다. 따라서 아동학대 피해자가 일회적 또는 일시적이 아닌 평생을 통해 정상적으로 회복될 때까지 우리 사회가 책임지는 자세가 필요하다. 따라서 가해자의 책임 한계도 일시적이 아닌 평생을 거쳐 책임지는 자세가 필요하다. 아동학대의 피해자나 가해자가 일생을 통해 지속적으로 치유되고, 아동학대가 재발하지 않기 위해서는 자원봉사자들의 지도와 격려가 필요하다.

이러한 지도와 격려를 위하여 사회 제도적 보호와 보장을 위한 예산 지원이 필요하다. 이들이 우리 사회에서 아동학대나 가정폭력이 일어나지 않도록 자발적으로 참여하여 아동학대의 근절을 위해 노력한다면 우리 사회의 아동학대와 가정폭력 예방에 매우 효과적이고 가치 있는 일이 될 것이다.

참고문헌

강동욱(2011). 아동학대행위자와 그에 대한 조치에 관한 고찰. 한양법학, 34, 97-115.

강동욱(2014). 아동학대행위의 처벌 및 이에 관한 법제의 검토, 법학논총, 21(1), 446-447.

강동욱(2016). 아동학대범죄 피해아동의 보호를 위한 법·제도적 보완 방안, 홍익법학, 17(1), 55-79.

강동욱 외(2016). 범죄피해자보호·지원 관련 법제의 문제점 및 정비방안. 법학논총, 33(2), 73-101.

강란혜 외(2004). 아동학대 전문상담. 한국가족복지학회. 시그마프레스.

강민경.이근매.김지희(2019). 활동중심 미술치료가 ADHD성향 아동의 주의집중력 및 자기조절에 미치는 효과. 정서·행동장애연구, 35(4), 167-188.

강유리(2014). 국내 아동학대 치료 연구 분석. 한양대학교 대학원 석사학위논문.

경기도 남양주시 전담의료기관과의 협약 체결 우수사례

http://www.shinailbo.co.kr/news/articleView.html?idxno=1477676.

고경순 외(2016). 아동학대 조기발견체계 구축을 위한 법 개정 추진. 법조협회, 65(6), 312-320.

고윤정, 김정민(2015). 사회불안장애 여자대학생을 위한 인지행동치료와 수용전념치료의 효과 비교. 정서·행동장애연구, 31(2), 175-19.

고주애(2010). 아동보호전문기관 상담원의 '소진(burnout)' 경험에 대한 탐색. 한국사회복지질적연구, 4(1), 5-31.

공성숙. 배재현(2013). 아동기의 심리적 이상 경험과 외상 후 스트레스 증상 및 해리와의 관계에서 집단 따돌림의 매개효과. 정신간호회지, 22(3), 193-204.

곽영숙 외(1986). 아동학대의 개념과 원인. 한양대학교 정신건강연구, 5, 37-52.

권순영(2013). 학교기반 아동학대 개입 모형 개발. 박사학위논문, 한국교원대학교.

김경우 외(2021). 아동학대 대응 거버넌스 관련 쟁점과 개선방안. 한국행정연구원.

김광일 외(1987). 아동구타 발생률 조사. 한양대학교 정신건강연구, 6, 66-81.

김명훈 외(2020), 전담의료기관 역할한국을 포함한 각국의 아동학대 전담의료기관 유사 사례 고찰, 연세대학교 의과대학 강남세브란스병원 사회사업팀, 서울대학교 의과대학 응급의학교실.

김명희(2001). 근친 성학대를 받은 아동의 대인관계 증진을 위한 자기표출 훈련 프로그램에 관한 연구, 가톨릭대학교 대학원 석사학위논문.

김미숙, 배화옥, 정익중, 조성호, 박명숙, 김지민(2016). 아동학대 피해아동 지원 체계 구축방안 연구. 한국보건사회연구원.

김미숙 외(2016). 아동학대 피해아동 지원 체계 구축방안 연구, 한국보건사회연구원(KiHASA)

김미정 외(2012). 아동학대경험이 아동의 학교적응에 미치는 영향에 대한 메타분석. 한국지역사회복지학, 43, 409-430.

김민선, 손병덕(2020). 아동학대 관련 요인 상관관계 메타분석. 한국범죄학 2020, 14(3), pp. 211-227

김상용(2012). 아동학대 방지와 피해아동 보호를 위한 새로운 법체계의 구축을 위한 연구, 법학논문집 36(3), 65-126.

김선애 외(1997). 아동학대의 실태 및 영향. 한국청소년연구, 26('97.9), 5-28.

김성준(2006). 신체학대를 받은 아동을 위한 개인인지행동치료 프로그램의 효과. 아주대학교 석사학위논문.

김성준(2014). 신체학대를 받은 아동을 위한 개인 인지행동치료 프로그램의 효과. 아주대학원 대학원 석사학위논문.

김세원 외(2019). 아동학대행위자 및 학대피해아동 유형화 및 관계에 대한 연구 : 잠재계층분석을 적용하여. 한국가족사회복지학회.

김소연 외(2015). 아동학대 경험이 아동의 학교생활적응에 미치는 영향: 내재화 문제와 외현화 문제의 매개효과. 청소년복지연구, 17(4), 387-410.

김수정 외(2013). 아동학대가 우울·불안과 공격성에 미치는 지속 효과와 최신 효과에 대한 종단 연구. 한국아동복지학, 43, 1-28.

김순업(2006). 현실요법을 적용한 교사 정신건강 증진 프로그램 개발 및 효과검증. 계명대학교 대학원 박사학위논문.

김승경 외(2014). 가정폭력 피해아동·청소년 실태 및 대응방안 연구. 한국청소년정책연구원.

김아름, 김나영(2017). 해외 아동수당 도입사례. 육아정책연구소. 육정책포럼, 53.
김영아(2013). 집단미술치료가 학대 피해아동의 사회성에 미치는 효과. 미술치료연구, 20(4), 791-809.
김영은(2016). 아동학대예방을 위한 예비유아교사 인성교육 프로그램 개발 및 효과, 가천대학교 대학원 박사학위논문.
김은영 외(2016). 아동학대와 아동의 생태학적 환경과의 관계. 한국아동권리학회.
김은영 외(2016). 안전한 영유아 보육・교육 환경 조성방안(Ⅱ)(총괄보고서)-아동학대를 중심으로, 육아정책연구소.
김정민(2006). 청소년의 사회불안 감소를 위한 인지행동집단상담 프로그램의 효과. 상담학연구, 7(2), 541-556.
김정현(2005). 미술치료가 시설아동의 자기표현 및 사회성 향상에 미치는 영향. 대구대학교 재활과학대학원 석사학위논문.
김지연, 좌동훈, 박세경, 한미경(2015). 아동・청소년・가족 보호체계 개선방안 연구. 한국청소년정책연구원 연구보고서, 15-R10.
김지연. 김정민. 조은별(2018). 아동학대 생존자의 외상 후 성장을 위한 인지행동치료프로그램의 개발 및 효과. 정서행동장애연구, 34(3), 113-134.
김춘경(2004). 아동상담(이론과 실제). 학지사.
김평화 외(2013). 아동학대가 아동의 정서결핍과 공격성에 미치는 영향. 한국아동복지학, 41, 217-238.
김형모(2002). 아동학대 예방을 위한 전체 체계적인 접근. 한국사회복지논총, 7, 109-126.
김형모(2016). 아동보호체계 개선방안: 차등적 대응시스템 적용가능성을 중심으로. 한국아동복지학회 2016 추계학술대회 발표자료. 17-58.
김혜영(1990). 아동학대 관련 변인에 관한 연구. 석사학위논문, 이화여자대학교.
김화미(2017). 아동학대범죄의 예방 및 대책방안. 아동보호연구, 2(2). 한국아동보호학회
나은숙 외(2007). 아동학대 유형별 우울성향, 자기효능감, 학업성취 간의 관계. 아동학회지, 28(4), 35-49.
노충래(2015). 전국보육실태조사 어린이집 조사 보고서. 서울: 보건복지부.
뉴시스(2021). 코로나로 가정 내 아동학대 무방비. 서울: 공감언론.
대구광역시교육청(2016). 중고등학교용 교육자료. “아동(청소년)학대, 제대로 알고

대처합시다".

도미향 외(2009). 아동복지론. 경기: 공동체.

류정희(2017). 아동학대 현황과 아동 권리 보장을 위한 아동보호체계 개선 방향. 한국보건사회연구원.

문영희(2010). 현행 아동복지법에 관한 고찰. 한양법학, 21(3), 410-411.

문영희(2011). 아동학대방지와 학대피해아동의 보호방안에 관한 연구, 동국대학교 대학원 박사학위논문.

문재우 외(2016). 아동학대 예방 강화를 위한 정책 방안 연구. 한세대학교 협력단. 경기도의회.

문지영(2015). 행복증진 프로그램이 학대경험 아동의 우울 및 자아존중감에 미치는 영향에 관한 단일사례연구, 공주교육대학교 교육대학원 석사학위논문.

민대기(2014). 환경적 요인이 아동 성장기의 정신건강에 미치는 영향. 한국데이터정보과학회지, 25(2), 203-304.

박광동(2018). 아동학대 관련 법제 개선방안에 관한 연구, 한국법제연구원,

박금식 외(2014). 부산지역 아동복지시설 아동 자립지원 강화방안 연구. 부산여성가족개발원.

박기환, 허유정, 최영희(2002). 사회공포증 환자를 위한 대상으로 한 인시행동치료의 효과에 관한 연구. 인지행동치료, 2(1), 113-119.

박명숙(2006). 피해아동을 위한 서비스의 국가 간 비교를 통한 한국적 함의: 미국과 스웨덴을 중심으로. 한국아동학회, 27(5), 79 93.

박선미(2017). 아동기 외상 유형의 외상 경험 대학생의 대인관계 철회에 미치는 영향:심리적 경직성의 매개효과. 동덕여자대학교 대학원 박사학위논문.

박영도(2012). 특별법 입법체계 개선방안, 한국법제연구원. 26-37.

박원순 외(2016). 가정과 기관에서의 영유아 학대 인식 실태와 개선 방안. 육아정책연구소.

박일태(2020). 미혼모를 위한 아동학대 예방 프로그램 개발 및 평가: 극복력 간호모델과 대처기술훈련 기반으로, 고려대학교 대학원 박사학위논문.

박주영(2021). 아동학대 대응의 공적 책임 강화에 관한 법・제도적 고찰-시・군・구의 역할과 책임을 중심으로. 민사법의 이론과 실무, 24(2), 87-131.

박초희(2020). 학대피해아동의 심리사회적 적응을 위한 위기개입 부모-자녀 인지

박혜진(2016). 바람직한 아동학대방지정책 마련을 위한 제언. 형사정책연구, 27(3),

253-283.
배은주 외(2014). 인천광역시 아동학대 현황 분석과 정책 방향, 인천발전연구원.
백승화, 박 경(2010). 집단미술치료가 정서 학대 및 방임 아동의 정서표현 및 조절에 미치는 영향. 심리치료:다학제적 접근, 10(2), 109-135.
보건복지부 전담의료기관 활성화 우수사례
https://www.docdocdoc.co.kr/news/articleView.html?idxno=2007535
보건복지부(2016). 2015 전국아동학대현황보고서. 중앙아동보호전문기관.
보건복지부(2017a). 2016년 전국아동학대현황보고서.
보건복지부(2017b). 2016년 전국아동학대현황보고서 아동분야 사업안내 2권.
보건복지부(2020). 전국 아동학대 현황보고서. 서울:중앙아동보호전문기관
보건복지부(2021). 2020 전국아동학대현황보고서. 중앙아동보호전문기관.
보건복지부(2021). 2020년도 아동학대 주요통계. 보건복지부.
보건복지부(2021). 아동학대 대응체계 강화방안. www.mohw.go.kr
보건복지부(2021). 아동학대 대응체계 보완방안.
보건복지부, 중앙아동보호전문기관(2020). 2020 전국아동학대 현황보고서.
사회법전(Sozialgsetzbuch Achtes Buch: SGB Ⅷ) 아동 및 청소년 원조법(Kinder und Jugendhilfeeetz : KJHG(https://dejure.org/gesetze/SGB_Ⅷ/7.html.
서울시 노원구 전담팀 구성 우수사례
https://www.seouland.com/arti/society/society_general/3218.html
서현우(2018). 치료놀이에 기반 한 모・아애착증진 프로그램이 영・유아 모의 양육스트레스와 아동학대예방에 미치는 효과. 남서울대학교 석사학위논문.
성정아, 홍혜영(2014). 대학생의 이성 관계에서 불안정 성인애착이 친밀감 두려움에 미치는 영향. 한국심리학회지:상담 및 심리치료, 26(2), 387-414.
송성자(1993). 가정에서 버려진 아이들-방임 아동에 대한 임상적 접근에 관한 연구. 한국아동복지학 창간호.
송수민(2007). 수치심경향성과 죄책감경향성의 비교:심리적 특성과 상황적 변인에 따른 차이. 한양대학교 대학원 박사학위논문.
송수진(2016). 아동학대 방지 및 피해아동 보호를 위한 법제도 개선방안. 충북대학교 박사학위논문.
송수진(2016). 아동학대 예방 및 피해아동의 효율적 지원을 위한 개선방안, 한국가족법학회.

송영혜(1997). 놀이치료 원리. 대구대학교 출판부

송영혜, 김경선, 이경하(2001). 신체학대 받은 아동의 놀이치료 접근 방향. 놀이치료연구, 5(1).

신영화(1986). 한국 아동학대의 사회, 인구 및 가족 환경적 특성에 관한 연구. 석사학위논문, 서울대학교.

신현숙(2005). 미술치료가 신체학대받은 아동의 자기표출과 대인관계에 미치는 효과. 미술치료연구, 12(2), 282-407.

아동권리보장원(2020). 아동학대 사건 판례집:2017~2019.

안동현(2000). 신고된 아동에서 학대 후유증 연구.아동학대의 실태 및 후유증 연구. 보건복지부.

안현의(2005). 청소년의 심리적 외상에 관찬 탐색적 연구:외상 후 스트레스 증상과 성격특성을중심으로. 한국심리학회지:상담및심리치료, 17(1), 217-231.

양은주(2015). 미술치료 프로그램이 성학대 아동의 우울과 자아존중감에 미치는 영향: 대구한의대학교 대학원 박사학위논문.

여진주(2010). 아동학대 보호요인의 효과-부모 및 아동의 사회적 지지망을 중심으로. 박사학위논문, 가톨릭대학교.

연진영(1992). 아동학대 실태와 관련 변인. 가정문화연구, 9, 93-122.

오삼광(2020). 아동학대 현황과 대응방안이슈브리프, Korean Women's development Institute.

오정수, 이혜원, 정익중(2006). 세계의 아동복지시비스: 미국 영국 일본을 중심으로. 나눔의집.

오현숙(2003). 아동기 성학대 피해여성의 치료집단 프로그램에 관한 연구, 이화여자대학교 대학원 박사학위논문.

왕정균(2003). 집단미술치료가 방임된 아동의 불안 감소에 미치는 효과. 원광대학교 보건환경대학원 석사학위논문.

우현주(2004). 초등학생의 학업스트레스 감소를 위한 현실요법 집단상담 프로그램의 개발 및 그 효과. 한국초등상담교육학회.

유정아, 정익중(2014). 방임이 초등저학년 아동의 우울 및 공격성에 미치는 영향. 한국아동복지학회. 아동복지학, 47.

윤영배, 유준호(2017). 아동학대 예방을 위한 인성교육 프로그램이 예비유아교사의 학대인식, 인성, 교수효능감에 미치는 효과.

윤혜미(2013). 우리나라 아동학대예방센터 활동분석과 아동보호서비스 개선을 위한 논의. **한국아동복지학**, 15, 서울대학교 의과대학 응급의학교실.

이경열(2009). 행복증진프로그램 개발 및 효과. 원광대학교 학생상담센터. 29.

이근매(2008). **미술치료 이론과 실체**. 파주: 양서원.

이무선(2015). 소위 아동학대특례법의 법적 쟁점 및 실효성 검토. **경희법학**, 50(1), 60.

이미경(1996). 성학대 예방 프로그램이 아동의 성학대 위험 지각에 미치는 효과, 숙명여자대학교 대학원 석사학위논문.

이배근(2009). 세계의 아동복지, 한국아동학대예방협회.

이복희(2007). 부모의 아동학대와 아동의 적응변인 연구. 인하대학교 교육연구소. **교육문화연구**, 13(1).

이봉주 외(2015). 아동학대 예방 및 보호를 위한 아동보호 체계의 개선방안 연구-아동보호전문기관의 기능과 역할을 중심으로, 굿네이버스.

이소희(1989). 아동학대 확인을 위한 가정환경 분석 연구. 숙명여자대학교 대학원 박사학위논문.

이영돈(2016). 아동학대범죄에 대한 경찰의 대응방안 고찰. **강원법학**, 48, 423-450.

이영호, 송종용(1991). BDI,SDS,MMPI-D 척도의 신뢰도 및 타당도에 대한 연구.

이원숙(2000). 스트레스와 사회적 지지개입틀에서의 성폭력피해 가족을 위한 사회사업적 접근에 관한 연구. **한국사회복지학**, 3, 107-140.

이정념(2010). 미국에서의 아동학대 신고의무제도. **경찰법연구**, 8(2), 217-236.

이정윤, 최정훈(1997). 사회공포증의 인지행동치료와 노출치료의 효과연구. **한국심리학회지:상담 및 심리치료**, 9(1), 35-36.

이창수 외(2021). 아동학대 대응방안 실효성 분석. **교정상담학연구**, 6(1), 79-100.

이호준(2007). 서울대학교 교육연구소. 아시아교육연구, 8(3).

장민선(2015). 입법성 연령 기준의 적용에 관한 연구, 한국법제연구원, 38.

장영미(2004). 아동학대에 관한 연구-아동보호서비스의 개선방안을 중심으로. 조선대학교 대학원 석사학위논문.

장화정(2002). 참여활동을 통한 아동학대 예방교육: 교사교육=PAPCM. 한국이웃사랑회출판부.

전민경・남성희・임예슬(2017) 아동학대예방을 위한 지역사회 서비스 제공기관간의 협력체계 구축방안. 정책보고서 2017-28.

전영실(2000). 피학대아동 보호방안에 관한 연구. 형사정책연구원 연구총서, 12. 13-245

정덕영(2006). 아동학대 피해자의 심리에 관한 연구. 한국범죄심리학회. 한국범죄심리연구, 2(2).

정선영(2003). 신체학대를 받은 아동의 놀이치료 사례. 놀이치료연구, 7(1), 91-103.

정연주 외(2020). 학업중단 청소년의 흡연: 아동학대 피해 경험을 중심으로. 치안정책연구. 52호, 407-434.

정영태(2005). 자기표출훈련 프로그램이 초등학교 결손가정 아동의 자아존중감과 사회성 발달에 미치는 효과. 초등교육학연구, 13(1). 초등교육학회.

정우석(2016), 스웨덴의 강력한 아동학대 금지 정책, 한국청소년정책연구원 https://www.nypi.re.kr/brdartcl/boardarticleView.do?menu_nix=iBwuo1rV&brd_id=BDIDX_zewPqUx5V8ZThtw5o5fm99&cont_idx=129&edomweivgp=R

정웅석 외(2012). 아동학대사건의 처리실태 및 개선방안, 2012년도 법무부 용역과제.

정익중(2008). 아동정책의 과제와 전망. 한국청소년시설환경학회. 한국청소년시설환경학회 학술대회 2008(1).

정진숙(2021). 학대경험아동의 불안 감소 및 자기효능감 향상을 위한 활동중심 미술치료 사례연구. 임상미술심리연구, 11(2), 133-155.

조범근 외(2017). 아동학대에 대한 경찰의 대응과 개선방안-경찰의 초기 대응과 법적 권한을 중심으로. 경찰학연구, 17(1), 89-111.

조용남(2015). 아동복지정책의 효과성에 관한 연구. 이화여자대학교 대학원 박사학위논문.

조은정, 이기화(2004). 아동기의 정서적 학대 경험이 대인관계 문제해결 능력에 미치는 영향. 상담학연구, 5(3), 583-595.

조진희(2007). 아동 성학대 예방 교육이 보육교사의 아동 성학대에 대한 태도에 미치는 효과. 대한아동복지학회. 아동복지연구, 5(3).

조홍식(2000). 아동학대의 후유증연구:사회복지입소시설 아동학대 후유증의 실태와 대책 중심으로. 아동학대의 실태 및 후유증연구. 보건복지부.

주소영 외(2008). 아동학대와 탄력성의 관계에서 인지기능과 사회적 지지의 매개효과. 아동학회지, 29(3), 127-156.

주혜선(2012). 자서전적 외상 기억 특성에 따른 외상 후 심리적 증상의 차이. 이화여자대학교 대학원 박사학위논문.

차선자(2013). 허용되는 양육방식과 금지되는 아동학대의 기준: 폭력인식의 문화적 관점을 중심으로. **법학논총**, 30(4), 153-182.

최승미, 김영재, 권정혜(2013). 인지적 문제해결적 행동 대처 및 사회적 지지가 외상후 성장에 미치는 영향: PTSD 증상수준에 따라. **인지행동치료**, 13(2), 307-328.

최영진(2015). 아동학대에 관한 법적 대응방안. **법학연구**, 23(4),

최외선, 김갑숙, 최선남, 이미옥(2009). **마음을 나누는 미술치료**. 서울:학지사

최윤옥(2009). 현실요법을 적용한 집단상담 프로그램이 피학대 아동의 자아존중감, 내적통제성, 대인관계 증진에 미치는 효과. 계명대학교 교육대학원 석사학위논문.

최지원(2013). 이야기치료 개입을 통한 아동의 정체성 형성 과정 연구. 서울여자대학교 대학원 박사학위논문.

한경은, 김정민(2008). 아동의 학대경험, 자아탄력성, 외상 후 스트레스 증상 간의 관계. **놀이치료연구**, 12(1), 89-103.

한근회, 김정민(2016). 사회불안장애 아동을 위한 게임 인지행동치료프로그램 개발 및 효과. 놀이치료연구, 20(1), 31-46.

한명숙(2003). 참여활동을 통한 아동학대예방교육(PAPCM)의 필요성 및 활성화 방안에 관한 연구: '굿 네이버스' 인천지부의 PAPCM 운영사례를 중심으로. 성산효도대학원대학교 석사학위논문.

Abrams, D., and Ramsey, S. (2007). *Children and the law: Doctrine, policy, and practice*(3rd ed). St. Paul, MN: Thomson/West.

Aldgate, J, and Hill, M.(1995) Child welfare in the United Kingdom : recent changes in policy and legislation, *Children and Youth Services Review 17*, 5/6

Barnett, D.(1997). The effect of early intervention on maltreating parents and their children. In M.J. Guralnick (Ed.), *The effectiveness of early intervention*(pp. 147-170). Baltimore, MD: Paul H. Brookes Publishing Co.

Belsky, J.(1980). Child maltreatment: An ecological integration. *American Psychology, 35*(4), 320-335.

Crosson-Tower, C. (1999). *Understanding child abuse and neglect*(4th ed). Boston, MA: Allyn and Bacon.

Dodge, K., and Coleman, D. (2009). Preventing child maltreatment: Community approaches. In Ammerman, R., Putnam, F., Margolis, P., and Van Ginkel, J. (Eds). *Quality improvement in child abuse prevention programs* (pp.121-138). New York, NY: Guilford press.

Duggan, A., Caldera, D., Rodriguez, K., Burrell, L., Rohde, C., & Crowne, S.S. (2007). Impact of a statewide home visiting program to prevent child abuse. *Child Abuse & Neglect, 31*, 801-27.

Duggan, A., Windham, A. McFarlane, E., Fuddy, L., Rohde, C.,Buchbinder, S., & Sia, C. (2000). Hawaii's Healthy Start Program ofHome Visiting for At-Risk Families: Evaluation of Family Identification, Family Engagement, and Service Delivery. *Pediatrics, 105*(1), 250-259.

Garry Landreth(2009). 놀이치료: 치료관계의 기술. 유미숙 옮김. 서울: 학지사.

Gil, D. G.(1979). *Child abuse and violence*. New York: Ams press.

Giovanni, J. M.(1976). Parental maltreatment: perpetrators and victims. *Journal of Marriage and the Family, 38*, 649-657.

Helfer, R. & Kempe, H.(1974). *The battered child*. Chicago: Chicago university press.

HHS, ACF, ACYF, & Children's Bureau. (2016). Building Community Building Hope: 2016 Prevention Resource Guide. Retrieved May 23, 2016, from https://www.childwelfare.gov/topics/preventing

Holton, J. K., & Harding, K. (2007). Healthy Families America: ruminations on implementing a home visitation program to prevent child maltreatment. *Journal of Prevention & Intervention in the Community, 34*(1-2), 13-38.

http://www.bokjitimes.com

John B. Arden.Lloyd Linford. (2016). 아동·청소년 뇌기반 심리치료. 서울: 시그마프레스.

Koniak-Griffin, D., Verzemnieks, I. L., Anderson, N. L., Brecht, M. L., Lesser, J., Kim, S., & et al. (2003). Nurse Visitation for adolescent mothers ; two-year infant health and maternal outcomes. *Nursing research, 52*(2), 127-136.

Master, A. S., & Coatsworth, J. D.(1995). *Competence, resilience, and psychoparhology: risk, disorder, and adaptation*. New York: Wiley & Sons.

Mills, C. (2004). Problems at home, problems at school: The effects of maltreatment in the home on children's functioning at school. An overview of recent research.

Olds, D. L. (2008). Preventing Child Maltreatment and Crime with Prenatal and Infancy Support of Parents: The Nurse-Family Partnership. *Journal of Scandinavian Studies in Criminology and Crime Prevention, 9*(1), 2-24.

Olds, D. L., Kitzman, H., Knudtson, M. D., Anson, E., Smith, J. A., & Cole, R. (2014). Effect of home visiting by nurses on maternal and child mortality: results of a 2-decade follow-up of a randomized clinicaltrial. *JAMA Pediatrics, 168*(9):800-6. doi: 10.1001/jamapediatrics. 2014. 472.

Pecor, Peter, Janes K. Whittak, Anthony N. Maluccio, Richard P. Barth, and Diane DePanfillis, & Robert D. Plotnick. (2009). *The Child Welfare Challenge: Policy, Practice, and Research.* The Third Edition. New Brunswick and London: AldineTransaction.

Peter J. Pecora.(2020). Understanding the effects of an interdisciplinary approach to parental representation in child welfare, Oxford.

Pontana, V. J.(1970). *The Maltreated Child: The maltreatment Syndrome in Children*(2nd ed.). Springfield, IL: Thompson.

Samerpff, A., & Chandler, M. J.(1975). Reproductive risk and the continuum of caretaking casualty. In F. D. Horowitz, M. Hetherington, S. ScarrSalapatels, & G. Siegel(Eds.), *Review of child development research.* Chicago: University of Chicago Press.

U.S. Department of Education, Office of Safe and Drug-Free Schools(2003). Practical information on crisis planning: A guide for schools and communities. Retrieved June 25, 2006, From http://www.ed. gov/admins/lead/safety/crisisplanning.pdf.

[참고사이트]
류효경(2019). 유치원은 왜 의무교육이 아닌가?
https://post.naver.com/viewer/postView.nhn?volumeNo=17539709&memberNo=43537286(2019.01.09. 18:10820 입력)
드림스타트 홈페이지. www.dreamstart.go.kr
아동권리보장원. https://www.ncrc.or.kr
이성우(2021). 한국어린이집총연합회, 영유아 권리존중을 위한 다짐 선포식 개최
http://www.bokjitimes.com/news/articleView.html?idxno=32002(2021.12.16. 09:32 입력)
한국건강가정진흥원. www.kihf.or.kr.
2020년 드림스타트 사업안내. www.dreamstart.go.kr

저자소개

■ **정수애(丁秀愛)**

국립순천대학교 대학원 교육학 전공 박사과정 수료
현) 여수시청 공무원, 한영대학교 외래교수
저서) 교육학개론(공저, 정민사, 2021) 외 3권

■ **엄재춘(嚴在春)**

국립순천대학교 대학원 교육학전공 교육학 박사
건신대학원대학교 철학박사과정(대안교육학 전공)
현) 곡성교육지원청 전문상담교사, 순천대학교 외래교수
저서) 교육학개론(공저, 동문사, 2019) 외 14권

■ **조혜영(曺惠永)**

국립순천대학교 대학원 교육학전공 박사과정 수료
현) 부산교육대학교 수석상담관
전) 참성장심리상담연구소 소장
저서) 교육학개론(공저, 정민사, 2021) 외 11권

■ **정두배(鄭斗培)**

세한대학교 대학원 경영학 박사, 광신대학교 대학원 철학박사
현) 세한대학교 휴먼서비스학과 교수, 미래행복평생교육원 원장, 더나눔학술・문화재단 부이사장
저서) 교육학개론(공저, 정민사, 2021) 외 3권

■ **홍지명(洪志明)**

국립전남대학교 일반대학원 유아교육학전공 교육학 박사
현) 세한대학교 유아교육과 교수
전) 전남대학교 외래교수, 전남도립대학 초빙교수
저서) 교육학개론(공저, 정민사, 2021) 외 10권

■ **황태진(黃太鎭)**

전주대학교 대학원 경찰학(범죄심리) 박사과정 수료
현) (사)한국회복적정의협회 사법연구회 회장, 회복적 경찰활동 조정위원(광주, 전남, 전북)
전) 광주대학교 겸임교수, 동신대학교, 동강대학교 외래교수
저서) 범죄학(제이앤제이, 2021), 교정학(제이앤제이, 2021) 외 3권

■ **김성례(金聖禮)**

한국외국어대학교 국제관계학 사회문화전공 국제관계학 박사
현) 배재대학교 주시경대학 기초교육부 교수
전) 조선대학교 초빙객원교수, 호남신학대학교 초빙교수

■ **서동기(徐東基)**

국립경상대학교 대학원 교육학전공 교육학 박사
현) 전라남도교육연구정보원 전남교육정책연구소 전임연구원
전) 순천대학교, 경상대학교, 전남대학교 외래교수
저서) 교육학개론(공저, 정민사, 2021) 외 8권

■ **김숙경(金淑慶)**

순천대학교 대학원 소비자가족아동학과 석사
현) 한국아동가족상담센터장, 더나눔학술・문화재단 사무차장

■ **김회엽(金會葉)**

국립순천대학교 대학원 교육학전공 박사 수료
전) 순천대학교 외래교수
현) 전라남도여수교육지원청, 더나눔 학술・문화 재단 부이사장
저서) 교육학개론(공저, 동문사, 2015), 교육심리학(공저, 동문사, 2016), 교육철학 및 교육사(공저, 정민사, 2017), 인간과 교육(공저, 정민사, 2018), 교육학의 이해(공저, 정민사, 2018), 진로와 직업 워크북(공저, 정민사, 2019), 교육학개론(공저, 동문사, 2019), 교육심리학(공저, 정민사, 2019), 직업과 윤리(공저, 정민사, 2019), 교육평가(공저, 동문사, 2019)

■ **전상준(田尙準)**

국립순천대학교 대학원 교육학전공 박사과정 수료
현) 청암대학교 외래교수, 더나눔학술・문화재단 사무국장
전) 중등교사, 순천대학교 외래교수
저서) 교육학개론(공저, 정민사, 2021) 외 11권

■ **조남미(趙南美)**

국립순천대학교 대학원 교육학전공 박사과정 수료
현) 서울대학교 행복연구센터 객원연구원, (사)행복가교 이사, 더나눔학술・문화재단 부이사장
전) 순천금당중학교 수석교사, 순천대학교 교육대학원 외래교수
저서) 교육학개론(공저, 정민사, 2021) 외 3권

■ **신봉호(申鳳浩)**

국립순천대학교 대학원 교육학전공 교육학 박사
현) 더나눔학술・문화재단 이사장, 순천대학교 외래교수
전) 순천팔마중학교, 순천향림중학교 교장
저서) 교육학개론(공저, 정민사, 2021) 외 14권

■ **조창영(趙昌榮)**

조선대학교 대학원 영어교육학전공 문학박사
현) 더나눔학술・문화재단 이사장
전) 지리산청소년수련원 원장
저서) 교육학개론(공저, 정민사, 2021) 외 3권

아동학대의 이해

'우리 아이들! 꽃으로도 때리지 말자!'

초판 1쇄 발행 / 2022년 5월 20일
초판 2쇄 발행 / 2022년 12월 20일

•

저　자 / 정수애 · 엄재춘 · 조혜영 · 정두배 · 홍지명
황태진 · 김성례 · 서동기 · 김숙경 · 김회엽
전상순 · 조님미 · 신봉호 · 조창영
발행인 / 이　중　수
발행처 / **동　문　사**

•

서울특별시 서대문구 홍제원 1길 12
(홍제동 137-8)
Tel: 02)736-3718(대), 736-3710, 3720
Fax: 02)736-3719
등록번호: 1974.04.27 제9-17호
가격: 17,000원

•

ISBN: 979-11-6328-426-0(93330)
E-mail: dong736@naver.com
www.dongmunsa.com